国家职业技能等级认定培训教程
国家基本职业培训包教材资源

保育员

（基础知识）

编审委员会

主　任　刘　康　张　斌
副主任　荣庆华　冯　政
委　员　葛恒双　赵　欢　王小兵　张灵芝　吕红文　张晓燕　贾成千
　　　　高　文　瞿伟洁

本书编审人员

主　编　叶平枝
副主编　段桂琴　程维祎
编　者　程冠三　张传霞　盛晓阳　琚　玮　蒋会莉　谢志东

中国人力资源和社会保障出版集团
中国劳动社会保障出版社　中国人事出版社

图书在版编目（CIP）数据

保育员．基础知识 / 中国就业培训技术指导中心组织编写．-- 北京：中国劳动社会保障出版社：中国人事出版社，2021

国家职业技能等级认定培训教程

ISBN 978-7-5167-4814-5

Ⅰ.①保… Ⅱ.①中… Ⅲ.①幼教人员－职业技能－鉴定－教材 Ⅳ.①G615

中国版本图书馆 CIP 数据核字（2021）第 028463 号

中国劳动社会保障出版社
中 国 人 事 出 版 社 **出版发行**
（北京市惠新东街 1 号 邮政编码：100029）

*

三河市华骏印务包装有限公司印刷装订 新华书店经销

787 毫米 ×1092 毫米 16 开本 21 印张 344 千字
2021 年 3 月第 1 版 2023 年 1 月第 5 次印刷

定价：58.00 元

营销中心电话：400-606-6496
出版社网址：http://www.class.com.cn

前　言

为加快建立劳动者终身职业技能培训制度，大力实施职业技能提升行动，全面推行职业技能等级制度，推进技能人才评价制度改革，促进国家基本职业培训包制度与职业技能等级认定制度的有效衔接，进一步规范培训管理，提高培训质量，中国就业培训技术指导中心组织有关专家在《保育员国家职业技能标准（2019 年版）》（以下简称《标准》）制定工作基础上，编写了保育员国家职业技能等级认定培训教程（以下简称等级教程）。

保育员等级教程紧贴《标准》要求编写，内容上突出职业能力优先的编写原则，结构上按照职业功能模块分级别编写。该等级教程共包括《保育员（基础知识）》《保育员（初级）》《保育员（中级）》《保育员（高级）》4 本。《保育员（基础知识）》是各级别保育员均需掌握的基础知识，其他各级别教程内容分别包括各级别保育员应掌握的理论知识和操作技能。

本书是保育员等级教程中的一本，是职业技能等级认定推荐教程，也是职业技能等级认定题库开发的重要依据，已纳入国家基本职业培训包教材资源，适用于职业技能等级认定培训和中短期职业技能培训。

本书在编写过程中得到河南春苗职业培训学校的大力支持与协助，在此一并表示衷心感谢。

中国就业培训技术指导中心

目 录 CONTENTS

职业模块 一
职业道德

培训项目 1

保育员职业定义与职业守则

培训重点

1. 熟悉保育员职业定义。
2. 熟悉保育员职业守则。

一、保育员职业定义

保育员是在托幼机构、社会福利及其他保育机构中，从事儿童基本生活照料、保健、自理能力培养和辅助教育工作的人员。

保育员的照料对象是婴幼儿，在婴幼儿发展早期，保育员的职业技能水平对婴幼儿早期发展有着重要的影响。保育员的职业能力基本要求有：人格健全，身心健康，热爱儿童，有责任心，有一定的语言表达和组织能力，观察敏锐，身体灵活等。

二、保育员职业守则

1. 为人师表，遵纪守法

保育员的工作职能主要是负责班级空间的清洁消毒和婴幼儿生活照料，引导和培养婴幼儿生活技能的提升与良好卫生、生活、健康管理习惯的养成，因此保育员肩负着保育与教育的职责。保育员的工作已不再是传统意义上的打扫卫生、盛饭端饭这么简单，作为婴幼儿生活照护人员，保育员必须具有生活照护与生活技能教育、健康管理教育、辅助教师室内外教育活动等专业能力。

保育员的言行举止和行为规范与教师一样，对婴幼儿有重要的影响，因此，保育员应树立以下三个方面的意识。

（1）确立立德树人意识

保育员是婴幼儿生活照护和生活技能教育的实施者，也是婴幼儿良好生活、行为习惯的启蒙者，因此，要重新认识保育工作对婴幼儿发展的重要性。

坚持教育为社会主义现代化建设服务，为人民服务，把立德树人作为教育的根本任务，培育德、智、体、美、劳全面发展的社会主义建设者和接班人是党的教育方针。党的十八大报告中明确把立德树人写进教育方针，它坚强而有力地回答了这一事关党和国家前途命运的问题，具有里程碑的意义。

确立立德树人意识，旨在呼唤从事儿童教育相关职业者的社会性和意识的觉醒，并保证婴幼儿教育从业者这些被唤醒的本质属性能够在政治方向上始终保持正确和坚定。立德树人是保育员秉承社会性本质的服务与教育过程，通过立德树人这一过程，最大限度地发挥其自身社会功能和保育教育功能，激发其职业荣誉感和责任感。同时，立德树人也是对人进行有效规约的过程。

新时代社会发展需要德才兼备的人，在立德树人中培养健全的人格和高尚的品格，促进人的全面发展，这是教育岗位的神圣使命，也是立德树人的根本要求。

（2）确立照护与教育相结合的意识

从工作性质划分，照护是服务，教育是促进。在托幼机构中，每一位工作人员看似分工不同，但他们都有一个共同的特性，就是每天在面对婴幼儿时，其一言一行都会对婴幼儿产生示范作用，这就要求保育员在工作中要诚实守信、言行一致。因为在婴幼儿眼中，保育员说到做到的榜样力量是无穷的。他们时刻都在关注着照护者的言行举止，保育员的一言一行随时都可能进入婴幼儿的视野，对婴幼儿起到直观的教育作用和潜移默化的作用，所以保育员必须时刻以自己高尚的人格影响婴幼儿，以自己端正的品行感化婴幼儿，以自己规范的言行引导婴幼儿。苏霍姆林斯基说："当一个孩子跨进学校大门成为你的学生时，他无限信任你，你的每一句话对于他来说都是神圣的真理，在他看来，你就是智慧、理智和道德的典范。"婴幼儿从保育员的行为中接受情感的熏陶和启迪，从而认识社会、认识问题、学习技能。

（3）确立遵纪守法意识

职业纪律是劳动者在从业过程中必须遵守的职业规则和程序，它是保证劳动者履行职责，完成自己承担的工作任务的行为规则。保育员是托幼机构中重要的工作人员之一，同样要了解《幼儿园工作规程》《幼儿园教育指导纲要》《3～6岁儿童学习与发展指南》《幼儿教师行为规范》《保育员国家职业技能标准》《托育机构管理规范（试行）》等与婴幼儿相关的政策文件与法律、法规。遵纪守法，不因自己的情绪而做出伤害婴幼儿身心安全的任何言行与举止，这是保育员职业的底线和红线。

遵守职业纪律是保育员职业道德的基本要求，是维护保育员职业活动的正常秩序、保证保育员职业责任得以落实的重要措施，对保育员的教育实践活动无疑具有重要的指导作用，因此保育员应自觉地、发自内心地按照既定的职业纪律从事劳动，达到遵守职业纪律的自律。

保育员既要做好保育工作，又需要学习相关法律法规，掌握必要的法律知识，尤其是与自身密切相关的法律知识，如教师法、教育法、劳动法等。这不仅有助于稳定保育教育专业队伍，同时也有助于保育员维护自己的权益、履行自己的义务。另外，保育员还要在具体的工作实践中提升自己的法律意识，在和婴幼儿接触的过程中，不断完善自己的人格，提升自己的法律修养，为婴幼儿做好表率，潜移默化地对婴幼儿进行法治基础教育。

2. 关爱儿童，平等尊重

保育员以婴幼儿的身心健康发展为主要工作目标，关爱儿童需要从三个方面确立职业认同。

（1）了解是关爱的前提

不同年龄的婴幼儿有不同的阶段发展特点，关爱是建立在了解的基础上，这样保育员就可以发现不同的需求，及时给予支持或协助，减少婴幼儿有心理或生理需求时的不安全感。

因材施教、辩体施养是保育员关爱儿童应遵循的基本原则。因材施教就是需要了解婴幼儿先天气质类型、性格类型、学习方式；辩体施养就是掌握婴幼儿的体质类型，在生活照护上能针对婴幼儿不同的体质特点给予保育支持。

（2）心理营养不可或缺

传统意义上的营养注重生理营养，而忽略了心理营养。然而，早期的心理营养补充对婴幼儿一生将起到积极的作用，心理营养的缺乏影响着儿童的健康成长。心理营养就是指婴幼儿心理发展所需要的养分，它是对婴幼儿心理健康发展产生影响的所有外在刺激的总和。据统计，我国有8%～10%的儿童有心理疾病，17

岁以下的儿童现有3 000万人受情绪障碍和行为问题的困扰，0～6岁婴幼儿心理行为发病率也在逐年上升。

儿童健康心理是在生活环境中一点点养成的。托幼机构中保教人员对婴幼儿的爱或冷落、批评或表扬等态度与行为都会对婴幼儿的心理产生不同的影响。如果有不平等的态度，婴幼儿便不能或很难形成评价事情好坏的统一标准。保育员对婴幼儿批评、训斥，甚至是辱骂，时间一久，就会让婴幼儿出现自信心不足等问题，婴幼儿也会感到这个世界完全无法预料，没有安全感，因此不愿意入园。

（3）平等、尊重是关爱的核心

尊重，必须首先认识到婴幼儿之间在人格和法律地位上是平等的，不以相貌、家庭的社会、经济地位做比较。保育员要充分认识到每名儿童之间的平等性，这是做到尊重儿童的基本前提。

尊重婴幼儿人格，首先要做到了解婴幼儿个性的差异。由于婴幼儿发展的差异，即使同龄的婴幼儿各种发展指标也不相同，这就要求保育员必须平等、客观、公正地对待婴幼儿，不以是否聪明、相貌或生理是否有缺陷、发展快慢等区别对待。保育员热爱儿童，绝不是出于个人情绪的偏爱，不是自然的爱，而是理智的爱、教育者的爱。教育者的爱作为一种出自崇高目的、崇高科学精神的普遍、持久而又深厚的爱，其内涵极为丰富，保育员要在热爱儿童的基础上，对婴幼儿的发展提出合理的期望和要求，使全体婴幼儿在体、智、德、美、劳等方面能够和谐全面地发展。

3. 勤奋好学，恪尽职守

（1）确立学习为专业服务的意识

有针对性地学习和掌握保育相关专业知识。随着社会对婴幼儿保育工作的日渐重视，婴幼儿保育工作所涉及的专业知识也不断拓展。在卫生管理与教育方面，要求保育员掌握基本的清洁、消毒、物品保管的技能，增加对婴幼儿的卫生教育功能；在生活管理与教育方面，除了进餐、饮水、盥洗、如厕、睡眠照料、物品管理外，还要求保育员掌握对婴幼儿日常生活教育习惯的培养技能；在健康管理与教育方面，除了健康观察、体格检查外，还要掌握情绪管理技能，能营造不同场景下愉快健康的心理环境，掌握一些简单的情绪管理方法。

新时代的婴幼儿保育工作不再是简单的卫生清洁，而是拓展延伸至婴幼儿身心发展保育的全过程，覆盖了0～6岁婴幼儿的托育与保育，这就要求保育员勤奋好学，不断学习保教知识，掌握不同年龄段婴幼儿保育专业技能。保育员作为幼儿教师的重要助手，必须具备基本的幼教理论知识，幼教理论和保育理论知识越丰富，就越能将知识融会贯通，更好地了解婴幼儿生理和心理特点，理解婴幼儿教育的规律，掌握婴幼儿卫生保健的知识，从而有效地指导保育实践活动。保育员还要树立终身学习的观念，积极参与保育教育科研，在与教师群体及其他保育员的交流中不断更新知识、改变观念、提高保育能力。

增强教育意识和实践能力。很多不了解保育工作的人认为，做一名保育员，只要做好保洁工作即可，教育是教师的事情。这是对保育员工作的极大误解。保育员是幼儿园保教队伍的重要组成部分，保育员的素质直接影响保育工作的质量，影响教育的质量，影响婴幼儿身心的发展。要做好保育员的工作，就必须做到保育教育并重。《幼儿园教育指导纲要（试行）》赋予保育员明确的角色定位，保育员也是教育工作者，其行为同样对婴幼儿具有潜移默化的影响，保育员应结合生活中的各个环节实施教育，与教师密切配合、引导婴幼儿健康发展。

在教育实践中，保育员的保育工作非常复杂，如保洁、消毒、餐饮照护、睡眠照护、盥洗照护等。保育员还要配合好教师的教育教学工作，例如，在户外游戏活动中，一方面准备活动材料，另一方面要积极配合教师组织婴幼儿开展活动；在面向全体在园儿童的同时，还要有针对性地对肥胖、体弱儿童进行个别照护；在组织午餐时，一方面要做好桌面消毒工作，另外一方面还要配合教师或独立开展食育教育活动。

（2）确立学习的全面性意识

第一，渗透性学习。这里的渗透性学习是指保育活动要自然地渗透到婴幼儿的一日生活中，保育为主，保教结合。保育课程内容之间相互渗透，无论是清洁卫生技能培养，还是生活习惯养成，各领域在内容、目标上都是相互渗透、相互融合的，不能孤立进行。在卫生管理与教育和生活管理与教育活动中，对身体的照护更明显一些。在健康教育活动中，要与卫生习惯、生活习惯等相互渗透，从而对健康形成重要的影响。

第二，参与性学习。参与性学习包含两层含义，一是在保育活动设计过程中，保育员要注重通过参与过程获得体验、进行思考来补充学习内容，弥补专业不足；二是指在制定保育目标、确定保育内容、创设保育环境、实施教育过程等环节中，对相关内容要互相融合。这就需要保育员在参与中不断学习、获得提升。

第三，发展性学习。保育教育的最终目的是为婴幼儿健康发展提供支持，使婴幼儿既获得当前的发展，又有利于其长远发展。这就需要保育员充分考虑婴幼儿的年龄特点、学习特点、发展水平和情感需要，以最适合婴幼儿特点的课程开展保育活动。当然，发展不仅仅指知识的丰富，还包括能力的提高、情感态度的改善以及良好行为习惯的培养。

（3）确立恪尽职守精神

第一，爱岗敬业。爱岗敬业是保育员的基本职业道德规范，是对保育员从业的基本要求。爱岗就是热爱工作岗位，热爱本职工作。敬业就是用一种恭敬严肃的态度和认真负责的精神对待本职工作。做好保育员工作有诸多因素和条件，而爱岗敬业则是这诸多因素和条件中必不可少的重要前提条件。婴幼儿保育工作涉及面广，需要保育员工作严谨、细心观察和体贴入微，在面对不同婴幼儿的复杂情况时，尽职尽责、一丝不苟，这些都要求保育员要有勤奋敬业、任劳任怨的精神。

第二，增强事业心和责任感。保育工作涉及婴幼儿的身心健康发展，对儿童早期发展起到重要的作用，而保育员的言行举止对婴幼儿起到示范作用，因此保育员一定要站在儿童发展的高度增强事业心和责任感。保育员的责任感，是指忠实地履行自己的职责，自觉地做好各项保育工作。保育员的事业心和责任感是高尚的道德情感，表现在热爱保育事业，深刻理解保育工作的意义和作用，在工作中尽职尽责、满腔热情，为婴幼儿健康发展贡献自己的光和热。

美国著名作家爱默生说：责任具有至高无上的价值，它是一种伟大的品格，在所有价值中，它处于最高的位置。职业责任是必须履行的法定义务。保育员的职业责任，要求每一位保育人员不但要具有一个社会公民最起码的道德修养，同时，还应该具有从事这个职业所必须具有的强烈的责任意识，把培养社会主义事业的建设者和接班人作为自觉的道德义务，为培养和造就社会主义新人倾力工作和无私奉献。

4. 认真观察，合规操作

（1）确立认真观察的工作作风

在保育工作中，保育员要根据保育工作内容，逐项观察每名儿童的日常表现，根据当前所处的表现快速做出判断，或根据观察要求认真做好记录，比如饮水中的观察与指导，如厕中大小便次数的观察，需特殊照料儿童的睡眠、进餐及行为表现的观察，等等。

（2）确立合规操作要求

在保育工作中，每项保育职业技能都有明确的操作规范与要求，保育员要严格按照规范要求进行，不能仅凭自己的感觉。比如，消毒液的配比、普通消毒和传染病患儿的物品消毒、物品管理中常见清洁物品和消毒危险品的管理有严格的区分；进餐管理中饭菜的温度要求，饮水管理与指导中水的温度及不同年龄、不同情况下饮水量的要求皆有不同；盥洗管理与指导中洗手的七步法、大便的擦拭方法，睡眠照料中婴幼儿寝具的整理程序都有各自要求；健康管理与教育中晨、午、晚检的基本流程、体格检查中“三浴”操作要求都需要保育员按照具体要求合规操作。

在具体工作中，既要合规操作，同时也要根据具体的情况辩证分析，在不伤害婴幼儿的前提下妥善处理。

（3）确立职业伦理观念

职业伦理是从社会伦理学的视角，对职业活动中的伦理关系进行调节的原则，是社会伦理的一个重要方面。保育员职业活动是社会分工体系中的重要方面，是婴幼儿生活照护中特殊的社会角色活动。根据在社会巨系统中的角色及其功能性要求，职业活动获得具体社会角色及其社会权利与义务、责任。职业活动体现了特定的价值理念，职业关系是特殊的伦理关系。职业活动中一切涉及伦理性的方面均构成职业伦理的现实内容。

职业伦理用以指导职业活动价值理念的合理性，职业利益与公共利益的关系，职业活动中的职业精神、职业良心与职业态度，职业活动中的社会分工与社会平等，职业关系的伦理调节，等等。恪尽职守、服务公众是职业伦理的核心。

确立保育员职业伦理意识要从以下几个方面进行：

第一，职业精神。职业精神是与人们的职业活动紧密联系，具有职业特征的精神与操守，从事保育职业就应具有爱心、专业能力和责任自觉。保育员是婴幼儿生活照护人员，是婴幼儿家庭监护人之外的主要照护者，保育员的言行举止、爱心、责任意识等对婴幼儿有重要的影响。

第二，职业良心。所谓职业良心，是指从业人员在履行对他人和社会的职业义务时的道德责任感和自我评价能力，是个人道德认识、道德情感、道德意志、道德信念、道德行为的统一。职业良心对保育行为还起着监督作用。对于符合职业道德要求的情感、意志、信念以及行为方式和手段，职业良心给予鼓励，对于不符合职业道德要求的情绪、欲念或冲动等，职业良心使之纠正和克服。特别是在保育过程中，若出现认识错误，职业良心便能促使保育员纠正自己的自私欲念和偏颇感情，改变行为方向或方式，避免不良后果。这就是人们常说的“良心发现”。

比如，保育员面对多动、有攻击性的孩子不能打骂、体罚；对不听话的孩子不能训斥和大声责怪；对吃饭慢的孩子不能逼迫；不能因为自己情绪不好而迁怒于孩子；不能因孩子不愿睡午觉而恫吓；等等。儿童时期是人格形成的重要阶段，在此期间受到虐待的孩子，成年后可能会没有安全感、缺乏创造力，产生与安全感缺失相关的性格问题。

第三，职业态度。职业态度是指个人对所从事职业的看法及在行为举止方面反应的倾向。一般情况下，态度的选择与确立，与个人对职业价值的认识，即职业观与情感维系程度有关，是构成职业行为倾向的稳定的心理因素，易受主观方面因素如心境、健康状况，以及客观环境因素如工作条件、人际关系、管理措施等直接影响而发生变化。肯定的、积极的职业态度，能促进人们钻研技术，掌握技能，提高职业活动的忍耐力和工作效率。职业态度的形成与发展是人们对有关职业知识的吸收、职业需要的满足、所属群体对他的期待，以及职业实践获得的体验等因素综合的结果。

保育员的职业态度应从以下三个方面规范。一是要有乐观、积极的态度。每天面对婴幼儿，保育员的情绪直接影响着婴幼儿的感受，其面对婴幼儿时的态度、面对同事工作时的态度、面对家长接送时的态度等都会影响婴幼儿与保育员的关系。二是要有公正的态度。婴幼儿来自不同的家庭，保育员不能因为孩子家庭经济的好坏、地位的高低而区别对待，更不能因为孩子的美与丑、伶俐与拙笨而主观地区别对待。三是要有职业责任和荣誉感。

保育员的工作事关婴幼儿安全和健康成长，要严格遵循各种规章。儿童在发展期间的吵闹等，属于正常的行为，保育员对此应该有正确的认识和包容的心态，适时调整心理状态，避免心理疲惫产生焦虑等不良情绪。

5. 文明礼貌，友善协作

（1）确立礼仪规范要求

1）礼仪端庄。保育员要时刻注意自己的仪表要庄重大方，着装要整洁朴素，发型要简单利落，这些均能够体现保育员的职业特性，容易引起婴幼儿的敬爱之情，从而树立保育员的威信与尊严。

2）举止得体。保育员的举止包括坐、立、行的姿势，以及表情、动作、行为习惯等。保育员的举止是保育员与婴幼儿交往中的人体信号，会在日常生活中的各个环节对婴幼儿产生潜移默化的影响。得体的举止，会对婴幼儿的发展产生正向的影响。

（2）确立尊重家长与同伴的合作意识

1）尊重家长，善于听取家长的意见和建议。保育员要及时与家长沟通，一方面，了解孩子在家的行为表现，并对出现的问题进行指导；另一方面，要向家长通报孩子在园的行为表现。保育员和家长虽然从不同的角度对婴幼儿进行教育，但目标都是一样的。例如，保育员把保育教育看作自己的社会责任，从社会要求出发，对全体婴幼儿实施科学系统的保育教育，而家长则把教育看作自己的义务，从个人意愿出发，对自己的子女实施自然的综合教育。保育员的教育行为一般来说是科学、系统、有目的性的，而家长的教育行为则是经验性的、随机的。如果保育员能够有效听取家长的意见和建议，将两种教育行为进行有效的整合，在托幼机构和家庭间建立和谐密切的关系，发挥教育的合力，就能够对婴幼儿进行个性化、人性化、全面系统化的教育。

2）平等对待每一位家长。由于每个家长的文化水平、道德修养、社会职业等不尽相同，保育员不能人为地把家长分为三六九等，而应该平等公正地对待每一位家长，在接待家长时绝不能带有世俗的功利色彩，以貌取人、以财取人、以权取人。面对家长应同样亲切、热情、谦虚、以礼相待。保育员的为人处事原则会对婴幼儿的发展产生深远的影响，如果不能平等公正地对待每一位家长，就会给托幼机构带来不良的影响，给婴幼儿心灵造成极大的伤害。

3）热情服务，对家长进行育儿指导。很多家长已经意识到婴幼儿教育的重要性，但对托育和学前教育的专业知识了解得非常粗浅，或者虽有了解却没有时间对孩子进行有效的教育。保育员要针对不同情况，发挥自己的专业优势，对家长提供适宜的科学育儿指导。一方面，可以利用各种途径向家长渗透 0 ~ 6 岁儿童教育的基本专业知识；另外一方面，针对个别孩子的情况，向家长提供孩子在托幼机构的第一手资料和相应的教育建议。

（3）确立团队意识

保育员对托幼机构的同事要文明礼貌、团结协作、平等尊重，建立和谐、平等、尊重的同事关系。平等和互相尊重是人与人交往的基础。首先，要与其他保育员和教师团结合作，尽可能为同事的工作提供方便；其次，要互相支持，在工作中提供力所能及的帮助；最后，要宽以待人，人非圣贤，孰能无过，对待同事要宽容。朋友关系可以选择，但同事关系往往是不可选择的，团结同事不仅是一种工作上的要求，也是做好本职工作的基本保障，即使是竞争，也要合理竞争。保育员要认识到，在工作中总有先进与落后之分、成功与失败之别，任何人都希望自己能够在工作中有所发展，但是一定要光明正大，公平竞争。合理公平的竞争，能够使保育员的工作能力得到真正的提高。

培训项目 2 保育员职业行为规范

培训重点

1. 了解保育员职业行为规范的意义。
2. 掌握保育员职业言语规范与行为规范。

职业行为是指人们对职业劳动的认识、评价、情感和态度等综合素养的行为反映，是职业道德、职业能力、职业素养的具体呈现，是职业目的达成的基础。职业行为规范是完成职业目的所必须遵循的基本行为要求。

根据保育员的工作特点，从社会学角度可以将其职业行为分为社会行为和个人行为。社会行为主要包含职业社会定义、社会规范和职业目的三个层面。职业社会定义是指根据职业划分及社会分工要求保育员应具有的职业责任；社会规范是指保育员遵守国家法律、法规、单位规章制度以及社会伦理道德所应表现出来的行为；职业目的行为是保育员要完成的工作目标。个人行为是自我约束的结果，如在工作中表现出来的敬业、勤奋、进取、合作等精神，以及个人的喜怒哀乐、兴趣爱好、言行、衣着、审美观、价值观等。

保育员职业行为规范分为言语规范、行为规范和操作规范，这里仅从言语规范和行为规范进行阐述。

一、言语规范

保育员应使用普通话，与婴幼儿说话时应用词规范、语气柔和、语速适中、态度温和、语言生动、尽可能儿童化，少数民族地区可使用双语教学。以下为保育员的基本言语规范和不同场景下的言语表达基本要求。

1. 基本言语规范

不讲粗话、脏话，不使用方言中的俚语取笑婴幼儿；忌训斥婴幼儿，当婴幼儿行为不符合保育员期待时，忌大呼小叫；忌用冰冷目光或厌恶眼神直视婴幼儿，说话时不要离婴幼儿太近。

2. 卫生照护言语规范

卫生照护语言是保育员一天中使用频率最多的语言。针对洗手、大小便、饭前卫生等环节，除了集体语言表述外，针对个别表现突出的儿童，保育员要使用符合他们特点的言语。例如，饭前洗手集体用语："请把小手洗干净，没有细菌不生病。""七步洗手记得牢，十个手指乐陶陶。"

3. 进餐照护言语规范

进餐照护言语要规范，提醒婴幼儿正确认识并使用餐具，正确进行餐具的摆放与收取。在自助取餐的幼儿园，保育员要注意使用规范的进餐用语："请把餐具收拾归位，或送到餐具收拾箱。""进餐时不说笑！""口中含饭时不去做别的事情。"

4. 盥洗照护言语规范

盥洗照护是保育员日常生活管理中的基本内容之一，包含洗手、刷牙、漱口、洗脸、洗脚、洗头、洗澡等习惯与能力的培养。在与婴幼儿对话时，保育员应针对不同的场景使用严谨、规范、温和或威严的语言，如洗手时的用语："请按七步洗手法正确洗手。""洗手时不玩水。""便后请洗手。""打喷嚏或咳嗽后要洗手。"

5. 睡眠照护言语规范

睡眠照护时，保育员言语要温和、轻柔，如："宝宝们，睡觉的时间到了，闭上眼睛，听音乐或故事，有大小便举手跟老师说'老师我要尿尿、拉粑粑'。"个别尿床的儿童要给予特别照护，当他尿湿衣物时，不可训斥或辱骂，应及时脱下尿湿的衣物，更换备用衣服和被褥。

6. 哭闹及需特殊照料婴幼儿照护言语规范

针对初入园的婴幼儿出现的分离焦虑或不适应，保育员要配合教师组织游戏或让婴幼儿观察有趣的设施转移注意力。当孩子出现情绪不佳或不舒服时，保育员可以说："宝宝不哭，告诉老师怎么了。""让老师来帮助你。""宝宝怎么了？哪里不舒服？让老师看看（蹲下、抚摸、拥抱）。"减轻孩子的焦虑或不安，平复稳定孩子的情绪。

7. 家长沟通言语规范

（1）当孩子生病需要服药和照顾时，如果对方家长是妈妈，称呼时为了拉近情感，可以说："××（儿童的名字）妈妈，您放心，我们会按时给孩子服药，有特殊情况会及时与您联系。"

（2）当家长打电话或亲自来园为生病婴幼儿请假时，可以说："谢谢您通知我们，病情如果不影响入园，可把药带到幼儿园，我们会帮您照顾的。"

（3）婴幼儿在园发生意外事故用语："××（儿童的名字）妈妈，真对不起，今天……""麻烦您多观察孩子情况，有不舒服时，需要我们做什么，我们全力配合您。"

（4）离园时家长晚接孩子用语："没关系，我们会照顾好的，稍后请给宝宝解释一下晚接的原因，免得孩子着急。"

（5）找个别家长谈话用语："××（儿童的名字）妈妈 / 爸爸，耽误您一会儿时间，我把 ××（儿童的名字）小朋友近期的情况给您报告一下。""在 ×× 方面我们需要家园配合（说话和气、委婉）让孩子发展得更好。"

（6）家长送孩子随意走进教室用语："××（儿童的名字）家长请留步，孩子能做好自己的事情。""请您放心，孩子们正在用餐，请您留步。"

8. 同事交往言语规范

（1）遇到困难请教问题用语："×× 老师，请您指导我一下（概要表述问题）如何做。""× 园长，我遇到一个困难（概要表述什么问题），请您帮助我如何做会更好。"

（2）发生争执或冲突用语："对不起，我情绪失控，请原谅！这个问题是我的错。"

9. 婴幼儿求助时言语规范

婴幼儿发生争执或在做某项事情遇到困难求助时用语："别着急，我们来想想办法，一定会有解决的方法。""再试试看是否可以，有不会的，请老师或同学帮忙。""你真棒！""有进步了！""挺好的。""加油！"

10. 防范意外伤害言语规范

（1）防范伤害

当儿童无意出现过失时用语："伤着没有？下次要注意。""不要紧，老师帮你。""你很勇敢！""不哭，自己站起来。"

（2）制止危险行为

当婴幼儿出现打闹等不良行为时用语："有事好好说，不能动手。""自己解决不了的可以找老师。""相信你们是知错认错的好孩子，以后不可以再做这种事了。"

（3）安全教育

安全教育用语："不要触摸各种电器开关。""不要把小物件含在口中。""不要乱吃花、草、种子、食品。""不要在口袋中放危险品。""不要离开老师的视线。"

二、保育员行为规范

1. 基本行为规范

以师德为先，以儿童为本，尊重、爱护儿童，不做违反操作流程、虐待、歧视、体罚和变相体罚、侮辱儿童人格等损害儿童身心健康的行为。

2. 衣服着装规范

着装大方得体，不留长指甲，不涂有颜色的指甲油，不佩戴尖利饰物，不化浓妆、不涂抹有浓烈气味的香水，上班时间不穿高跟鞋、不披长发。

3. 卫生照护行为规范

按时、按物进行室内、地面、物品消毒，按时通风，分发饭菜前必须做好桌面消毒和个人手部的清洁消毒工作，分发饭菜时必须穿工作装、佩戴口罩。

4. 进餐照护行为规范

不逼迫孩子进餐，按需喂养，不在进餐时训斥孩子。

5. 盥洗照护行为规范

科学指导与示范，不批评、不指责动作缓慢的孩子。

6. 睡眠照护行为规范

关注每个孩子，合理关心不睡觉孩子的情绪需求，不恫吓、不威逼、不强迫。

7. 哭闹及需特殊照料孩子照护行为规范

不急躁、不训斥、不打骂、不体罚；及时满足合理需求；面对多动、注意力不集中、有攻击性的孩子时，不区别对待。

8. 家长沟通行为规范

不卑不亢、有礼有节，不收家长任何物品，不参加家长个人宴请。

9. 同事交往行为规范

不传是非、不信谣言，不闲谈、不背后议论他人，不说不利于团结的话，不做有损于集体形象的事，工作中团结协作，分工不分家，面对不足耐心、虚心地接受领导和同事提出的批评与建议。

10. 物品使用行为规范

不使用儿童寝具、餐具等一切物品，药品和洗涤物品不能放在儿童能触及的地方。

职业模块 二 婴幼儿生理基础知识

培训项目 1

运动系统

培训重点

了解运动系统的组成及特点。

一、运动系统的组成

运动系统包括骨、骨连结和骨骼肌三部分，是人们从事劳动和运动的主要器官，有维持形体、支撑体重、执行动作和保护内部器官等作用。

二、运动系统的特点

1. 骨

人体的每块骨都由骨质、骨髓和骨膜等结构组成，其中骨膜内含有丰富的神经和血管，对骨的营养和生长有重要作用。骨的化学成分主要由有机质（主要是骨胶原蛋白）和无机质（主要是磷酸钙、碳酸钙、氯化钙等）组成。有机质使骨具有韧性和弹性，无机质使骨具有硬度和脆性，二者结合，使骨既有弹性又很坚硬。成人骨组织的无机质约占 2/3，有机质约占 1/3，而婴幼儿有机质和无机质各占 1/2，因此，婴幼儿的骨骼弹性大而硬度小，容易因不当的姿势等而发生骨骼变形。但是，婴幼儿的骨膜较厚，骨的再生能力较强，一旦发生骨折，容易出现折而不断的“青枝骨折”现象。骨骼的生长需要钙、磷等元素，同时还需要维生素 D，以促进钙、磷的吸收和利用。阳光照射皮肤可以产生维生素 D，故婴幼儿生长发育过程中，需要光照及补充适量维生素 D 和钙，以预防佝偻病的产生。婴幼儿各类骨骼的特点如下。

（1）颅骨

新生儿颅骨没有发育完全，颅顶各骨之间留有间隙，如图 2–1 所示，由结缔组织膜所封闭，称颅囟，其有前囟和后囟之分。颅骨的发育可通过囟门大小及骨缝闭合情况反映出来。前囟在矢状缝与冠状缝相交处，呈菱形；后囟在矢状缝和人字缝相交处，呈三角形。前囟一般在婴儿出生后 12 ~ 18 个月时闭合，后囟一般在出生后 6 ~ 8 周闭合，最晚在出生后 2 ~ 4 个月闭合。在颅骨侧面，颧弓上方的凹陷内，额、顶、颞、蝶四骨的会合处，骨质薄弱，其内有血管经过，若此处骨折易引起颅内出血。

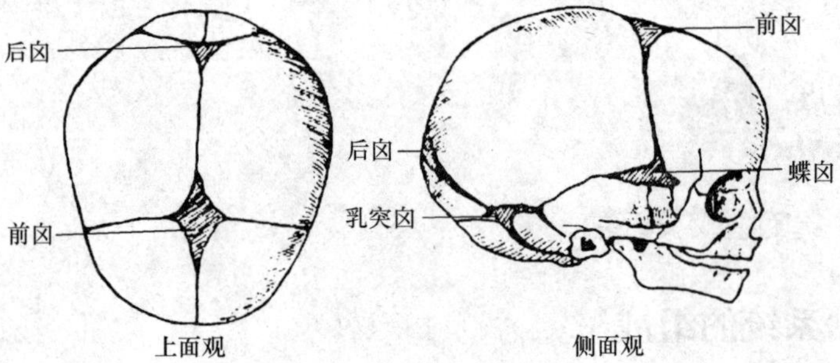

图 2–1　颅骨

（2）胸骨

胸骨是位于胸前正中的扁骨，分为胸骨柄、胸骨体及剑突三部分，如图 2–2 所示。胸骨柄是胸骨上部较宽的部分，上宽下窄，其上缘正中的切迹称颈静脉切迹，是针灸天突穴的骨性标志，两侧有锁骨切迹，与锁骨相连。柄外侧缘上部接第 1 肋软骨。胸骨体是胸骨中部呈长方形部分，其外侧缘连接第 2 至第 7 肋软骨。胸骨柄与胸骨体相接处形成向前微隆的胸骨角，可在体表触及，其两侧接第 2 肋软骨，是计数肋的重要标志。剑突指胸骨下端形状不定、窄而薄的骨片，呈游离状。婴幼儿胸骨骨骺未完全闭合，三部分之间连接不牢固，易受呼吸道疾病、维生素 D 缺乏等元素影响形成畸形。

（3）脊柱

婴幼儿的脊柱从侧面观没有成人特有的弯度，几乎是直的，或仅稍向后突出。婴幼儿脊柱的生理弯曲是随着其运动发育逐渐形成的。婴儿开始抬头（出生后 2 ~ 3 个月），出现颈椎前突；开始会坐（出生后 6 ~ 7 个月），形成胸椎后突；练习行走时，形成腰椎前突。颈曲、胸曲在 7 岁时发育完全，腰曲在性成熟期才完全定型。脊柱骨化在 20 岁左右才完成，从背后正面观应是笔直的。故脊柱在未定型之前，不良的身体姿势可导致脊柱变形。脊柱如图 2–3 所示。

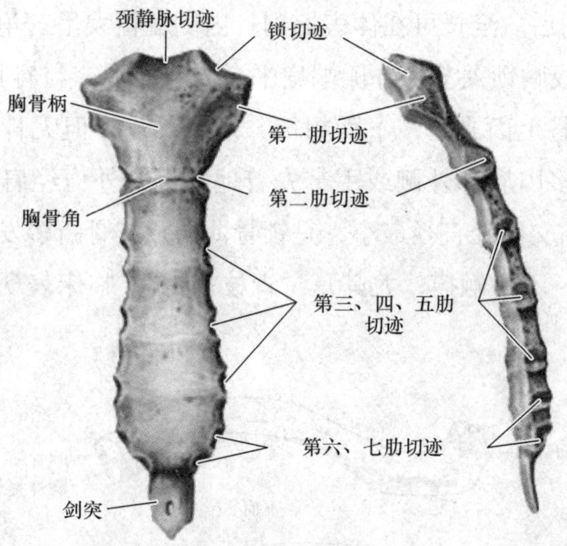

图 2–2 胸骨

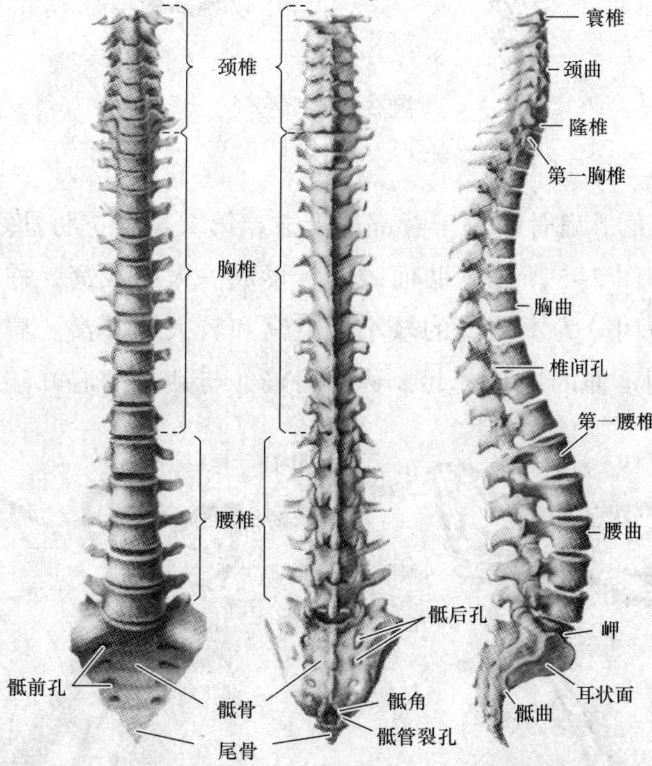

图 2–3 脊柱

（4）锁骨

锁骨位于胸廓前上部两侧，呈“～”形弯曲，如图 2–4 所示，锁骨内侧 2/3 凸向前、外侧 1/3 凸向后。全长可在体表扪到。内侧端粗大呈三角形，为胸骨端，与胸骨柄相关节，形成胸锁关节。外侧端扁平，为肩峰端，与肩胛骨的肩峰相关节，形成肩锁关节。锁骨上面光滑，下面粗糙，形似长骨，但无骨髓腔。锁骨位置表浅，易发生骨折，多因肩部外侧或手掌先着地跌倒，外力经肩锁关节传至锁骨而发生。锁骨中外 1/3 交界处直径最小，是锁骨薄弱点，骨折多发生此处。婴幼儿锁骨部皮下脂肪丰厚，不易触摸，尤其是“青枝骨折”，临床表现不明显，易忽视骨折，贻误病情。

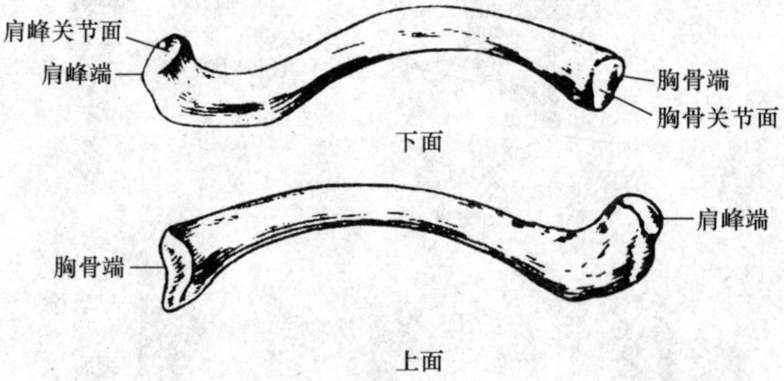

图 2-4　锁骨

（5）肩胛骨

肩胛骨为三角形扁骨，位于背部外上方，第 2 至第 7 肋骨之间，有两面、三缘和三角，如图 2-5 所示。肋面微凹，形成一大的浅窝，称肩胛下窝；背侧略凸，被肩胛冈分为不均等的较小冈上窝和较大冈下窝。肩胛冈为背侧面的横脊，向外侧延伸的扁平突起，称为肩峰，与锁骨的肩峰端相关节。肩胛

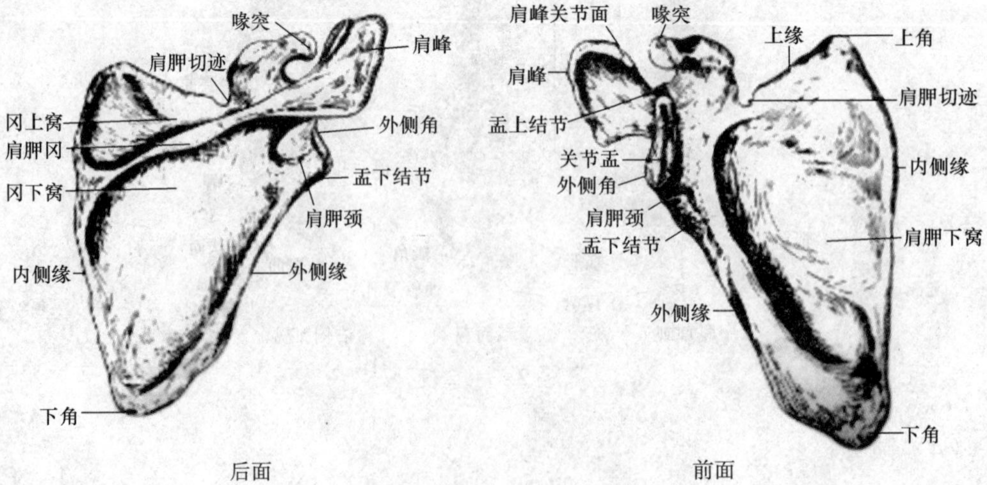

图 2-5　肩胛骨

骨的上缘短而薄；内侧缘又称脊柱缘，薄而长；外侧缘肥厚，又称腋缘。上角为上缘与内侧缘（脊柱缘）的会合处，平对第 2 肋；下角是内侧缘（脊柱缘）与外侧缘（腋缘）的会合处，平对第 7 肋或第 7 肋间隙。外侧角为外侧缘（腋缘）与上缘的会合处，最肥厚，有梨形关节面，称关节盂，与肱骨头相关节。

（6）肱骨

肱骨上端与肩胛骨形成肩关节，下端与桡骨和尺骨形成肘关节，为上肢最粗壮的骨，分为肱骨体及上、下两端，如图 2–6 所示。上端由肱骨头、小结节、大结节、解剖颈和外科颈组成。下端由肱骨小头、肱骨滑车、桡窝、冠状窝、鹰嘴窝、外上髁和内上髁组成。婴幼儿若不慎跌倒，可出现肱骨髁上骨折。

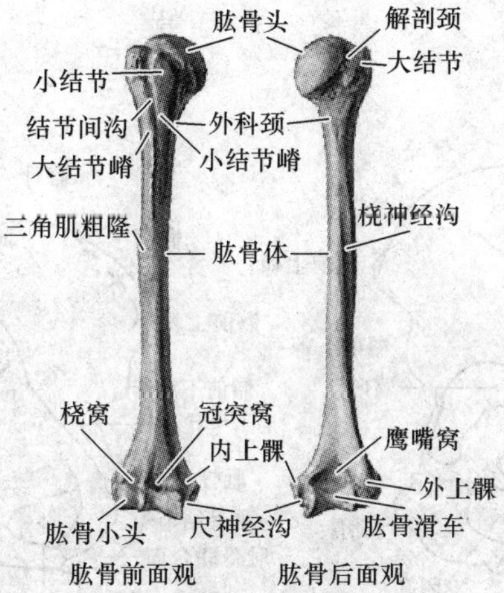

图 2–6 肱骨

（7）手骨

手骨包括腕骨、掌骨和指骨，如图 2–7 所示。婴幼儿期，手骨未完全钙化。新生儿腕骨全部为软骨，随着年龄增长，骨化中心依次出现，分别为头状骨、钩骨、三角骨、月骨、大多角骨、小多角骨、舟骨、豌豆骨。根据手骨各骨化中心出现的时间，可以测量骨骼年龄，评价人体的成熟度。

（8）髋骨

髋骨由髂骨、坐骨和耻骨组成。在儿童时期髋骨未完全骨化，容易在外力作用下发生移位，如图 2–8 所示。左右髋骨、骶骨和尾骨组成了骨性骨盆。6 岁以前，男女骨盆无明显差异，随着年龄增长，女性骨盆比男性宽。

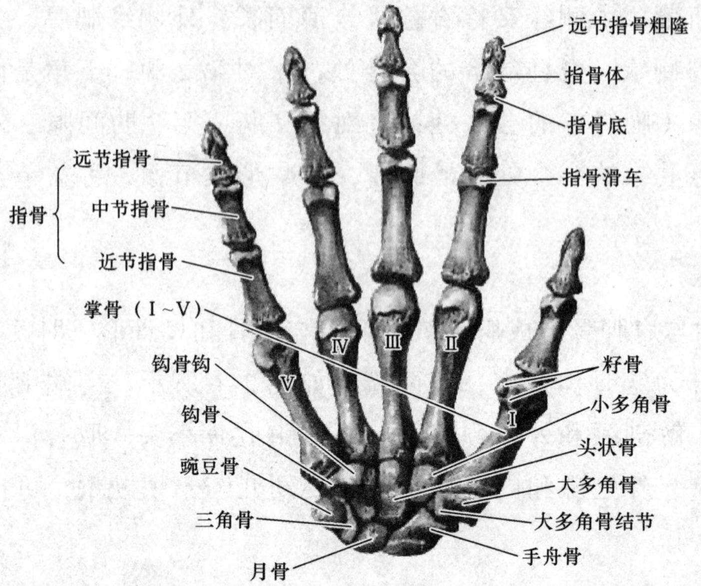

图 2-7　手骨

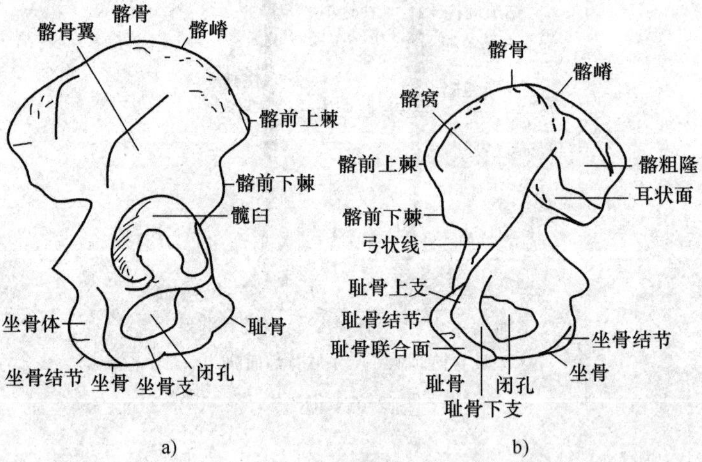

图 2-8　髋骨

a）外面　b）内面

2. 骨连接

骨与骨之间的连接装置称为骨连接。骨与骨之间借助纤维结缔组织、软骨或骨相连，形成骨连接。依据连接的不同方式，可分为直接连接和间接连接。直接连接分为纤维连接、软骨连接和骨性结合。间接连接又称滑膜关节，简称关节。关节狭义上指间接连接，广义上指骨连接。关节是骨连接的主要方式。

（1）关节

关节主要结构包括关节面、关节囊和关节腔，辅助结构包括韧带、关节盘、关节半月板和关节唇。关节面指两骨相互接触的光滑面，一般为一凸一凹，凸者称为关节头，凹者称为关节窝。关节囊在结构上分为内、外两层，内层为滑膜层，外层为纤维膜层。关节的运动与关节面的形态关系密切。婴幼儿关节运动幅度大，关节窝浅，关节囊、韧带较松弛，关节牢固性差，易发生脱臼。

（2）足弓

足弓为跗骨和跖骨借韧带和肌肉的牵拉，形成一个凸向上的弓。足弓具有弹性，在跳跃和行走时能缓冲震荡，保护血管、神经免受压迫。婴幼儿足弓骨化尚未完成，足底肌肉、肌腱和韧带发育不完善，韧带缺乏主动收缩力，运动不当时会导致足弓塌陷，形成扁平足。

3. 骨骼肌

全身的骨骼肌根据所在部位不同，可分为躯干肌、头颈肌、上肢肌和下肢肌。每块骨骼肌均由肌腱和肌腹两部分组成，肌腱色白、坚韧无收缩能力，主要由腱纤维组成，多位于肌腹两端；肌腹色红、柔软有收缩能力，主要由肌纤维组成。肌的辅助装置包含筋膜、滑膜囊和腱鞘等，具有保护和辅助肌活动的作用。婴幼儿肌纤维较细，肌肉中所含水分较多，蛋白质、脂肪及无机盐较少，肌肉力量和能量储备较差，易出现疲劳。

（1）躯干肌

躯干肌可分为背肌、胸肌、膈肌、腹肌和会阴肌。背肌分为斜方肌、背阔肌和竖脊肌。斜方肌收缩时使肩胛向脊柱靠拢，瘫痪时产生塌肩。背阔肌为全身最大的肩股，位于背下部、腰部和胸侧壁，收缩时使臂内收、内旋和后伸，如背手姿势。竖脊肌为两条强大的纵行肌柱，收缩时使脊柱后伸，是维持人体直立的重要肌。腹肌参与组成腹腔的前壁、侧壁和后壁、分为前外侧群和后群。腹前外侧群肌有保护和固定腹腔器官的作用，收缩时缩小腹腔、增加腹压，协助排便、呕吐和分娩。腹肌收缩时还使脊柱作前屈、侧屈和旋转等运动。腹后群肌分为腹后壁的两块肌：腰大肌和腰方肌。腰方肌位于腹后壁腰椎两侧，收缩时使脊柱侧屈。会阴肌主要有肛提肌，会阴浅、深横肌，尿道括约肌等。膈肌位于胸、腹腔之间，封闭胸廓下口，为主要的呼吸肌。膈肌收缩时，顶部下降，胸腔容积扩大，帮助吸气；膈肌舒张时，顶部复原，胸腔容积减小，帮助呼气。由于膈肌升降，造成腹壁起伏，因此主要靠膈肌运动进行的呼吸，称为腹式呼吸。而依靠肋间肌运动进行的呼吸，称为胸式呼吸。肋间外肌提肋时，助吸气；肋间内肌降肋时，助呼气。婴儿出生时完全依靠膈肌运动进行呼吸，随着年龄增长，逐渐发展胸式呼吸以达到成人状态。腹肌包括腹直肌、腹外斜肌、腹内斜肌和腹横肌等。膈肌与腹肌同时收缩，增加腹压，可协助排便、呕吐及分娩等活动。

（2）头颈肌

头颈肌包括头肌和颈肌。头肌可分为面肌和咀嚼肌，颈肌又分为颈浅肌群（胸锁乳突肌）、颈中肌群（舌骨上肌和舌骨下肌）和颈深肌群（前斜角肌、中斜角肌和后斜角肌）。

咀嚼肌主要包括咬肌和颞肌，其作用主要是上提下颌骨，使上、下颌咬合，参与咀嚼动作。乳儿咀嚼肌肌纤维较长，腱成分较短，肌的大小和位置与吸吮动作相一致，即咀嚼肌做下颌闭合、前后移动的吸吮动作。

胸锁乳突肌位于颈部两侧，起自胸骨柄的前面和锁骨的胸骨端，止于颞骨的乳突。该肌一侧收缩使头向同侧倾斜，脸转向对侧；两侧同时收缩，使头部后仰。胸锁乳突肌纤维化引起挛缩与变短，可引起婴儿斜颈。

（3）上肢肌和下肢肌

上肢肌根据所在部位可分为肩肌、臂肌、前臂肌和手肌。肩肌主要包括三角肌、冈上肌、冈下肌、小圆肌、大圆肌和肩胛下肌等，具有稳定和运动肩关节的作用。臂肌可分为屈肌和伸肌，屈肌包括肱二头肌、喙肱肌和肱肌，伸肌为肱三头肌。前臂肌主要作用于肘关节、腕关节和手关节。下肢肌根据所在部位可分为髋肌、大腿肌、小腿肌和足肌，主要功能是维持人体直立姿势、支持体重和行走等。

培训项目 2 呼吸系统

培训重点

了解呼吸系统的组成及特点。

一、呼吸系统的组成

人体在新陈代谢中不断地消耗氧气和产生二氧化碳，呼吸就是机体从外界吸入氧气和呼出二氧化碳的过程，呼吸系统是完成这一过程的主要器官。呼吸系统由呼吸道和肺组成，呼吸道包括上呼吸道和下呼吸道，上呼吸道包括鼻、咽、喉，下呼吸道包括气管和支气管。其中肺是气体交换的场所。

二、呼吸系统的特点

1. 呼吸道

（1）上呼吸道

1）鼻。鼻是呼吸道的起始部分，也是嗅觉器官，包括外鼻、鼻腔和鼻旁窦。外鼻位于面部中央、两眼之间。外鼻与额相连的狭窄部称鼻根，向下延伸称鼻背，下端隆起部称鼻尖，鼻尖两侧弧形隆起为鼻翼。鼻腔被鼻中隔分为左右两腔，每侧鼻腔又分为前后两部分，即鼻前庭和固有鼻腔。鼻前庭有粗硬的鼻毛，是过滤空气的第一道屏障。固有鼻腔分为嗅部和呼吸部。嗅部黏膜内含有嗅细胞，能够感受嗅觉刺激。呼吸部含有丰富的血管和黏液腺，对吸入空气有加温、湿润及净化作用。鼻旁窦包括上颌窦、额窦、筛窦和蝶窦，可以温暖和湿润气体。

鼻翼和鼻尖富含皮脂腺和汗腺，是痤疮和疖的好发部位。婴幼儿的鼻腔较成人短，无鼻毛，后鼻腔血管丰富，黏膜娇嫩，易发生感染，出现黏膜充血肿胀、鼻腔阻塞而发生呼吸困难等症状。鼻中隔的前下方有动脉血管丛，称为黎氏区，该处黏膜薄，是鼻出血的好发部位。出血时，用手指按压两侧鼻翼根部，一般 5 ~ 10 min 可止血。

2）咽。咽是呼吸系统和消化系统的共同通道，上起自颅底，下至第 6 颈椎体下缘高度、与食管相连。咽部分为鼻咽、口咽和喉咽三部分。口咽中的腭扁桃体是淋巴器官，具有防御功能，感染后易发生扁桃体炎。

3）喉。喉既是呼吸器官，又是发音器官。喉位于颈前部正中，上通咽腔、下通气管，是由喉软骨、喉肌、韧带、喉黏膜等围成的不规则管形腔。喉软骨主要包括甲状软骨、环状软骨、会厌软骨和杓状软骨，其中环状软骨是喉软骨中唯一完整的软骨环，对保持呼吸通畅有重要作用。声带位于喉，是喉部的发音器官，婴幼儿声带短而薄，不够坚韧，声门肌娇嫩，易于疲劳及充血肿胀，应注意保护嗓子，避免出现声音嘶哑。婴幼儿喉腔狭窄，喉水肿时易引起喉阻塞，出现呼吸困难。

（2）下呼吸道——气管和支气管

气管是连接喉和肺之间的管道，上端平第 6 颈椎下缘，下至第 4、第 5 胸椎之间，分为左、右主支气管。左主支气管细而长，走向较水平，右主支气管粗而短，走向较垂直，故气管异物易发生在右主支气管。婴幼儿气管与支气管管腔较成人狭窄，软骨柔软，肌肉发育不完善，缺乏弹性组织，纤毛摆动差，不能很好地排除微生物及黏液，易引起感染，导致呼吸道狭窄，出现呼吸困难。

2. 肺

肺是呼吸系统中最重要的器官，位于胸腔内，形态近似圆锥状，具有一尖、一底、两面、三缘。一尖指肺尖，即肺的上端，高出锁骨中内 1/3 交界处 2 ~ 3 cm；一底指肺底，又称膈面；两面指贴近肋的肋面和贴近纵膈和脊柱的纵膈面；三缘指肺的前缘、后缘和下缘。右肺因受肝脏压迫宽而短，左肺因受心脏压迫窄而长。肺泡是肺进行气体交换的场所，新生儿肺泡数约 2 500 万个，而成人平均 3 亿个（2 亿~ 6 亿个）。肺泡的发育可在 2 岁以前完成，之后主要是肺泡面积的增加，8 岁时肺泡面积为 32 mm^2，成年时为 75 mm^2。因此，儿童较成人气体交换单位少，且肺泡小。不同年龄儿童呼吸频率见表 2–1。

表 2–1　不同年龄儿童呼吸频率

年龄	平均每分钟呼吸次数
新生儿	40 ～ 44
1 个月至 1 岁	30
1 ～ 3 岁	24
4 ～ 7 岁	22
8 ～ 14 岁	20

如果发现 2 个月以下婴儿呼吸频率≥ 60 次 / 分，2 ~ 12 个月婴儿呼吸频率≥ 50 次 / 分，1 ~ 5 岁婴幼儿呼吸频率≥ 40 次 / 分，需要提高警惕，及时就医。除呼吸急促外，若出现“三凹征”，即锁骨上窝、胸骨上窝和肋间隙出现凹陷，并伴鼻翼翕动、口唇发绀等，则提示其存在呼吸困难，属于危急情况，严重时可出现呼吸衰竭，甚至窒息。

培训项目 3 循环系统

培训重点

了解循环系统的组成及特点。

一、循环系统的组成

循环系统是连续而封闭的管道系统，包括血液循环和淋巴循环两个部分。血液循环由心脏和血管组成，其功能是为机体输送营养和排泄废物，保证机体新陈代谢的正常进行。淋巴循环能够维持机体内环境的稳定，参与免疫应答和防御功能。

二、循环系统的特点

1. 血液循环系统

（1）心脏

心脏是中空的肌性器官，是连接动脉、静脉的枢纽，是血液循环的动力器官。心脏位于胸腔纵膈内，约 2/3 位于身体正中线的左侧，1/3 位于右侧，形似倒置的、前后略扁的圆锥体，大小与本人拳头相似。心脏分为四腔，即右心房、右心室、左心房和左心室。右心房有上腔静脉口、下腔静脉口和冠状窦口三个入口和右房室口一个出口，将人体血液汇入右心房，流入右心室。胎儿时期右心房有卵圆孔，出生后 5 ~ 7 个月此孔闭合，若生后 1 年仍未闭合者，则成为一种先天性心脏病，即卵圆孔闭锁不全。右心室入口为右房室口，口周附有三尖瓣，可防止血液向右心房逆流；出口为肺动脉口，口周附有肺动脉瓣，可防止血液由肺动脉逆流入右心室。左心房有左房室口一个出口、四个入口，即左右、上下四个肺静脉口，使肺静脉血液汇入左心房，流向左心室。左心室入口为左房室口，口周附有二尖瓣，可防止血液逆流至左心房；出口为主动脉口，口周附有主动脉瓣，可防止血液由主动脉逆流入左心室。心脏的节律性收缩和舒张，保证了心内血液的定向流动。当心室收缩时，二、三尖瓣关闭，主、肺动脉瓣开放，血液由左、右心室射入动脉；当心室舒张时，主、肺动脉瓣关闭，二、三尖瓣开放，血液由心房流入心室。这种循环流动，保证了机体新陈代谢的正常进行。

婴幼儿心脏相对比成人大，出生时质量为 20 ~ 25 g，随着年龄增长，心脏质量逐渐增加，至青春期后，心脏质量增长至出生时的 12 ~ 14 倍，达到成人水平。心脏四腔的容积在出生时为 20 ~ 22 mL，至青春期后增长了约 12 倍。婴幼儿时期，心脏交感神经支配占优势，自主神经系统不成熟，对心脏抑制作用较弱。一般来说，年龄越小，新陈代谢越快，心率也越快。各年龄段儿童心率水平见表 2–2。

表 2–2　各年龄段儿童心率水平

年龄分期	心率（次数 / 分钟）
新生儿	120 ~ 140
<1 岁	110 ~ 130
1 ~ 3 岁	100 ~ 120
4 ~ 7 岁	80 ~ 100
8 ~ 14 岁	70 ~ 90

（2）血管

血管是血液流过的一系列管道，分为动脉、静脉和毛细血管。动脉起自心脏，不断分支，最后形成毛细血管，毛细血管再会合形成静脉，最后返回至心脏。全身血管为封闭式管道，血液在血管中周而复始、循环往复流动。动、静脉是输送血液的管道，毛细血管是进行物质交换的场所。血液循环分为体循环和肺循环两部分。体循环又称大循环，因左心室收缩，血液流入主动脉，经主动脉的各级分支到达全身毛细血管，进行气体和物质交换，再经各级静脉，到上、下腔静脉和冠状窦流入右心房，其特点是路程长、流经范围广。肺循环又称小循环，因右心室收缩，血液流入肺动脉，经肺动脉各级分支到达毛细血管网，进行气体交换后，经肺静脉进入左心房，其特点是路程短，血液仅经过肺脏。血液在血管内流动时作用于单位面积血管壁的侧压力，称为血压，是血液在血管中流动的动力。

血压是最基本的生命体征之一，在不同血管内，血压分为动脉血压、静脉血压和毛细血管血压。一般所说的血压指的是动脉血压，分为收缩压和舒张压。收缩压是心脏收缩时产生的压力，舒张压是心脏舒张时产生的压力。

儿童动、静脉内径相差较小，而成人静脉内径比动脉大 1 倍。10 岁以前肺动脉内径较主动脉宽，至青春期时，主动脉的内径开始大于肺动脉。婴幼儿血管壁薄、柔软，弹力纤维较少，至 12 岁时方可达到成人水平。血压的高低取决于心排出量和外周血管阻力。一般来说，年龄越小血压越低。儿童时期正常收缩压（mmHg）=［年龄（岁）×2］+80，舒张压为收缩压的 2/3。

2. 淋巴循环系统

淋巴系统由淋巴管道、淋巴器官和淋巴组织组成。淋巴循环始自血液流经毛细血管动脉端时，部分成分经毛细血管壁进入组织间隙，形成组织液。组织液与细胞进行物质交换后，大部分被毛细血管静脉端吸收进入静脉，小部分进入毛细淋巴管，形成淋巴液，淋巴液经淋巴管道和淋巴结，最后流入静脉。淋巴循环是血液循环的补充，辅助静脉引流组织液。淋巴器官包括淋巴结、胸腺、扁桃体和脾。

（1）淋巴结

淋巴结为大小不一的圆形或椭圆形小体，遍布全身。正常浅表淋巴结很小，不易触及，直径多为 2～5 mm，表面光滑、柔软，活动度可，无压痛。淋巴结是身体的免疫防御器官，是最先与外来抗原相遇发生免疫应答的场所。当机体受到致病因素侵袭后，会将信号传递给淋巴结，使淋巴细胞产生淋巴因子和抗体，以杀伤致病因子。两者“斗争”的结果是淋巴结内的淋巴细胞和组织细胞发生反应性增生，使淋巴结肿大。在婴幼儿时期，淋巴结发育不完善，屏障作用差，感染易于扩散，局部轻微感染就可使淋巴结肿大甚至化脓。随着年龄增长，淋巴结抵抗能力增强，并具有吞噬功能，故青少年不易出现淋巴结炎化脓扩散。在浅表淋巴结区域触及直径大于 10 mm 的淋巴结，即为淋巴结肿大；若伴有红、肿、热、痛等症状，可考虑为淋巴结炎。若淋巴结进行性增大，应及时就医。

（2）扁桃体

扁桃体位于消化道和呼吸道的交会处，是经常接触抗原引起局部免疫应答的部位。根据分布部位，可分为腭扁桃体、咽扁桃体和舌扁桃体。一般说的扁桃体是指肉眼可见的腭扁桃体。腭扁桃体是一对呈扁卵圆形的淋巴器官，位于扁桃体窝内，1 岁末逐渐增大，4～10 岁时发育达到最高峰，是咽峡炎高发的时间。扁桃体可以产生淋巴细胞和抗体，具有免疫防御功能，能有效预防上、下呼吸道疾病。婴幼儿时期免疫系统发育不完全，各种免疫功能尚不健全，对各种病原、细菌具有易感性，易出现扁桃体肿大及化脓。

咽扁桃体又称腺样体，位于鼻咽部，不借助工具是不可见的。出生时即存在，逐渐长大，6~7岁时达最大，之后开始萎缩，约至10岁以后完全退化。6岁以下儿童，腺样体肥大多为生理性肥大，故不宜过早切除腺样体，以免影响其发挥免疫功能。

腺样体肥大常并发鼻炎、鼻窦炎，出现鼻塞、流涕、张口呼吸、睡眠打鼾等症状。长期张口呼吸，可影响小儿面骨发育，出现上颌骨狭长、腭弓高拱变窄、牙齿外突、唇厚、鼻唇沟变窄等，加有精神萎靡、表情呆滞，则称为“腺样体面容”。鼻咽部炎性分泌物积聚，刺激呼吸道黏膜，可引起咽喉、气管及支气管炎。由于腺样体肥大，使咽鼓管咽口受阻，可并发中耳炎，致听力减退。

舌扁桃体位于舌根部，呈颗粒状，大小因人而异，含有丰富的黏液腺。

（3）脾

脾是人体内最大的淋巴器官，位于左上腹，与第9至第11肋相对，呈椭圆形，为暗红色，质软而脆，受暴击后易破裂。正常情况下，脾脏不易触及，若可触及，则提示脾脏肿大。脾脏主要功能为造血、储血、滤血、参与免疫反应等。

培训项目 4 消化系统

培训重点

了解消化系统的组成及特点。

一、消化系统的组成

消化系统是将摄取的食物进行物理性和化学性消化，吸收营养物质，并将食物残渣排出体外的系统，由消化管和消化腺组成。消化管是从口腔到肛门的形态各异的弯曲管道，包括口腔、咽、食管、胃、小肠、大肠等。消化腺是分泌消化液的腺体，包括肝、胰、唾液腺等大消化腺和唇腺、食管腺、胃腺等小消化腺。

二、消化系统的特点

1. 消化管

（1）口腔

口腔是消化道的起始端，包括唇、舌、颊、牙齿、大唾液腺等。口腔内的主要器官是牙齿和舌。

1）牙齿。牙齿是人体最坚硬的器官，可分为牙冠、牙颈和牙根三部分。露在牙龈外面的部分称牙冠，埋在牙槽骨内的部分称牙根，牙冠与牙根交界处的稍细部分称牙颈。牙齿的内部有致密坚硬的牙质，是牙的主要构造。牙冠部牙质的表面覆盖一层洁白坚硬的牙釉质；牙根和牙颈的表面包有一层牙骨质；牙齿中心的空腔称牙髓腔，内充满牙髓，牙髓由神经、血管和淋巴管组成。牙周组织是牙齿周围的组织，包含牙周膜、牙槽骨和牙龈。牙齿的构造具体如图 2–9 所示。

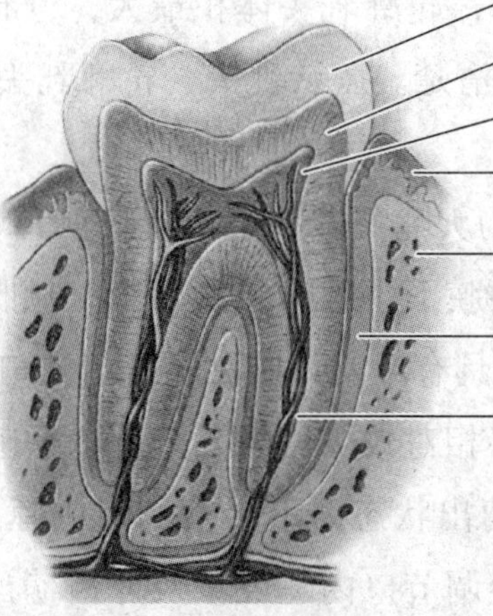

图 2–9 牙齿的构造

牙釉质在牙齿萌出前已发育完成，形态不会改变，发生龋齿等损坏后，不会自行修复。牙质内含有神经感受器，当龋齿、磨损等破坏牙釉质导致牙质暴露时，就会出现酸痛感。牙髓是一种富含血管、神经的特殊结缔组织，故当牙髓暴露时，会出现疼痛感。婴幼儿乳牙的牙釉质薄，牙质松脆，牙髓腔较大，容易出现龋齿。

人一生有两副牙齿，即乳牙（20 颗）和恒牙（32 颗）。乳牙从生后 4 ~ 10 个月时开始萌出，2 ~ 3 岁时乳牙出齐，共 20 颗。12 个月后乳牙未萌出者为乳牙萌出延迟。6 ~ 7 岁开始萌出第一颗恒牙即第一恒磨牙，它长在第二乳磨牙之后；7 ~ 8 岁乳牙按萌出先后逐个脱落，代之以恒牙，其中第一、第二双尖牙代替第一、第二乳磨牙；至 12 ~ 14 岁时恒牙出齐。第三恒磨牙即智齿，一般在 18 岁时萌出，也有终生不出者。2 岁以内乳牙颗数可用以下公式计算：乳牙数 = 月龄 – 4（或 6）。

2）舌。舌位于口腔底，是可随意运动的器官，有协助咀嚼、吞咽、辅助发音和感受味觉等功能。舌有上、下两面。上面即舌背，以 V 形的界沟分为舌体和舌根，前 2/3 为舌体，后 1/3 为舌根。舌体的前端为舌尖。舌下正中线处有一黏膜皱襞，称为舌系带。舌系带根部两侧各有一圆形凸起，称为舌下阜，皆有腺管开口，中医称左侧为金津，右侧为玉液。舌背黏膜粗糙，有许多突起，称为舌乳头，根据形态不同，将其分为丝状乳头、菌状乳头、轮廓乳头和叶状乳头。丝状乳头最多，遍布于舌体。它的浅层上皮细胞不断角化和脱落，与食物残渣、黏液、细菌和渗出的白细胞等成分混合，使舌黏膜表面覆以一层白色薄苔，称为舌苔。中国传统医学认为舌苔是胃气向上熏蒸胃中谷气、食浊，凝聚于舌面而形成。望舌苔可帮助辨别疾病的性质，如黄苔为热，白苔为寒。菌状乳头数量最少，散于丝状乳头之间，色红，多见于舌尖部；轮廓乳头体积最大，分布于界沟前方；叶状乳头位于舌体侧缘的后部，小儿较清楚。菌状乳头、轮廓乳头和叶状乳头均含味蕾，司味觉。

3）唾液腺。口腔唾液腺分为大唾液腺和小唾液腺。大唾液腺即腮腺、下颌下腺和舌下腺，小唾液腺主要指黏膜下小腺体，如唇腺、颊腺等，其主要作用是分泌唾液。唾液是无色透明液体，具有湿润口腔黏膜、清洁口腔、消化淀粉及杀菌、抑菌等作用。初生婴儿唾液分泌相对较少，至5个月以后唾液明显增加。由于婴儿口腔深度不够，且处于牙齿萌出状态，不会节制口内唾液，则出现流涎现象，此为生理性流涎。当婴幼儿学会调节口内唾液量及牙齿萌出后，口腔深度逐渐增加，流涎现象就会消失。

（2）食管

食管是一条前后扁平的肌性管道，连接咽喉至胃部，是消化管中最窄的部分。新生儿时期食管长度为90 ~ 115 mm，至成年时期食管长220 ~ 250 mm，约为出生时的2倍。食管有三个窄部，分别为食管起端、食管与左支气管交叉处和食管穿过膈肌处。由于婴幼儿食道短而窄、黏膜娇嫩、管壁薄、弹性差，故易受损伤。

（3）胃

胃上连食管，下接十二指肠，是消化管中最膨大的部分，具有容纳食物、分泌胃液和消化食物等功能。婴儿的胃大多呈水平位，3岁以后逐渐接近成人。新生儿胃容量为30 ~ 35 mL，成年时胃容量为1 200 ~ 1 600 mL，为出生时的50倍左右。婴幼儿胃黏膜血管丰富，胃壁较薄，分泌胃液较成年人少，故消化能力弱。

（4）肠道

肠道是指从胃幽门至肛门之间的消化管道。其长度有很大的个体差异，新生儿肠管总长约为身长的8倍，婴幼儿约为6倍，成年人为4 ~ 5倍。根据肠道功能不同，分为小肠和大肠。小肠又分为十二指肠、空肠和回肠，是食物消化和吸收的主要场所。大肠又为盲肠、阑尾、结肠、直肠和肛管，主要功能是吸收水分、维生素和无机盐，将食物残渣形成粪便，排出体外。

婴幼儿肠管相对较成人长，肠壁肌层薄，管壁宽，肠黏膜富含血管和淋巴管，肠壁绒毛数量与成人基本相等，因此，肠壁吸收能力强。但婴幼儿肠壁肌肉及弹性纤维发育不完善，肠蠕动差，易发生肠道功能紊乱。升结肠借结缔组织贴附于腹后壁，活动性小，由于婴幼儿结肠壁薄，升结肠、直肠与腹后壁的固定性较差，易发生肠套叠和脱肛。阑尾在体表的投影通常在脐与右髂前上棘连线的中、外 1/3 交界处，此点称为麦氏点，当发生急性阑尾炎时，此点有压痛及反跳痛。

2. 消化腺

（1）肝脏

肝脏是人体中最大的消化腺，呈棕红色，质软而脆，易受外力打击而破裂出血。肝脏大部分位于右季肋区和腹上区，小部分位于左季肋区。正常成人肝脏在右肋弓下缘，一般不可触及，但 2 岁以下儿童肝脏较大，易触及。肝脏具有分泌和排泄胆汁、参与物质代谢及生物转化功能。正常成人肝糖原储存约 150g，6 ~ 8 小时的轻劳动量即可消耗大部分肝糖原，而婴幼儿肝糖原储存相对较少，故易因饥饿发生低血糖。

（2）胰腺

胰腺位于腹膜后第 1、第 2 腰椎水平处，是人体第二大消化腺，由内分泌部和外分泌部组成。内分泌部分泌胰岛素，主要调节糖代谢；外分泌部分泌胰腺液，参与蛋白质、脂肪和碳水化合物代谢。婴幼儿胰腺液的分泌易受炎热气候及各种疾病的影响而被抑制，常引起消化不良。

培训项目 5 泌尿生殖系统

培训重点

了解泌尿系统和生殖系统的组成及特点。

一、泌尿系统和生殖系统的组成

泌尿系统是排泄机体代谢产物的器官，由肾、输尿管、膀胱及尿道组成。生殖系统分为男性生殖系统和女性生殖系统，是繁殖后代，延续种族和保持第二性征的器官，它们均包括内生殖器和外生殖器。

二、泌尿生殖系统的特点

1. 泌尿系统

（1）肾脏

肾脏是成对的实质性器官，色红褐，形似蚕豆，位于腹后壁、脊柱的两旁。左肾上端平第 11 胸椎体下缘，下端平第 2 腰椎体下缘，右肾因肝脏占位比左肾低约半个椎体的高度。肾的位置因性别、年龄等因素而不同，女性比男性低，儿童比成人低。肾脏的主要功能是排泄体内代谢产物，调节水和电解质平衡，维持内环境稳定，并具有内分泌功能，如分泌肾素、前列腺素等。

新生儿排钠能力较差，输入过多钠后，易出现钠潴留和水肿。婴幼儿因髓袢短，尿素形成量少以及抗利尿激素分泌不足，使浓缩尿液功能不足，在应激状态下保留水分的能力低于年长儿和成人。婴幼儿液体摄入量不足时易发生脱水甚至诱发急性肾功能不全。

（2）膀胱

膀胱是储尿器官，其形状、大小、位置和壁的厚度与尿液的充盈程度、年龄及性别等有关。膀胱位于盆腔前部、耻骨联合后方。对于正常成年人，膀胱容量为350～500 mL，最大容量为800 mL。婴幼儿膀胱容量小，新陈代谢旺盛，故排尿次数多。1岁时每日排尿15～16次，学龄前和学龄期每日排尿6～7次。婴幼儿时期正常排尿机制由脊髓反射完成，主要由尿道外括约肌和会阴肌控制排尿。随年龄增长，排尿机制由脑干—大脑皮层完成，主要由膀胱逼尿肌控制排尿。至3岁时，婴幼儿可控制排尿，若3岁以后不能控制膀胱逼尿肌收缩，则会出现遗尿及尿失禁表现。儿童每日平均排尿量见表2–3。

表2–3 儿童每日平均排尿量

年龄	每日平均排尿量（mL）
生后48 h	1～3 mL/kg（体重）
生后2天	30～60
生后3～10天	100～300
2个月	250～400
1岁	400～500
3岁	500～600
5岁	600～700
8岁	600～1 000
14岁	800～1 400
14岁以上	1 000～1 600

若新生儿尿量少于1.0 mL/（kg·h），为少尿；若少于0.5 mL/（kg·h），为无尿。婴幼儿平均每日尿量少于200 mL、学龄前儿童少于300 mL、学龄儿童少于400 mL，为少尿；尿量少于50 mL，为无尿。

（3）尿道

女性尿道短而直，长3～5 cm，尿道内口起自膀胱，外口开口于阴道前庭，位于阴蒂与阴道口之间。尿道与外界相同，且尿道短而直，易引起尿路感染。感染后，细菌沿尿道上行，达膀胱、输尿管及肾脏，可引起膀胱炎和肾盂肾炎。

2. 生殖系统

（1）睾丸

睾丸位于阴囊内，左右各一，是产生精子和分泌性激素的器官。睾丸在胚胎时位于腹腔后上方，胎龄增加至 7～9 个月时，睾丸已下降至阴囊。若出现不下降或不完全下降时，则为隐睾。

（2）阴茎

阴茎由两条阴茎海绵体和一条尿道海绵体组成，外包深、浅筋膜和皮肤。婴幼儿包皮较长，包裹整个阴茎头，包皮口较小。随着年龄增长，包皮口逐渐增大，阴茎头显露在外。若成年后，阴茎头仍被包皮覆盖，或包皮口较小，不能充分暴露阴茎头，则称为包皮过长或包茎，此时需及早行外科手术治疗。

（3）卵巢与子宫

卵巢为成对的实质性器官，呈扁卵圆形，位于盆腔内，是产生卵子和分泌雌性激素的器官。子宫是产生月经和孕育胎儿的肌性器官，其形态、结构、大小、位置与年龄、月经和妊娠相关。成年未孕子宫呈前后稍扁，倒置的梨形，位于骨盆的中央、膀胱与直肠之间。

培训项目 6 内分泌系统

培训重点

了解内分泌系统的组成及特点。

一、内分泌系统的组成

内分泌系统是机体的调节系统，与神经系统相辅相成，共同维持机体内环境的平衡与稳定，调节机体的生长发育和各种代谢活动，调控生殖并影响人的各种行为。内分泌系统由内分泌腺和内分泌组织组成。内分泌腺包括垂体、甲状腺、甲状旁腺、肾上腺、胸腺和松果体等。内分泌组织是分散在其他器官内的内分泌细胞团块，如卵巢内的卵泡和黄体、胰腺内的胰岛等。

二、内分泌系统的特点

1. 甲状腺

甲状腺位于颈部气管前下方，即第 2 至第 4 气管软骨环前面，分左、右两叶和峡部。吞咽时，可随喉上下移动。甲状腺分泌含碘的甲状腺激素，受下丘脑和垂体的调控，其主要作用是促进机体的新陈代谢和生长发育，尤其对婴幼儿的骨骼发育和神经系统发育影响显著。若婴幼儿甲状腺功能低下，可导致克汀病（呆小症），表现为智力低下、生长发育迟缓等。若婴幼儿甲状腺功能亢进，可导致突眼性甲状腺肿，表现为脾气急躁、好动、易饥饿、多汗等。

2. 脑垂体

垂体位于颅底蝶鞍的垂体窝内，呈椭圆形，分为腺垂体和神经垂体两部分。

腺垂体是分泌生长激素、促甲状腺激素、促肾上腺皮质激素、促性腺激素、催乳素等多种激素的场所。神经垂体是储存和释放抗利尿激素和催产素的场所。生长激素具有促进生长和调节代谢的作用，对婴幼儿的生长发育至关重要。生长激素呈脉冲式释放，于夜间深睡眠后分泌最多，故养成良好的睡眠习惯，保证充足的睡眠，对儿童及青少年的生长发育有促进作用。若生长激素分泌过少，会出现身材矮小、牙齿萌出延迟、骨龄落后等表现，但不影响智力发育。若生长激素分泌过多，对于成年人则会出现肢端肥大症，而对于儿童及青少年，则会出现巨人症。抗利尿激素是由下丘脑视上核和室旁核的神经细胞分泌，经神经垂体后叶储存和释放，是尿液浓缩和稀释的关键性调节激素。当抗利尿激素分泌或释放异常时，可出现以多饮、多尿、排出稀释性尿为特征的临床综合征，即尿崩症。

3. 下丘脑

下丘脑位于脑部，即第三脑室的周围和底部，含有多种神经内分泌细胞，合成和释放生长激素释放激素、生长抑素、促甲状腺素释放激素、促肾上腺激素释放激素、促性腺激素释放激素等多种激素。这些激素作用于垂体，进而影响各个靶器官，形成下丘脑—垂体—靶腺轴。下丘脑通过下丘脑—垂体—靶腺轴控制和调节内分泌腺的活动。

培训项目 7 神经系统

培训重点

了解神经系统的组成、活动方式及特点。

一、神经系统的组成

神经系统由脑、脊髓以及与其相连的脑神经和脊神经组成，在机体中处于主导地位，可分为中枢神经系统和周围神经系统。中枢神经系统包括脑和脊髓，周围神经系统包括 12 对脑神经和 31 对脊神经。神经系统主要由神经组织组成，神经组织由神经细胞和神经胶质组成。神经细胞又称神经元，是神经系统结构和功能的基本单位，由胞体和突起两部分构成，具有感受刺激和传导神经冲动的功能。神经胶质又称神经胶质细胞，没有传导冲动的功能，但对神经细胞具有支持、营养、保护、修复和绝缘的功能，还是多种神经递质的受体和离子通道。

神经纤维由轴突和包裹在外面的神经胶质细胞构成，其主要功能是传导冲动。根据有无髓鞘，分为有髓神经纤维和无髓神经纤维。有髓神经纤维的轴突外包有髓鞘和神经膜，无髓神经纤维的轴突外仅包有神经膜。有髓神经纤维比无髓神经纤维传导速度快。髓鞘的主要成分是类脂质和蛋白质，呈白色，具有绝缘和保护的功能。脑和脊髓神经多为有髓神经纤维。

二、神经系统的活动方式

神经系统的基本活动方式为反射，反射的结构基础是反射弧，反射弧由感受器、传入神经、中枢、传出神经和效应器构成。无论反射多么复杂，都由反射弧这五部分组成，若反射弧中任何环节发生障碍，则反射活动将减弱或消失。反射可分为非条件反射和条件反射。非条件反射是出生时即有、终身存在的反射，由脑干部低级中枢控制，如角膜反射、吞咽反射、瞳孔对光反射等；条件反射是通过后天学习和训练形成的反射，是大脑皮层参与的高级神经活动，具有短暂性的特点。条件反射是在非条件反射的基础上形成的。

正常新生儿一出生就具有一些暂时的原始神经反射行为，这是新生儿机体是否正常的标志。原始反射是指婴儿具有的先天反射，不受意识控制，其中枢位于脊髓、延髓和脑桥。原始反射的出现标志着婴儿运动发育的开始。随着月龄的增长，神经系统的逐渐成熟，在生后 2 ~ 6 个月原始反射逐渐消失，标志着中枢神经系统发育分化的完成。婴儿原始反射见表 2–4。

表 2–4　婴儿原始反射

原始反射分类	消失时间
拥抱反射	出生后 3 ~ 6 个月
吸吮反射和觅食反射	出生后 4 ~ 7 个月
握持反射	出生后 3 ~ 4 个月
颈肢反射（紧张性颈反射）	出生后 6 个月
交叉伸展反射	出生后 2 个月
安放反射	出生后 6 周
颈拨正反射	出生后 6 个月
侧弯反射	出生后 3 个月
抬躯反射	出生后 30 个月
降落伞反射	终生存在
平衡反射	终生存在

三、神经系统的特点

1. 解剖特点

（1）脑和脑神经

1）脑。脑位于颅腔内，由端脑（大脑）、间脑、中脑、脑桥、延髓和小脑六个部分组成，其中中脑、脑桥、延髓合称为脑干。

端脑又称大脑，外形上由左、右大脑半球构成。大脑半球表面凹凸不平，有许多弯弯曲曲的沟（凹）和回（凸），内部结构为灰质和白质。灰质又称大脑皮质，是高级神经活动的物质基础。大脑皮质上有许多功能区，主要功能区见表 2–5。

表 2–5　大脑皮质的功能区

功能区名称		部位	特点
躯体运动中枢		中央前回、中央旁小叶前部	支配骨骼肌运动，身体各部位在皮质区所占面积与运动的精细复杂程度有关
躯体感觉中枢		中央后回、中央旁小叶后部	掌管躯体深、浅感觉
视觉中枢		枕叶内侧面巨状沟上、下皮质	产生视觉
听觉中枢		颞叶的颞横回	产生听觉
语言中枢	运动性语言中枢（说话中枢）	额下回后部	受损，丧失说话能力，但可听懂他人语言
	书写中枢	额中回后部	受损，失去写字、绘画等能力
	视觉性语言中枢（阅读中枢）	顶叶角回	受损，视觉无障碍，但看不懂已识文字，不能阅读
	听觉性语言中枢（听话中枢）	颞上回后部	受损，听觉无障碍，会说话，但不能理解他人讲话意思，不能正确回答问题

2）脑神经。脑神经共 12 对，分别为嗅神经、视神经、动眼神经、滑车神经、三叉神经、展神经、面神经、前庭蜗神经、舌咽神经、迷走神经、副神经和舌下神经。（记忆：一嗅二视三动眼，四滑五叉六外展，七面八庭九舌咽，迷副舌下十二全）。

（2）脊髓和脊神经

脊髓位于椎管内，外包被膜。脊椎分为 31 个节段，分别为 8 个颈段（C）、12 个胸段（T）、5 个腰段（L）、5 个骶段（S）和 1 个尾段。脊髓有两个膨大部，即颈膨大和腰膨大。颈膨大指自颈髓第 4 节段到胸髓第 1 节段的部分，腰膨大指自腰髓第 2 节段到骶髓第 3 节段的部分。脊髓具有传导和反射功能，是低级神经中枢，可完成一些简单的反射活动，如腹壁反射、提睾反射等浅反射和肱二头肌反射、肱三头肌反射、膝跳反射等深反射，以及排尿反射、排汗反射等内脏反射。

2. 婴幼儿神经系统的生理特点

在儿童生长发育过程中，婴幼儿神经系统发育得最早而且迅速，在胎儿期神经系统就已基本完成。出生后，大脑皮层的神经细胞数目不再增加，之后变化的主要是神经细胞体积的增大、树突的增多、髓鞘的形成等。婴幼儿脑实质生长较快，人脑质量的变化见表 2–6。

表 2–6　人脑平均质量

年龄	脑平均质量（g）
新生儿	370
6 个月	700
1 岁	900
成年人	1 500

神经传导系统是从胎儿第 7 个月开始形成，出生时神经纤维数目少，髓鞘形成不完善。神经系统不同部位髓鞘的形成时间不同，脊髓神经在生后 3 岁完成髓鞘化，锥体束在生后 2 岁完成，而皮质髓鞘化最晚。故外界刺激引起的神经冲动在传导时速度慢，易泛化，不易在大脑皮层上形成明显的兴奋灶。在 5 岁前，大脑皮层兴奋强于抑制，至 7 ~ 14 岁时抑制功能逐渐完善，故 5 岁前婴幼儿好动，控制能力差，注意力不集中，易于疲劳。

婴幼儿脑组织富含蛋白质，约占脑组织的 46%，而成人脑组织主要为类脂质，约占 66.5%。在基础代谢状态下，婴幼儿脑的耗氧量占全身总耗氧量的 50%，而成人仅约 20%，故婴幼儿对营养和氧的需求量大。婴幼儿对于缺氧、低血糖、低血压比较敏感，可对其造成不可逆的损伤。

培训项目 8 感觉器官

培训重点

了解感觉器官的组成及特点。

一、感觉器官的组成

感觉器官是感受器及其附属结构的总称，而感受器是机体接受内、外环境各种刺激的结构。感受器简繁不一，如痛觉感受器、触觉感受器、压力感受器等属于结构简单的感受器，而视器、听器等为结构复杂的感受器，具有完善的感受装置和复杂的附属结构，属于特殊感受器。感觉器官的功能是接受机体内、外环境的刺激，将刺激转变为神经冲动，由感觉神经和中枢神经通路传导至大脑皮层，在大脑皮层产生相应的感觉，从而建立机体与内、外环境间的联系。

二、感觉器官的特点

1. 视觉器官——眼

眼是由眼球和眼副器共同构成。眼球的功能是接受光刺激，并将其转变为神经冲动，经视神经传入大脑视觉中枢，产生视觉。眼副器是指眼睑、结膜、泪器、眼球外肌等结构，对眼球起支持、保护和运动作用。

（1）眼球

眼球位于眶内，似球形，为视器的主要部分，由眼球壁和眼球内容物组成。

1）眼球壁。眼球壁由外向内由三层膜组成：

①眼球纤维膜。分为角膜和巩膜，对维持眼球外形和保护眼球内容物具有重

要作用。角膜无色透明，无血管存在，但含有大量感觉神经末梢。巩膜为白色不透明、厚而坚韧的纤维膜。

②眼球血管膜。由前向后分为虹膜、睫状体和脉络膜三部分。虹膜中央有一孔，称为瞳孔。虹膜具有颜色，其颜色与所含色素细胞数量有关。白种人因色素较少，呈浅黄色或浅蓝色。黄种人因色素较多，故呈棕色。睫状体具有调节视力和产生房水的作用。脉络膜有营养视网膜和保证成像清晰的作用。

③视网膜。分为视部和盲部，视部即脉络膜部，衬于脉络膜内面，具有感光作用；盲部即虹膜部和睫状体部，无感光作用。视网膜上有一黄色小区，称黄斑，其中央有一凹陷称中央凹，是感光最敏锐的地方。

2）眼球内容物。眼球内容物包括房水、晶状体和玻璃体。这些结构均透明而无血管，具有屈光作用，与角膜共同组成眼的屈光装置。

①房水。由睫状体产生，位于角膜和晶状体之间的空隙，即眼房内，除具有屈光作用外，还具有营养角膜和晶状体及维持眼内压的作用。当房水产生过多或回流受阻，则会产生“青光眼”。

②晶状体。呈双凸透镜状，富有弹性，是眼屈光系统的主要装置，其曲度随所视物体的远近而改变。视近物时，睫状肌收缩，睫状小带松弛，晶状体因本身弹性变凸，曲度增大，屈光力增强，使物象清晰聚焦于视网膜上。视远物时，睫状肌松弛，睫状小带收缩，晶状体变扁平，曲度减小，使远物清晰成像。若屈光装置屈光度过强，物象成像于视网膜前，则为近视；若屈光装置屈光度过弱，物象成像于视网膜后，则为远视。中老年人晶状体逐渐硬化，弹性减退，睫状肌萎缩，调节功能减退，则出现视近物困难，而视远物清晰，称为老花眼。若晶状体混浊，影响视力，则称为白内障。

③玻璃体。充满于晶状体和视网膜之间的无色透明胶状物质，具有屈光和支撑视网膜的作用。

（2）眼副器

1）眼睑。眼睑俗称眼皮，分为上睑和下睑。两眼睑之间的裂隙称为眼裂，眼裂外侧称外眦，眼裂内侧称内眦。眼睑具有保护眼球的作用。

2）结膜。结膜透明而富有血管，是连接眼球和眼睑之间的薄膜，可分为睑结膜、球结膜和穹隆结膜三部分。结膜炎和沙眼是常见的结膜疾病。

3）泪器。泪器由泪腺和泪道组成。泪腺位于眼眶的外上方，分泌的泪液具有冲洗微尘、维持眼球清洁、保持角膜湿润和抑菌的作用。泪道由泪点、泪小管、泪囊和鼻泪管组成，具有排泄泪液的作用。过多的泪液可经上述管道流入鼻腔。若鼻塞时，鼻泪管下口闭塞，泪液向鼻腔引流不畅，故感冒时常有流泪现象。

4）眼球外肌。眼球外肌是视器的运动装置，包括运动眼球的 4 块直肌（上、下、内、外直肌）、2 块斜肌（上、下斜肌）和运动眼睑的上睑提肌。直肌和斜肌的协调活动可使眼球向上、向下、向外、向内等多方向运动。上睑提肌的作用是提上睑，开大眼裂。当眼肌平衡失调或眼球位置不正时，则会出现斜视，双眼注视物体时，物像不能同时落在双眼的黄斑中心凹上，即一眼注视目标时，另一眼偏离目标。

（3）视力

人类双眼视觉发育的关键期为生后 6 个月，出生后 8 个月至 3 岁时发育最快，一直延续到 6 岁左右。1 岁前是婴幼儿视觉发育的黄金时期，3 ~ 6 岁是婴幼儿视觉干预的黄金时期。婴幼儿视觉的发展规律见表 2–7。

表 2–7　婴幼儿视觉的发展规律

年龄	视觉发展规律
0 ~ 1 个月	1. 视觉结构、视觉神经尚未发育成熟，视力相当于成人的 1/30，眼肌调节能力差 2. 可以看到模糊的影像；瞳孔对光有反应，会眨眼；视力范围可达 20 ~ 25 cm，视野只有 45° 左右
1 ~ 2 个月	1. 视网膜上的视锥细胞已经能够分辨色彩，但不能真正识别各种颜色，视觉对比敏感度较弱，喜欢鲜艳的色彩和强烈的黑白对比 2. 在 1.5 ~ 2 个月时，能看清活动的物体，可以追视物体及光源
2 ~ 3 个月	1. 2 个月时具有短暂注视和两眼定视的能力 2. 可区别面孔，区分黄色、红色及橙色 3. 有些婴儿可能出现斜视，经过一段时间的视觉练习，双眼协调水平会迅速提高，一般在 8 周之内可以自动矫正
3 ~ 4 个月	1. 眼睛运动更加自如，视野可达 180°，具有“追视”能力 2. 4 个月时已经可以展现出对某种颜色的偏爱，可以分辨出属于同一种颜色但深浅不同的两种色彩
4 ~ 5 个月	1. 视觉进步很快，视网膜发育更加成熟，能由近看远，再由远看近，并且开始建立立体感 2. 会以视线寻找声音来源，或追踪移动物体，能够转动身体，伸手去捕捉感兴趣的物体 3. 可以渐渐盯住某一物看几秒钟，拥有了“定视”的能力

续表

年龄	视觉发展规律
5 ~ 6 个月	1. 双眼聚焦能力逐渐发育成熟，可以自动调整自己的姿势，以便看清想要看的物体 2. 远距离知觉开始发展，能够注意远处活动的事物，可以用目测估计距离 3. 可以抓物，手眼协调能力开始发展
7 ~ 8 个月	1. 几乎拥有了和成人一样的视觉能力，比如对轮廓、色彩、距离、体积等的感知 2. 感知远近、深浅的深度知觉也开始发展
9 ~ 10 个月	1. 转眼自如，视线能随移动物体上下左右地移动，对于眼前突然消失的物体，会有寻物反应 2. 辨别物体大小、形状及移动的速度，可以看到小物体，区分简单的几何图形，模仿面部表情
11 ~ 12 个月	1 岁时，视觉发育已经相当精确，开始对一些细小物体产生兴趣，并能区别简单的几何图形
1 ~ 1.5 岁	1. 视觉敏捷，视功能充分发展 2. 喜欢借由眼睛引导手部活动，喜欢触摸所有看到的新事物，手眼协调能力快速成长 3. 能够分辨出物体的形状，可以把不同形状的积木插到不同的插孔中
1.5 ~ 2 岁	1. 可以通过观察将物体配对，视觉精辨能力发展得更好 2. 模仿能力增强，可以细致地模仿看到的行为 3. 可以集中注意力观看动画片或书本上的图画
2 ~ 2.5 岁	1. 2 岁时视力可以达到 0.4，能看见细小的东西如爬行的小虫 2. 远距离视觉发展，能注视 3 m 远的小玩具，可以判断事物的远近，且视线能跟上快速移动的物体 3. 可以指出喜爱的颜色，视觉记忆能力增强
2.5 ~ 3 岁	可以分辨几何图形，并可独立画圆、椭圆、长方形、三角形、梯形、菱形等图形
3 ~ 4 岁	1. 可以画出长线、十字等其他更多的图形，并且依据物体的形状将它们分类 2. 拥有了较好的深度知觉能力，能迅速判断事物的位置，并尽快地达到目标 3. 空间感提高，可以成功地把水、沙、米从一个杯子倒入另一个杯子，且很少洒出来
4 ~ 5 岁	1. 视力已逐渐成熟，视力清晰度增加，视觉发育能到 1.0，基本达到成人的水平 2. 认识、辨别色彩的能力有了很大提高，能认识 5 ~ 10 种颜色（红、黄、绿、蓝、白、棕、紫、橙、灰），并初步具有了较好的色彩搭配的感觉
5 ~ 6 岁	1. 5 岁的幼儿开始渐渐发展立体视觉 2. 可以观察出图画内各种事物的联系，会临摹简单的汉字

2. 听觉器官——耳

耳包括外耳、中耳和内耳三部分。外耳与中耳是收集和传导声波的装置，内耳含有听觉和位觉感受器，接受声音和位觉刺激。

（1）外耳

外耳包括耳郭、外耳道和鼓膜三部分，具有收集声波的作用。耳郭由弹性软骨和皮肤组成，其前面凹凸不平，后面稍膨隆。外耳道是自耳门至鼓膜之间的管道，成人长约 2.5 cm，婴儿长为 1.5 ~ 2.5 cm，其外 1/3 为软骨段、内 2/3 为骨段。新生儿外耳道尚未发育成熟，外耳道塌陷，至 5 ~ 6 岁时鼓部逐渐发育，耳道呈管状，与成人相似。鼓膜为椭圆形半透明薄膜，介于外耳道与中耳之间。

（2）中耳

中耳包括鼓室、咽鼓管、乳突窦和乳突小房，具有传导声波的作用。鼓室是含气的不规则小腔，有 6 个壁，即上壁、下壁、前壁、后壁、内壁、外壁。内壁即内耳的外壁，中部隆突处称为岬，其后上方和后下方分别有一卵圆形和圆形的孔，即前庭窗和蜗窗，前庭窗被镫骨底封闭，蜗窗由膜封闭，又称第二鼓膜。鼓室内含 3 块听小骨，即锤骨、砧骨和镫骨，三骨借关节相连成为听骨链，为传声结构，将声波的振动传入内耳。咽鼓管是连接鼓室和鼻咽部的管道，其作用是保持鼓膜内、外压力平衡。由于婴儿咽鼓管短平且宽敞，故咽部感染可经咽鼓管侵入鼓室，引起中耳炎。

（3）内耳

内耳由结构复杂的管腔组成，故又称为迷路，分为骨迷路和膜迷路两部分。骨迷路自前内向后外分为耳蜗、前庭和骨半规管。膜迷路是套在骨迷路内的膜性管和囊，可分为椭圆囊、球囊、膜半规管和蜗管，它们之间相互连通，其内充满淋巴。椭圆囊底部的椭圆囊斑、球囊前壁的球囊斑和壶腹脊合称为前庭器，是位觉感受器。其中椭圆囊斑和球囊斑能感受头部静止的位置和直线加速或减速运动的刺激，壶腹脊能感受旋转变速运动的刺激，蜗管基底膜上有螺旋器，为听觉感受器。

（4）婴儿听力的特点（见表 2–8）

表 2–8 婴儿听力的特点

年龄	听力特点
0 ~ 30 天	1. 在觉醒状态下听到声音后转动眼和头去找声源 2. 听到突然的响声后两臂屈曲抱在胸前，四肢抖动并做出眨眼动作 3. 听到友善或熟悉的声音会停止哭泣，喜欢听高音调和母亲的声音

续表

年龄	听力特点
2～3个月	1. 大人用语言引逗时能够听到，并做应答式的回答，如“哦”“啊”“唉”等 2. 听到柔和、悦耳的音乐时面露笑容，并很安静地听。听到刺耳的音乐时全身乱动，烦躁不安 3. 已经能够倾听周围的声音，如说话声、乐器声，并在听到后将头转向声源
4～5个月	1. 在婴儿的一侧耳后大约15 cm的地方摇铃，能转过头向发声的方向寻找声源。这是测试听力非常重要的方法，可以早期判断婴儿的听力是否正常 2. 能够分辨熟悉和不熟悉的声音，听到母亲的声音特别高兴，眼睛会朝着发出声音的方向看 3. 对愤怒的声音感到害怕，但对发声的玩具很有兴趣
6～7个月	1. 已经能够感知习惯的语声，如知道自己的名字 2. 能够模仿声音 3. 当大人叫婴儿的名字时，听见后会转向呼叫人并友好地微笑，表示应答
8～9个月	1. 能够理解简单的语言 2. 可逐渐根据声音来调节、控制行动，逐步学会倾听声音，而不是立即寻找声音的来源 3. 能够逐渐听懂几个字，包括家里成员的称呼
10～12个月	1. 能够随着音乐摆手，并能寻找视野以外的声音 2. 能对简单的语言做出反应，如爸爸、妈妈、自己的乳名等 3. 听到大人的指令后能够指出自己的五官，如眼睛、耳朵、嘴等 4. 能够和大人一样判断声音的来源，并开始增强对词语的感觉能力
1岁半	1. 会说出自己的需要，如拿、走、吃、尿、猫、狗等 2. 能寻找隔壁房间的声音 3. 在大人的指导下，已经学会叫爸爸、妈妈、爷爷、奶奶等
2岁	1. 大人让做什么能够照办，能重复他人说过的字眼，还能说短句（听指令，会学语） 2. 学会一些简单句，会说3～5个字的短句，如“妈妈抱抱”“我喝水”“上街看车”等
3岁	1. 此阶段语言发育飞速，能够学会一些复合句 2. 可以说8～10个字的句子，如“妈妈带我去托儿所” 3. 能够唱儿歌，叙述简单的事情

培训项目 9

皮肤

培训重点

了解皮肤的组成，掌握皮肤的生理特点。

一、皮肤的组成

皮肤覆盖于人体的表面，由表皮和真皮组成，并具有毛发、汁腺、皮脂腺、指（趾）甲等皮肤附属器。皮肤具有赋形、保护、调节体温、感觉、分泌与排泄、吸收、代谢和免疫等功能。

二、皮肤的生理特点

1. 保护功能

真皮的皮下脂肪和结缔组织具有缓冲机械刺激的作用，而婴幼儿发育不完善，皮肤防御功能差，对外界刺激抵抗力弱，易感染和受伤。

2. 体温调节功能

人体热量的 75% ~ 85% 经皮肤发散。婴幼儿皮肤角质层薄，血管丰富，血液循环旺盛，故婴幼儿单位面积的血流量较大，易于散热。婴幼儿汗腺发育不完善，神经调节功能不健全，体温调节功能较差。因此，当婴幼儿处于过冷或过热的环境中时，易于着凉或受热。

3. 感觉功能

皮肤内含有丰富的感觉神经末梢，是人体最大的感受器，不仅对寒、热、触、痛刺激敏感，还可以鉴别粗糙、细腻、光滑、柔软、坚硬等刺激。婴幼儿神经系统发育不完善，皮肤中的各种神经末梢不发达，故其感觉功能较弱。

4. 分泌与排泄功能

皮肤的分泌与排泄功能主要依靠汗腺来完成。汗腺位于真皮深部或皮下组织内，开口于表皮汗孔，分布于全身，以手掌和足底最多。

5. 吸收功能

皮肤可通过角质层、毛囊、皮脂腺和汗管口吸收外界物质。这种吸收外界物质的能力，称为经皮吸收。婴幼儿皮肤角质层薄，血管丰富，对于皮肤表面的物质有较强的吸收和透过能力。

6. 免疫功能

皮肤是机体免疫系统的第一道防线，可以防止外界有害物质入侵，保持机体内环境的稳定。体表上皮细胞的正常脱落与更新，可清除大量黏附于皮肤上的细菌。皮脂腺分泌的脂肪酸、汗液中的乳酸具有杀菌作用，汗液的酸性可抑制细菌的繁殖。皮肤中的巨噬细胞对突破表皮屏障的病原微生物具有吞噬、杀灭的作用。皮肤中的黑色素可吸收较多紫外线，保护深层组织。皮肤不仅是被动防御器官，也具有主动参与免疫反应的功能。如朗格汉斯细胞是皮肤的抗原呈递细胞，在启动免疫反应中起核心作用。

培训项目 10 免疫系统

培训重点

了解免疫系统的组成，掌握免疫系统的特点。

一、免疫系统的组成

免疫是机体对“自己”或“非己”的识别和排除“非己”的功能。免疫系统是机体执行免疫应答和免疫功能的组织系统，由免疫器官、免疫细胞和免疫分子组成。免疫器官是控制和担负免疫功能的器官，分为中枢免疫器官和周围免疫器官。中枢免疫器官是免疫细胞产生、发育、分化的场所，包括胸腺和骨髓。胸腺是T淋巴细胞分化、成熟的场所，骨髓是B淋巴细胞发育的场所。周围免疫器官是免疫活性细胞定居、增殖和对抗原刺激发生免疫应答的场所，包括脾脏和全身淋巴组织。免疫细胞指参与免疫应答或与免疫应答有关的细胞，包括造血干细胞、淋巴细胞系、单核吞噬细胞系、粒细胞系、红细胞、肥大细胞和血小板等。免疫分子包括抗体、补体及细胞因子等。免疫系统分为特异性免疫系统和非特异性免疫系统。特异性免疫反应是一种后天获得性免疫，包括细胞免疫和体液免疫。非特异性免疫是人类在长期进化过程中逐渐建立起来的一种防御功能，包括屏障防御机制、细胞吞噬系统及补体系统等。

二、免疫系统的特点

人在出生时胸腺重10～15 g，6～13岁时可达30 g，之后逐渐萎缩，老年时小于10 g。出生时脾脏重5～10 g，成年后为100～300 g，老年时稍缩小。婴儿出生时免疫器官和免疫细胞已发育成熟，因未曾接触过抗原，所以尚未建立免疫记忆反应。

中性粒细胞和单核细胞具有吞噬功能。出生后 12 h 外周血可达每升（8 ~ 13）$\times 10^9$ 个，72 h 后逐渐下降至每升 0.4×10^9 个，2 ~ 3 周后再次上升并达到正常。成熟 T 淋巴细胞占外周血淋巴细胞的 60% ~ 70%，出生时淋巴细胞数目较少，6 ~ 7 月龄时超过中性粒细胞数目，至 6 ~ 7 岁时两者数量相当，之后随着年龄增长逐渐接近成人水平。在胎儿和新生儿时期，可产生免疫球蛋白 M 的 B 淋巴细胞，但不产生免疫球蛋白 G、免疫球蛋白 A 的 B 淋巴细胞。至 5 岁时 B 淋巴细胞发育成熟。

婴儿皮肤角质层薄嫩，易损伤，屏障防御功能差，对外界刺激的抵抗能力弱，故损伤后易出现继发感染。

职业模块 三

婴幼儿卫生保健知识

培训项目 1 婴幼儿运动系统的卫生保健

培训重点

1. 了解婴幼儿运动系统的生理特点。
2. 掌握婴幼儿运动系统的卫生保健措施。

根据婴幼儿运动系统生长发育的特点，在日常生活中应采取科学的保健措施，以促进婴幼儿运动系统的健康发展，利于对婴幼儿教学活动及体育活动的组织。

一、培养正确姿势

为了防止婴幼儿的骨骼畸形，应培养婴幼儿坐、立、行及睡眠的正确姿势。正确的姿势可以减轻肌肉疲劳，提高肌肉的工作效率，保证婴幼儿脊柱、胸廓的正常发育和呼吸运动的正常进行，还可以从小培养婴幼儿良好的气质。

1. 正确的坐姿

身体的姿势要自然放松；身体坐直，靠近椅背；胸部脊柱不要向前弯；脚自然地放在地面上，小腿与大腿呈直角；两肩一样高。

2. 正确的站姿

抬头看前方，伸展腰背，两肩自然呈一条直线，胸稍前挺，腹微收，两眼平视前方，不耸肩，两臂自然下垂，足跟靠拢，足间夹角为45°。

3. 正确的走姿

走路时目光平视前方，头正颈直，挺胸收腹，两臂自然下垂，前后自然摆动。两肩不要左右晃动或者保持不动，也不要一只手摆动，另一只手完全不动。两脚有节奏地交替向前迈进，步伐要轻盈，预防驼背、外八字、内八字等不良走姿。走姿是人体所呈现出的一种动态，是站姿的延续，良好的走姿是展示自身气质与修养的重要体现。因此，从小培养婴幼儿坐、立、行的正确姿势，形成良好的坐、立、行的习惯，对婴幼儿一生身体健康及形象至关重要。

在日常生活中还应注意婴幼儿负重不应超过自身体重的1/8，更不能长时间单侧负重，避免骨骼变形。同时要重视对婴幼儿的爬行训练，促进感觉统合协调。

4. 正确的睡姿

托幼机构应配备与婴幼儿身高匹配的桌椅，不宜让婴幼儿睡软床、沙发，睡姿以仰卧位、右侧位为佳，以保证婴幼儿骨骼的正常发育。

二、组织参加适宜的体育锻炼和户外活动

1. 根据婴幼儿年龄的特点组织体育锻炼

科学安排运动时间、内容和运动量，活动中注意动静交替。适宜的锻炼可以增强骨骼肌力量，使肌肉变得粗壮有力，使骨骼更坚固，还能使骨长长、长粗，使身体长高。据调查，同年龄同性别的婴幼儿，经常参加锻炼者比很少活动者高4~6 cm。通过体育锻炼，能使关节囊和韧带增厚，并提高伸展性，从而增强关节的牢固性、柔韧性和灵活性。

2. 经常参加适宜的户外活动

接受空气的温度、湿度和气流的刺激，可增强机体的抵抗力。阳光中的红外线，能使人体血管扩张，促进新陈代谢。阳光中的紫外线照射在人体的皮肤上，使皮肤中的7-脱氢胆固醇转化为维生素D，促进钙、磷在肠道的吸收和利用，可预防佝偻病。

三、供给充足的营养

骨的生长需要大量的蛋白质、钙、铁、磷、维生素D等，为了确保婴幼儿骨骼和肌肉的健康发育，应提供科学的营养，如合理供给牛奶、鸡蛋、瘦肉、豆腐、蔬菜、水果等。

四、全面发展动作，保证安全

婴幼儿活动的内容应多样化，通过多种适宜的活动发展婴幼儿的动作。促进婴幼儿大小肌肉群的发育，如捏泥、串珠子、涂鸦等以发展小肌肉群，扔小球、

拍球、走平衡木、滑梯、儿童军警操等以发展大肌肉群。但在幼儿园不宜开展拔河、长跑、长时间踢球、跳绳等剧烈运动。在活动中要注意安全教育，防止发生意外。如教育婴幼儿不要从高处跳到硬的地面上，跳高、走平衡木等要有沙坑或软垫保护，以免骨盆移位变形，影响正常愈合，甚至对女孩成年后的生育造成不良的影响。活动中应避免猛拉婴幼儿的手臂，以免脱臼；避免长时间站立和单肩挎包等。

五、衣服、鞋袜应宽松适度

婴幼儿不应穿过小的衣服和鞋子，以免影响骨骼、肌肉的发育，但衣服和鞋子也不宜过大，以免发生意外伤害。穿稍有点后跟的鞋，有助于足弓的发育。婴幼儿应尽量穿无鞋带的鞋，袜腰松紧要适度，以方便穿脱。

培训项目 2 婴幼儿呼吸系统的卫生保健

培训重点

1. 了解婴幼儿呼吸系统的生理特点。
2. 掌握婴幼儿呼吸系统的卫生保健措施。

婴幼儿呼吸器官正处在生长发育时期，应注意婴幼儿呼吸系统的卫生保健，以保护呼吸器官，减少呼吸系统疾病的发生，同时也应加强对婴幼儿进行呼吸系统的卫生文明行为教育。

一、培养良好的呼吸卫生习惯

教育婴幼儿用鼻子呼吸，养成咳嗽、打喷嚏时用餐巾纸捂住口、鼻的好习惯。教会婴幼儿掌握正确擤鼻涕的方法，即先轻轻捂住一侧鼻孔，擤完，再擤另一侧鼻孔。擤鼻涕时不要太用力。不要把鼻孔全捂上使劲擤，以免引发中耳炎、泪囊炎，因为鼻腔与鼻泪管、泪囊相通，若擤鼻涕的方法不正确就可能把细菌挤进鼻泪管而使鼻泪管、泪囊发炎。鼻腔通过耳咽管与中耳相通，鼻腔内压力太大，细菌通过耳咽管进入中耳，可引起中耳炎。教育婴幼儿不随地吐痰。

教会婴幼儿养成以下好习惯：不蒙头睡觉、不张口睡觉（因为蒙头睡觉，空间小，氧气少，易导致缺氧；张口睡眠不易达到深睡眠，易引起上呼吸道感染）；不用口呼吸（否则时间长了会导致上唇翘起、开唇露齿）；不用手挖鼻孔（常用手挖鼻腔易引起鼻腔黏膜充血发炎）。

二、保持室内空气新鲜流通

经常开窗通风有利于新鲜空气流通。新鲜空气病菌少、氧气多，能促进人体的新陈代谢，增强婴幼儿对外界气温变化的适应能力和抵抗力。有些病菌在阴暗潮湿的环境中繁殖得很快，但是，在空气流通、阳光充足的环境里就会被杀死。

据调查，在不开窗的房间里，每 1 m^3 的空间大约有 19 000 个病菌，而开窗通风 1 h 后，就只有约 5 800 个病菌。室内通风不良，平均气流小于 0.05 m/h 时，人群的咽腔里带脑膜炎双球菌者占 50%；通风好，气流大于 0.15 m/h 时，带菌者只占 16.6%。由此可见，开窗通风对人体健康的重要性。尤其是北方，冬季教室关闭，几十个孩子在一个房间里，室内空气不良，不仅易发呼吸道疾病，对孩子大脑的发育也有很大的影响。

三、加强适宜的体育锻炼和户外活动

在组织婴幼儿进行体育锻炼时，应注意配合动作，自然而正确地加深呼吸，使肺部充分吸进氧气，排出二氧化碳。经常参加适宜的体育锻炼，可以加强呼吸肌的力量，促进胸廓和肺的发育，使参加呼吸的肺泡数量增多，增加肺活量。经常在户外活动，特别是利用冷空气进行锻炼，还可以增强呼吸器官对外界气温变化的适应力，提高呼吸系统的抵抗力，降低呼吸道疾病的发病率。

四、严防异物进入呼吸道

在日常生活中，要教育婴幼儿不要把扣子、小豆粒、硬币等放入口、鼻里；吃饭时不要大声说笑打闹，不要用嘴咬破碎的塑料气球片，防止异物进入气管。

五、保护声带

在日常教育活动中，培养婴幼儿唱歌、说话及阅读的卫生习惯。唱歌、朗读主要是声带和肺部的活动，所以唱歌、朗读能促进声带和肺部的发育。应选择适合婴幼儿音域特点的歌曲和朗读材料，因为过高或过低的音调都容易使声带疲劳。鼓励婴幼儿用自然、优美的声音唱歌、说话，避免高声喊叫，以免声带疲劳而导致声音嘶哑（因为婴幼儿的声带还比较脆弱，如果经常哭喊或扯着嗓子唱歌发音等，则使声带充血肿胀、变厚，就成了哑嗓子，发音时就失去圆润、清亮的音质）。儿童的音域窄，不宜唱大人的歌。成人歌曲音域广、音律复杂、音程跳动大，儿童如果唱大人的歌，声带过度紧张，呼吸不协调，会影响声带正常发育。

唱歌的场所空气应清爽，保持湿润，避免尘土飞扬，温度不低于 18 ℃，相对湿度为 40%～60%。冬季寒冷时，不要在室外唱歌。患上呼吸道疾病时，应安抚情绪使其不哭闹，还要多喝水、少说话，减少发声。

六、避免空气污浊引起呼吸道疾病

婴幼儿气管、支气管的纤毛运动能力比较弱，净化能力差，若空气污浊，就很容易发生上呼吸道炎症，甚至发生肺部炎症。有雾霾和大风的天气，不要在户外组织活动，注意保护呼吸道。

培训项目 3 婴幼儿循环系统的卫生保健

培训重点

1. 熟悉婴幼儿循环系统的生理特点。
2. 掌握婴幼儿循环系统的卫生保健措施。

婴幼儿血液的成分、心脏的发育、血管的结构以及淋巴系统等组织功能都不完善，在日常生活中采取科学有效的保护措施极其重要。

一、供给合理的营养，预防贫血

为了预防婴幼儿发生营养性贫血，应保证婴幼儿有足够的营养，在日常生活中，让婴幼儿多吃些含铁和蛋白质较丰富的食物，如猪肝、瘦肉、芝麻酱、蛋黄、黄豆、大枣等。同时应纠正婴幼儿挑食、偏食的不良习惯，从多方面预防贫血。

二、合理安排一日活动

安排婴幼儿活动时，应注意动静交替、劳逸结合，避免婴幼儿长时间的精神紧张和疲劳。培养按时入睡的好习惯，因为安静时所需的血液量比活动时少，这样可以减轻心脏的负担。

三、组织参加适宜的体育锻炼和户外活动

婴幼儿经常参加适宜的体育锻炼，可以使心肌粗壮结实，提高心肌的工作能力，但要适度。运动时，每一次心跳都输出较平时更多的血液，这是因为肌肉运

动挤压静脉，使流回心脏的血流量增加。由于呼吸运动加大，使胸腔内负压加大，可促进静脉回流。经常锻炼还可使心肌收缩力增强，心脏每跳一次，就会搏出更多的血液，因此从小锻炼身体可以增强心脏的功能。但是，如果运动量过大，心跳太快，心腔不能充分充盈，使每一次输出量减少，人就会表现出面色苍白、心慌、恶心、大汗淋漓，这是无氧运动所致。所以，在组织婴幼儿体育锻炼时应注意：

（1）针对不同体质的婴幼儿安排不同的活动，并要掌握运动量，不宜过大、过于剧烈，尤其是体弱儿，活动量要适宜，确保做到有氧运动。

（2）在活动中若发现有个别孩子有口唇青紫、心慌气短等表现，应停止活动并及时就医。

（3）组织婴幼儿活动前应做准备活动，结束时应做整理运动，尤其是在剧烈运动时不应立即停止。因为活动时，心输出量剧增，肌肉收缩加剧，如果突然停止运动，肌肉收缩活动也就停止，必然会影响肌肉血液流回心脏，此时心脏血液输出量也会减少，血压降低，加之重力作用的影响，血液不容易送到脑部，这样就造成暂时性脑贫血，而出现头昏、恶心、呕吐、面色苍白、心慌气短甚至晕倒等症状。

（4）剧烈运动后不宜立即喝大量的白开水，因为大量的水分在胃里会妨碍横膈膜的运动，大量的水分被人体吸收进入血会增加循环血量，增加心脏负担，还可因大量排尿导致体内酸碱失衡。

（5）运动时出汗过多、丧失盐分会出现头晕、眼花、口渴等症状，严重时会晕倒，应补充少量的淡盐水。喝一口停一会儿，再喝第二口，一次次缓慢而少量地喝水，缓缓地补充机体丢失的水分和无机盐。

（6）注意安全，防止伤害事故的发生。大量出血会影响健康，失血超过自身血液总量的 1/3 时，就会有生命的危险。

四、衣服应宽松舒适，保持血液循环畅通

过紧的衣服会影响血液的流动和养料、氧气的供给。如躯干部被瘦小的内衣缚紧，会影响上、下腔静脉血液流回心脏；过紧的衣领会影响血液对脑部的供应；腰带、鞋带、袜腰过紧会影响下肢和腹部的血液循环。

五、做好传染病的预防工作

由于婴幼儿的生理原因，血液中中性粒细胞含量较少，抗病能力差，易患传

染病。当患儿发烧时，会影响心脏功能，体温每升高 1 ℃时，脉搏增快 10 次，所以应采取积极的预防措施，做好预防接种工作，增强机体的抵抗力，预防传染病的发生。

六、预防动脉硬化始于幼儿

动脉硬化是造成中老年人脑血管、心血管疾病的主要原因，预防动脉硬化关键在于一个“早”字，所以应从婴幼儿开始预防。因为婴幼儿时期是包括饮食习惯在内的健康生活方式形成的关键期，此时若能形成良好的饮食习惯，将会受益终身。

培训项目 4

婴幼儿消化系统的卫生保健

培训重点

1. 熟悉婴幼儿消化系统的特点。
2. 掌握婴幼儿消化系统的卫生保健措施。

消化系统是供给人体营养的主要运输通道，保护好这一通道的健康发育尤为重要。婴幼儿消化系统发育不完善，比较脆弱，因此保护、促进婴幼儿消化器官的正常发育是保教人员和家长的责任。

一、注意口腔卫生，保护牙齿

口腔是消化系统的第一关。乳牙不仅是咀嚼的工具，而且与促进颌骨的发育、恒牙的正常萌出有着密切的联系。乳牙要使用 6 ~ 10 年，因此，要从小注意口腔卫生，保护乳牙的正常发育，应做到以下几点。

（1）注意口腔卫生，培养食后及时漱口的好习惯。1 岁以内的婴儿每次进食后，应用干净的纱布蘸温开水给婴儿擦牙床；1 岁后婴儿每次进食后指导其用温开水漱口，喝一口鼓漱三下吐出来，连续喝三口；3 岁时开始刷牙，成人应教会幼儿刷牙的正确方法（顺着牙缝竖刷，刷上牙时从上往下，刷下牙时从下往上，里外都要刷到。早晚各一次，晚上尤为重要。选用儿童牙膏、牙刷，挤黄豆大的牙膏放在牙刷中间，沾水后放入牙齿面按顺序刷，在漱口时一定要把牙膏液漱净）。

（2）定期检查牙齿，发现问题及时治疗。应每半年检查一次，发现龋齿，及时到医院治疗。应帮助纠正家长认为乳牙龋齿不需治疗的误区。

（3）防止牙齿排列不齐。为保证婴幼儿的牙齿正常发育，应注意教育婴幼儿不吸吮手指、托腮、咬下嘴唇、咬其他硬物，如铅笔、勺把等；换牙期间发现多生牙、滞留乳牙要及早拔除，避免阻碍恒牙的正常萌出；幼儿喝水应用茶杯，而不应再用奶瓶吸吮；幼儿换牙时要教育他们不舔牙床；睡眠时应常换体位，不可偏向一侧，以免一侧牙殆面长期受压而形成局部不对称畸形；积极防治牙齿畸形。

（4）积极防治婴幼儿鼻咽部疾病。因为鼻咽部疾病对婴幼儿牙殆面有不良影响，如婴幼儿经常张口呼吸会造成上腭高拱、前牙突出，影响容貌。

（5）教育婴幼儿不吃过冷、过热、过硬的食物，保护牙釉质。

（6）多到户外晒太阳，以促进牙齿更好地钙化等。钙、磷等无机盐是构成牙齿的重要原料，需要从饮食中摄取。

二、培养良好的进餐习惯

根据婴幼儿消化器官的特点，应供给婴幼儿营养丰富、体积小、易消化、温热、卫生的食物。教育婴幼儿吃饭定时定量，少吃零食，不挑食、不偏食，养成细嚼慢咽、不暴饮暴食、不吃汤泡饭的好习惯（因为汤泡饭嚼不烂，不易消化）。

三、进餐前后不做剧烈活动

饭前半小时不做剧烈活动，应安排轻松愉快的游戏。因为剧烈运动时，大部分血液涌向肌肉，而胃肠的血液供应不足，同时，迷走神经被抑制，消化液分泌减少，导致进食后不能很好地消化。饭后胃肠里充满食物，由于重力影响，运动时振动较大，胃肠系膜拉紧，甚至扭转，容易发生疼痛，长期饭后剧烈活动也易造成胃下垂。因此，体育活动应安排在饭后 1 ~ 1.5 h 进行。幼儿园午饭后应安排婴幼儿做 15 ~ 20 min 的轻散步或轻微的活动再入睡。

四、培养定时排便的好习惯

在日常生活中应注意让婴幼儿多吃五谷杂粮、蔬菜、水果等含粗纤维的食物，勤喝水，经常参加适宜的运动，以促进肠道蠕动，预防便秘。

婴儿过了半岁，就可培养他定时排便的习惯，而不随意便溺，孩子就会变得干净。人们常说“孩子是直肠子，吃完就想拉”，这是因为婴儿有明显的胃活动结肠反射，食物进到胃里，会反射性地引起肠子加快蠕动，将粪便推向直肠。所以，在喂过奶、吃过饭以后让婴儿坐盆，可养成定时排便的好习惯。便盆的大小要适宜、干净，不冰凉。一般坐 5 ~ 10 min，不排便就让他起来，不要长时间坐便盆。

幼儿最好养成早饭后排便的习惯。如果大便不定时，有了便意却由于正玩得高兴而把便意憋回去，日久就会便秘。因为排便是一种反射活动，当粪便进入直肠时，就对直肠壁的机械感受器产生压力刺激。刺激一方面传入脊髓的低级排便中枢，另一方面上达大脑皮质引起便意。如果经常抑制便意，直肠对粪便的压力刺激就越来越不敏感，粪便在大肠内停留的时间过久，水分被吸尽，粪便干硬，易导致便秘。

五、均衡营养，合理膳食，预防低血糖

婴幼儿正处在迅速生长发育阶段，胃小，每次摄食量少，活动量大，代谢快，肝糖原储存少，而脑细胞需要含糖类物质，饥饿时易出现低血糖。因此，在婴幼儿膳食中要注意含糖类物质的供给，尤其是早餐一定要食用含糖类食物，如淀粉类、水果类食物。

有的孩子早晨起床没有食欲，而家长着急上班，就给孩子一个鸡蛋、一袋牛奶，让孩子马马虎虎吃几口，等到上午 10 点多孩子就会出现精神萎靡，甚至出虚汗、头晕等低血糖的现象。有的家长误认为给孩子准备的早餐很丰富，却忽视了糖类物质的供给，孩子经常处于低血糖状态，会影响孩子智力的发展。

六、做好各项卫生工作，防止病从口入

应注意个人卫生、饮食卫生和环境卫生。如餐具要消毒，水果洗净用盐水消毒或削皮再食用，购买的熟食品一定要加热后再食用，不吃隔夜菜饭，禁止吃腐败变质食物。饭前便后要洗手，餐桌、地面应保持清洁。婴幼儿吃饭时，禁止保育员清扫室内卫生。

七、保持愉快的情绪，安静地进餐

【案例 3–1】午餐时，王阿姨在给小朋友分汤，分到其其时，王阿姨对我说："这个其其太胖了，像个小皮球，还爱吃肉。"我注意到小其其端着碗怔了一下，就默不作声地走开了。我吃完午饭刚到活动室，就有小朋友前来"告状"：其其剩饭了。我走近一看，其其基本上什么也没吃，泪水在眼中滚动，我轻轻地把他搂在怀里，柔声细语地问："其其，你不高兴了？"他一下子哭了，大声说："其其不是小胖子，不是小皮球。"

点评：在孩子看似快乐单纯的表面，却隐藏着敏感易受伤的心。特别是在幼儿园这个类似于家庭的生活氛围浓郁的环境中，孩子在情感上对保教人员是绝对依赖的。因此，身为保教人员，需要慎言慎行，避免给孩子造成不必要的心理伤害。

消化道和消化腺的活动是受神经系统调节的，所以食欲旺盛与否与情绪有关。精神紧张时，促进胃液分泌的副交感神经被抑制，胃液分泌减少，从而降低食欲，食物也不易消化。因此，在组织婴幼儿进餐时不应处理婴幼儿行为上的问题，应让他们安静愉快地进餐，以利其保持食欲和消化吸收。更不能说笑打闹，以防食物进入气管。有条件的托幼机构，在婴幼儿进餐时可播放轻松愉快、悠扬舒缓的乐曲，以刺激婴幼儿的食欲促进消化吸收。

培训项目 5 婴幼儿泌尿生殖系统的卫生保健

培训重点

1. 熟悉婴幼儿泌尿系统的特点。
2. 掌握婴幼儿泌尿系统的卫生保健措施。

一、婴幼儿泌尿系统卫生保健

1. 加强饮水管理

每天应让婴幼儿多次少量地喝水，使体内废物及时随尿排出，保持尿道卫生。

2. 培养良好的排尿习惯

在集体活动和睡觉之前应提醒婴幼儿排尿。对 1 岁以上的婴儿可训练其主动控制排尿，但不要频繁地让他排尿，否则会影响正常的储尿功能而引起尿频。婴幼儿有尿意就应该排尿，如果积尿过多，膀胱过度充盈膨胀，会使膀胱壁过度伸展而失去收缩能力，导致排尿困难，也容易造成尿路感染。对于有尿床习惯的婴幼儿，应及时请医生检查治疗，不应责怪、讽刺、惩罚，应帮助其消除紧张焦虑的情绪。

3. 保持会阴部清洁卫生，预防尿路感染

每晚睡前给婴幼儿清洗外阴部。水盆、毛巾专用，定时消毒。教育婴幼儿不席地而坐，1 岁后应穿整裆裤。帮助婴儿大便后擦屁股，教会 3 岁以上的幼儿学会自己擦屁股，要从前往后擦，以保持会阴部的清洁。教会幼儿使用卫生纸，把卫生纸折成 4 层以上，擦一次折一下，再擦再折，直至擦净为止，并将纸放进纸篓里。注意纠正个别儿童玩弄生殖器的毛病。

4. 保持外阴部清洁，防止上行性感染

细菌沿尿道口向上进入尿道内→膀胱→输尿管→肾，形成尿道炎、膀胱炎、输尿管炎、肾炎，这一过程叫泌尿系统上行性感染。尿道炎、膀胱炎的主要症状是尿急、尿频、尿疼等，在一日生活中若发现孩子不停地要求去厕所应引起保教人员的高度关注。

5. 注意观察婴幼儿的尿色变化

尿黄一般见于内热，应鼓励婴幼儿多喝水，多吃纤维食物，以帮助其排尿，并密切注意是否有泌尿系统感染现象。

二、婴幼儿生殖系统的卫生保健

供给婴幼儿有机食品、绿色食品，勿滥用保健食品，防止性早熟。教育婴幼儿学会保护自己的生殖器官。适时对婴幼儿进行适宜的、科学的性别教育。帮助婴幼儿早穿整裆裤。

培训项目 6 婴幼儿内分泌系统的卫生保健

培训重点

1. 熟悉婴幼儿内分泌系统发育的特点。
2. 掌握婴幼儿内分泌系统发育的卫生保健措施。

婴幼儿内分泌系统发育不完善，需要采取强有力的卫生保健措施，以促进婴幼儿内分泌系统的健康发育。

一、科学营养，促进婴幼儿正常发育

根据婴幼儿生长发育的需要，科学供给五谷杂粮、蔬菜、水果、蛋类、肉类食物。禁止供给市面宣传的保健营养品，防止疾病的发生。

二、适宜锻炼，增强体质

经常组织婴幼儿参加适宜的户外锻炼，预防疾病的发生，促进身体的健康发育。

三、保证婴幼儿充足的睡眠，以促进婴幼儿生长发育

脑垂体是人体最重要的内分泌器官，被称为“内分泌之王”。在4岁以前和青春期，脑垂体的生长最为迅速，机能也最活跃。生长激素是脑垂体分泌的影响生长发育的一种最重要的激素。生长激素的分泌昼夜间并不均匀，入睡后，生长激素会大量分泌。俗话说“能睡的娃娃长大个”，睡眠不安、睡眠时间不够，都会影

响婴幼儿的生长。

四、防止碘缺乏

多食海产品，在缺碘地区，应及时发现和治疗呆小症，但要注意碘的摄入量并不是多多益善。

培训项目 7

婴幼儿神经系统的卫生保健

培训重点

1. 熟悉婴幼儿神经系统的发育特点。
2. 掌握婴幼儿神经系统的卫生保健措施。

婴幼儿神经系统正处在迅速发育阶段，尤其是大脑皮层的神经细胞还很脆弱，对周围环境适应力差，在这个年龄阶段，需要采取科学的卫生保健措施，以保护和促进神经系统的发育，保证婴幼儿的健康成长。

一、提供合理的营养

营养是大脑发育的物质基础。只有供给科学的营养，如蛋白质、葡萄糖、脂类、矿物质等，才能促进神经系统更好地发育。研究证明：在生命的前 4 年里，营养缺乏会影响智力的发展，表现为注意力不集中，记忆力较差，对外界的反应迟缓，特别对语言发展不利，因此要高度重视婴幼儿的科学营养。

二、保证空气新鲜

【案例 3–2】王老师班里有 40 多个孩子，每到冬天都会门窗紧闭，孩子们上课时经常会萎靡不振，思维能力下降，这是为什么呢？

由于生理上的原因，婴幼儿需要充足的氧气。研究表明：成人脑耗氧量约占全身耗氧量的 1/4，婴幼儿脑耗氧量几乎占全身耗氧量的 1/2。因此，让婴幼儿在空气新鲜的环境中生活、学习至关重要。

应经常开窗通风，保持室内空气新鲜，但雾霾天气须等天气转好时才能打开窗户。有条件的托幼机构应在婴幼儿活动室、寝室安装空气净化器。

经常组织婴幼儿到户外锻炼，以呼吸新鲜空气。风和日丽的天气，应尽量多在户外组织婴幼儿活动。

午睡前应开窗通风半小时。好天气尽量开窗睡眠，但要拉窗帘，并注意周围环境保持安静。

三、制定并执行合理的生活制度

托幼机构必须根据婴幼儿生理特点，为不同年龄的婴幼儿安排好一日活动时间和内容，户外游戏与室内游戏相结合，动手与动脑相结合，让全体婴幼儿按时活动、休息、就餐、睡眠等。这样长期坚持下去，就会在婴幼儿大脑皮层形成一系列的条件反射，形成动力定型，使整个生理活动按照一定的规律进行，以减轻神经系统的负担，促进神经系统的发育。

四、保证充足的睡眠

睡眠可以使神经系统、感觉器官和肌肉得到充分休息，因为睡眠时大脑皮层及某些皮层下中枢进入广泛的抑制状态，所以睡眠是一种保护性抑制，能消除神经细胞的疲劳，减少脑组织能量的消耗，使脑细胞的重要成分（磷脂类物质）合成加速，促进脑垂体分泌生长激素增多（相关医学研究表明，晚上 10 点—凌晨 4 点脑垂体分泌生长激素旺盛）。因此，必须保证婴幼儿有充足的睡眠时间和睡眠质量，年龄越小，所需睡眠时间越长（见表 3–1）。但是也不可让婴幼儿睡眠时间过长，以免影响游戏、教育、锻炼等活动的安排。

表 3–1　不同年龄所需要的睡眠时间

年龄	睡眠时间（h）	年龄	睡眠时间（h）
新生儿	18 ~ 20	3 ~ 4 岁	11 ~ 12
1 岁以内	14 ~ 15	7 ~ 13 岁	9 ~ 10
2 岁	12 ~ 13	成人	7 ~ 8

五、积极开展体育锻炼

组织婴幼儿参加适宜的体育锻炼，可以加强神经系统的调节作用，使大脑皮层的活动更迅速、更准确、更灵活。在从事各项活动锻炼时各器官系统的生理活动密切配合，以适应机体的需要，这样就能促进神经系统的进一步完善，加强对机体调节控制的能力。

六、营造良好的生活环境

托幼机构的保教人员应该为婴幼儿营造良好的生活环境。关爱每一位婴幼儿，与他们建立良好的师生关系，帮助婴幼儿与同伴友好相处；坚持正面教育，不伤害其自尊心；不歧视有缺陷的婴幼儿；不体罚和变相体罚婴幼儿。在一日活动中，为婴幼儿创造丰富的游戏背景，让他们多动脑、动手，促进其大脑皮层的活动更活跃。家长也应学习学前教育理论知识，根据孩子的身心发育、年龄特点、发展规律，为孩子营造温馨的家庭氛围。

七、合理安排教育教学活动的时间、内容和方法

研究表明：作用于婴幼儿身体或神经系统的早期经验可以刺激其大脑相应区域细胞的生长。因此，托幼机构应根据不同年龄婴幼儿的生理特点及发展规律安排教育教学活动，为婴幼儿接受优质的学前教育创造良好的条件。

同时，婴幼儿第二信号系统发育还不完善，抽象思维力较差，对直观形象模仿力较强，且他们的注意力与兴趣有关，所以，教师在教育教学活动中，内容要浅显易懂，积极结合教具、运用直观教学法，反复强化，以巩固所学的知识和良好的行为习惯。教学时间不宜过长，不同年龄班应有区别。教育活动的时间安排建议：小班每天一节课，每节课 10 ~ 15 min；中班每天两节课，每节课 20 ~ 25 min；大班每天 2 节课，每节课 25 ~ 30 min，到第二学期“五一节”后可适当延长 5 min，以适应幼小衔接。在教育活动中，教师应用游戏的方式激发和培养婴幼儿的学习兴趣，发展婴幼儿的观察力和想象力，以促进婴幼儿神经系统的发育。

培训项目 8 婴幼儿感觉器官的卫生保健

培训重点

1. 熟悉婴幼儿感觉器官的特点。
2. 掌握婴幼儿感觉器官的卫生保健措施。

一、眼的卫生保健

眼睛是心灵的窗户，爱护自己的眼睛要像保护生命一样。婴幼儿的眼睛正处在发育阶段，常因不良因素而影响视力，所以托幼机构要为婴幼儿创造良好的生活环境，注意用眼卫生，保护和促进眼睛的正常发育。

1. 注意眼部卫生

教育婴幼儿不揉眼，毛巾要专用，并经常清洗消毒，保持清洁，预防眼部疾病。

2. 合理营养，预防干眼症和夜盲症

多食用富含维生素 A 的食物，如动物肝脏、鱼肝油、胡萝卜、玉米等。

3. 科学采光，注意用眼卫生

（1）为婴幼儿创设良好的采光条件，提供适宜的读物和教具，限制婴幼儿看电视的时间，1 ~ 2 岁每次不超过 10 min，3 ~ 7 岁每次不超过 30 min，7 岁以上也不宜超过 1 小时。看电视时，应该与电视机保持 2 m 左右的距离。给婴幼儿阅读的书本字迹和画面要清晰，看书时间不宜过长。

（2）不让婴幼儿在阳光直射或过暗处看书。当婴幼儿画画、阅读时，光线应从左上方来，以免造成暗影。

（3）经常组织婴幼儿参加户外体育锻炼，保证婴幼儿有充足的睡眠和休息时间。坚持做眼保健操，预防近视。

4. 注意安全，预防眼外伤

组织婴幼儿活动时应教育他们不要拿小刀、铁钉、玻璃等，以免伤及眼睛。

5. 及早发现视力问题，及时加以矫正

婴幼儿时期是视觉发育的关键时期和可塑阶段，也是预防和治疗视觉异常的最佳年龄阶段。应按年龄检查视力，3 岁前的婴儿，每半年检查一次视力；3 岁以上的幼儿，每年检查一次视力。发现视力问题，及时与家长沟通，建议家长及时带孩子到医院诊治。

6. 培养和发展辨色力

给婴幼儿提供颜色鲜艳柔和的玩具、教具，促进婴幼儿色觉的发育。经常组织婴幼儿到户外看绿色草坪、蓝天、白云，遥望远处等，促婴幼儿视觉的发育。

二、听觉器官的卫生保健

1. 保护耳朵

（1）注意保暖，防止外耳郭冻伤，冬季注意给婴幼儿戴有护耳罩的棉帽。

（2）洗头时防止污水进入外耳道。

（3）禁止用锐利的工具给婴幼儿挖耳耵聍，以免损伤鼓膜和外耳道；有耳耵聍者应到正规医院请医务人员取出。

2. 注意用耳卫生

（1）积极锻炼，预防感冒，注意擤鼻涕的正确方法，防止导致中耳炎。

（2）听到噪声应捂耳、张口，防止强声损伤鼓膜，影响听力。减少环境噪声，避免喧哗、吵闹，噪声不但刺激听神经，还会影响听力。成人与婴幼儿说话时要轻声、亲切、清楚，切忌大喊大叫。

（3）禁止用对听力有损伤的药物，如庆大霉素、新霉素、卡那霉素等。

3. 保护和发展听力

（1）对婴幼儿的听力进行日常监测，发现问题及早诊治。

（2）帮助婴幼儿发展听力。如组织婴幼儿听音乐、唱歌、打节拍等来培养婴幼儿的节奏感，丰富其想象力；教会婴幼儿辨别各种细微和复杂的声音，如刮风的声音、飞机的声音、火车的声音、各种鸟叫声等，促进婴幼儿听觉和整个神经系统的发育。

三、嗅觉、味觉、触觉的卫生保健

1. 嗅觉保健

（1）保护嗅觉，避免不良气味刺激，如油烟味、烟味、农药味、蚊香味等。让婴幼儿远离有害气体，以利健康。

（2）根据婴幼儿对各种气味辨别能力较差的特点，通过各种活动引导婴幼儿辨别各种物质所散发出来的气味，这对辨别有害健康的物质有重要意义。如科学活动时让孩子闻闻水、醋、酒精、饮料和变质饮料等，可以提高婴幼儿甄别气味的能力，减少意外发生。

2. 味觉保健

根据婴儿味觉敏锐但辨别力差的特点，添加辅食时应逐渐增加各种适宜味道的食物，以利其不断适应，从小培养其对各类食品的适应性。

3. 触觉保健

在活动中保教人员应为婴幼儿投放多种玩具，如积木、折纸等，使婴幼儿触知物体的大小、厚薄以及表面状况等，增加触觉的刺激，发展婴幼儿的触觉。

总之，婴幼儿年龄小，缺乏生活经验，保教人员应引导婴幼儿观察周围事物，充分利用感觉器官，让他们多看看、多听听、多闻闻、多摸摸、多动动，在践中去体验和感知周围事物，促进感觉器官的发育和功能的完善。

培训项目 9

婴幼儿皮肤的卫生保健

培训重点

1. 熟悉婴幼儿皮肤的特点。
2. 掌握婴幼儿皮肤的卫生保健措施。

一、保持皮肤清洁卫生

应保持婴幼儿皮肤的清洁卫生。因为皮下组织的皮脂和汗液里的有机物在皮肤表面为细菌的生长繁殖创造了良好的条件，这些物质积聚在皮肤表面，可堵塞皮脂腺和汗腺的开口，妨碍其发挥正常机能。实验证明：清洁的皮肤具有杀菌力。如副伤寒杆菌在清洁的皮肤上经过 10 min 后有 85% 被抑制或死亡，而在不洁皮肤上的副伤寒杆菌经过 10 min 后仅减少了 5%，这就说明清洁的皮肤对人体有保护作用。婴幼儿经常保持皮肤清洁，可以提高皮肤的保护机能，所以每天应该用儿童香皂或护肤液清洗身体的裸露部分，如脸、颈、手、耳等；冬季每周至少要洗一次澡，更换内衣；夏季应增加每天洗澡和更换衣服的次数，但禁止用凉水洗澡，以免发生意外。

头发的清洁卫生也很重要，头发脏了应及时清洗，避免细菌滋生。在冬季每周至少洗一次头，夏季要增加洗头的次数。

在托幼机构里，保教人员应根据婴幼儿的年龄特点，培养其养成勤盥洗的好习惯，即脏了及时清洗、保持清洁。另外注意皮肤保健，用冷水洗脸、热水洗脚、温水刷牙。毛巾应消毒并保持干燥。

勤剪指甲，因为指甲过长会影响触觉，指甲缝里也容易藏纳污物和细菌，成为传播疾病的重要途径。手指甲每周剪一次，剪成弧形；趾甲两周剪一次，剪成平形（若剪掉趾甲两端容易使趾甲陷入肉里）。

二、组织适宜的户外活动

婴幼儿经常参加适宜的户外活动，可以接受阳光的照射和气温、气流的刺激，促进人体的新陈代谢，改善皮肤的血液循环，加快汗液排泄。根据季节组织婴幼儿进行“三浴”锻炼，以提高皮肤的冷热适应能力。

三、照顾好衣着卫生

婴幼儿年龄越小，对外界气温变化的适应能力越差，应随气温变化帮助婴幼儿增减衣服。衣服应是棉织品，内衣应宽松舒适，勤换、勤洗，内衣一定要在阳光下晒干。为婴幼儿洗衣服的盆，尤其是洗内衣的盆应专用。

婴幼儿的帽子应与季节气温相适应，夏季最好戴易洗的浅色布帽，冬季在北方可戴保温性好并有耳罩的帽子，春秋季可戴布制夹帽。

婴幼儿的鞋子大小应适宜。冬季穿的棉鞋要稍大点，使鞋内有一定的空隙，以利于保温。夏季应穿通透性强的鞋，最好是简便无鞋带的鞋，方便安全。

培训项目 10 婴幼儿免疫系统的卫生保健

培训重点

1. 了解婴幼儿免疫系统发育的基本原理。
2. 掌握促进婴幼儿免疫系统发育的卫生保健措施。

免疫是一种保护性生理反应，其作用是识别和排除抗原性异物，以维持机体内环境的平衡和稳定。但这种防御机构也是有一定限度的，所以在日常生活中应采取有效的卫生保健措施，来保护和增强免疫系统的功能。

一、保持生活环境的卫生，减少接触病原微生物的概率

注意婴幼儿生活环境的卫生，不带婴幼儿去人多嘈杂的地方，如电影院、医院、大型超市、火车站等，尤其是传染病流行期间尽量不去这些地方。应组织婴幼儿到阳光充足、空气新鲜、卫生清洁的地方玩耍，如公园、广场等。

二、保护皮肤、黏膜等屏障的健康，充分利用身体的屏障机制

注意婴幼儿皮肤的卫生，勤洗澡、勤换衣，内衣尽量采用棉织品；教育婴幼儿不玩危险的物品，如小刀、玻璃片、锥子、铁棒等，以免刺伤皮肤，造成感染。

三、加强锻炼、合理营养以增强体质，提高身体的免疫能力

经常组织婴幼儿到户外参加适宜的体育锻炼，呼吸新鲜空气，提高孩子对疾病和传染病的免疫力。

四、积极进行预防接种，提高身体的特异性免疫能力

国家规定对婴幼儿预防接种的疫苗，应积极按时接种，使婴幼儿在以后的生活中有能力预防一些疾病，并且提高抵抗力，健康成长。我国计划免疫疫苗包括卡介苗、脊髓灰质炎疫苗、百白破三联疫苗、麻疹疫苗和乙肝疫苗。这些疫苗都是免费接种的，其他自费疫苗可自愿接种。

职业模块 四
婴幼儿心理学知识

培训项目 1

理解婴幼儿发展的理论视角

培训重点

1. 了解婴幼儿自我发展的阶段和主要任务。
2. 掌握婴幼儿依恋类型与个性、情感以及交往发展的关系。
3. 掌握婴幼儿思维发展的规律和趋势。

一、婴幼儿人际交往的基础——依恋理论

【案例 4–1】7 个月的洋洋比较黏人，总是爱哭，可妈妈一抱就不哭了，该不该抱她呢？家人总是纠结这个问题。抱吧，孩子太黏人，以后会不会不独立，大人也会很累很麻烦。不抱吧，孩子一直哭会不会有什么问题呢？

对待婴幼儿的哭，首先要弄清他为什么哭，其心理需要是什么。这就需要我们用一些理论分析这个问题。理论是对现实的解释，儿童发展心理学的理论可以让我们清楚婴幼儿发展的需要、过程和特点，帮助我们透过现象看本质。

新生儿降临人世，从子宫的水环境进入陌生复杂的外部环境，从通过脐带就解决呼吸、营养等生理需要，到必须通过自己的自主呼吸和消化系统才能生存，但需要有人帮助他们生存，从而获得安全感。这是新生儿的基本心理需要。父母（或照护人）帮助他们满足了这种需要，他们就会与父母（或照护人）建立一种情感连结，这种情感连结就是依恋。依恋是个体对某一特定个体长久持续的情感联系，是对此人的一种追随、依附和亲密行为以及由此带来的归属感和安全感。换言之，如果婴儿与父母（或照护人）建立了良好的依恋关系，婴儿就可以获得归属感和安全感。然而，由于各种原因，婴儿与父母（或照护人）建立的依恋关系

类型并不总是安全健康的，会因为父母（或照护人）的态度和回应不同等原因形成不同的依恋类型。典型的依恋类型包括安全型依恋、反抗型依恋（又称焦虑型依恋或矛盾型依恋）、回避型依恋和无定向依恋。只有安全型依恋是理想的依恋类型，能让婴儿获得理想的归属感和安全感。婴儿与父母（或照护人）要建立安全的依恋关系就要求父母（或照护人）对婴儿的需要保持敏感，及时回应并满足婴儿的需要。这样我们就可以理解洋洋的哭闹行为，也能判断如何应对洋洋的哭闹了。依恋的形成有三个时期，分别为前依恋期（0 ~ 2 个月），依恋关系建立期（2 ~ 7 个月），依恋关系明确期（7 ~ 24 个月）。

父母（或照护人）要在这三个时期理解并读懂婴儿的互动要求，如哭、喃喃低语、微笑、吸吮等，与他们积极互动，建立稳定健康的情感连结，形成安全型依恋，使他们形成对自己和他人的信任感。大量研究表明，婴儿与养育者形成的依恋关系类型影响其以后与人交往的方式，并且对以后的人格和社会性发展产生长远影响。

二、个体自我发展的关键——埃里克森自我发展理论

自我意识对个性的发展具有重要的意义。儿童情感、社会、个性等方面的发展基本是围绕着自我的发展而发展的。埃里克森认为，人们自我的发展不仅仅局限在儿童期，而是贯穿人的一生，共有八个发展阶段，每个阶段都有一个重要的心理冲突和发展任务，如能得到解决就会获得理想的发展、优良的品质，否则就会出现各种问题。详见表 4–1。

表 4–1　埃里克森自我发展八阶段理论

阶段	危机	解决	未解决	获得品质
0 ~ 1 岁	信任—不信任	信任感，安全感	不信任，不安全	希望
1 ~ 3 岁	自主—羞怯	目的性行为	自卑，犹豫	意志力
3 ~ 5 岁	自主—内疚	主动，好奇，有责任感	退缩，缺乏价值感	目的
6 ~ 11 岁	勤奋—自卑	求学、待人处事的基本能力	缺乏能力	能力
12 ~ 18 岁	同一性—同一性混乱	明确的方向	迷茫	忠诚
19 ~ 30 岁	亲密—孤独	与人有亲密感	没有亲密关系，孤独	爱
30 ~ 60 岁	繁殖—停滞	热爱家庭，有社会责任感	不关心他人，生活无意义	关心
60 岁以后	整合—失望	满足感，随心所欲	失望而悔恨	智慧

在案例中，我们担心洋洋一哭就抱会形成依赖性格，缺乏独立性和自主性。学习了埃里克森的自我发展理论，就会发现这种担忧是没必要的。因为1岁以前婴儿自我发展的重点并不是自主性和独立性，而是获得信任感。对孩子保持敏感和倾听，与孩子进行积极的互动，不仅能让婴儿形成安全型依恋，也会使他们获得对自己、对他人、对世界的信任感。1岁以后，孩子逐渐有自主的需要，什么都要自己来，“不要”“自己来”成为他们的口头禅，表现为出生后的第一个反抗期。这个时候，成人就不能包办代替了，需要给他们自主探索、自我服务的机会和空间，让他们感受到自己的力量，发展他们的自主性。结合点红实验的研究结果，婴儿开始在这个时期产生自我意识，即意识到自我的存在，认识到我跟世界是不一样的。下面根据埃里克森的自我发展理论探讨婴幼儿自我发展的关键期。

1. 0～1岁：基本信任和不信任的心理冲突

婴儿呱呱坠地的两大重大心理需要是生存和依恋，两者相互依存、相互促进。他们不仅要吃喝拉撒睡，还要通过哭、痛苦等柔弱的表情以及笑、动作等可爱的表情吸引成人的关注，与成人互动，并建立稳定的情感纽带——依恋，形成信任感，产生归属感和安全感。信任在人格中可形成“希望”的品质，从而增强婴儿探索世界的动机和热情。与“希望”相反的是“失望”，“失望”的婴儿是不愿意探索和信任的。埃里克森把希望定义为：“对自己愿望的可实现性的持久信念，反抗黑暗势力、标志生命诞生的怒吼。”

2. 1～3岁：自主与害羞（或怀疑）的冲突

在这一时期，孩子从无能的新生儿状态逐渐掌握了人类所具有的最基本能力，如抓握、爬、走、说话等重要技能。他们感觉自己可以做得更多，想尝试更多，但成人还是以养育小婴儿那样对待他们，不相信他们能做好，这就引起了父母与婴儿的冲突。这就是儿童的第一个反抗期。在这个时期，一方面，孩子的能力与新生儿相比，已经有了翻天覆地的变化；另一方面，他们的能力还不足以支持他们独立地吃喝拉撒睡，更不能按照成人要求的做，如按时吃饭、睡觉，不能乱洒落饭菜，不能弄脏衣服，不能随地大小便等。如果一味制止孩子的主动行为，事事包办代替，就会压抑他们的自主动机，阻碍其独立能力的发展。或者，要求孩子一定按照自己的标准去做，那么即使允许孩子自己去完成，也会让他们充满失败感，对自己产生怀疑和害羞感。相反，对孩子的自主行为听之任之，不做任何帮助和要求，也会妨碍婴儿的社会化。怎么做才能促进婴儿自主能力的发展呢？尊重并理解孩子的自主愿望，允许并鼓励孩子尝试，创造条件让孩子取得成功。

例如，当孩子想自己吃饭时，提供好拿的勺子、不会掉的碗，围上兜兜，做好吃饭的示范，给孩子充足的时间尝试以获得自主感，不断积累小的成功经验并给予他们积极的反馈来发展孩子的自主能力，帮助孩子形成意志品质。埃里克森把意志为定义为："不顾不可避免的害羞和怀疑心理而坚定地自由选择或自我抑制的决心。"

3. 3～6 岁：主动对内疚的冲突

在这个时期，孩子从自主行为发展为主动探究，主动性是这个时期最关键的发展任务。所以，需要创设环境引发幼儿的自主游戏，组织各类活动让他们在互动中发挥主动性。区域活动、自主游戏都非常有利于幼儿主动性的发展。主动性的发展可以为幼儿成为具有自信心、富有责任感和创造力的人奠定基础。相反，经常被管理和压制，没有主动的机会，也没有获得鼓励的幼儿则会产生内疚和自卑。

当儿童的主动感超过内疚感时，他们就有了"目的"的品质。埃里克森把目的定义为："一种正视和追求有价值目标的勇气，这种勇气不为幼儿想象的失利、罪疚感和惩罚的恐惧所限制。"

作为保育员，为了能够发展幼儿的主动性，可以在保育环节寻找机会锻炼他们。例如，在进餐环节，可以让幼儿摆桌椅碗筷，根据自己的需要盛饭菜并收拾碗筷、打扫卫生。同时，注意用积极的语言鼓励幼儿，给他们以积极的反馈。

三、儿童智力是怎么发展的——皮亚杰认知发展理论

1. 儿童的智力发展与适应能力

皮亚杰认为儿童智力的发展反映在其适应能力方面。面对陌生的、变化的环境，儿童必须适应才能生存和发展，适应的能力就是儿童的智力水平。儿童是如何适应的呢？主要是通过顺应和同化两个过程进行适应。顺应就是当儿童面临新的环境时的认识和探究过程，比如，孩子刚入园不会自己吃饭，保育员教他们吃饭的方法，孩子通过观察、尝试，初步明白吃饭动作的过程就是顺应。但是，孩子要真正学会吃饭就必须不断练习，把拿勺子、筷子和送入口中等多个动作变成自己的动作系统，这一过程就是同化。同化就是把外在于自己的事物变成自己的。通过顺应和同化，孩子逐渐掌握了吃饭的动作。在顺应和同化的过程中，儿童的认知结构和能力结构就得到发展了。主动适应、对外部世界充满好奇是儿童的天性，他们是主动的学习者、主动的探究者，保育员要给予儿童学习探究的机会，只有这样才能发展儿童的智力，帮助他们适应环境。

2. 认知能力发展的四个阶段

皮亚杰认为，个体在从出生到成熟的发展过程中表现出四个阶段：感知运动阶段（0 ~ 2 岁），前运算阶段（2 ~ 7 岁），具体运算阶段（7 ~ 11 岁），形式运算阶段（11 ~ 16 岁）。这四个阶段是一个从量变到质量的连续发展过程，每个阶段都区别于其他阶段，但都有一定的交叉重叠。学前时期经历两个阶段：感知运动阶段和前运算阶段。

（1）感知运动阶段（0 ~ 2 岁）

这个时期的孩子主要通过动作来认识世界。他们在活动中认识活动中思考。这个时候的孩子喜欢扔东西，动作比较多，喜欢吸吮手指甚至脚趾，这其实都是他们认识世界的过程，他们通过动作探索周围世界。在探索周围世界的过程中，发展自己的适应能力和认知能力。所以，当孩子扔沙发上的靠背甚至手机时，成人不要认为这是他们在调皮捣乱，这是在认识世界发展自己的方式。

（2）前运算阶段（2 ~ 7 岁）

在感知运动阶段积累了很多经验和认识后，儿童形成了许多表象，如与小猫互动的表象，他们会把小猫画出来，编小猫的故事，而不是与小猫互动才能进行认识和思考。这时候的儿童好奇心强，想象力丰富，常常把想象当成现实。同时此阶段儿童的思维是表面的，缺乏逻辑性，对事物的认识也是局部而不是全面的，很少能站在别人的立场上看问题。所以，保育员需要创设良好的保育环境，如营造温馨舒适的午餐环境，辅以有关食物的故事和食物的营养等知识，让孩子对食物充满期待，产生强烈的食欲，进而获得理想的营养和消化效果，也会有助于孩子克服偏食问题。由于儿童好奇心强，喜欢进行各种尝试和探索，安全意识比较差，保育员需要保管好消毒用品等可能带来安全隐患的物品。卫生间也是儿童喜欢玩耍的地方，要做好安全隐患的排查。针对儿童容易把想象当成现实，从自己的立场看问题，比较以自我为中心的特点，保育员对他们的态度要和蔼亲切，尽量从他们的视角看待问题，努力理解他们。

培训项目 2

0～3 岁儿童心理发展

培训重点

1. 掌握 0～3 岁儿童认知能力的发展规律。
2. 掌握 0～3 岁儿童情绪和社会能力的发展规律。
3. 掌握 0～3 岁儿童个性的发展规律。

一、感知觉的发展

“新生儿在出生前，感觉通道已基本形成，感官、传送神经和相应的脑中枢的完整系统已基本上具备传送、接收并储存某些适合于其发展水平的粗略信息。”所以，新生儿出生后就能接受声、光、嗅觉、味觉、触觉等刺激，表现为听觉、视觉、嗅觉、味觉、触摸觉、运动觉、温度觉等方面的反应。这些反应就是感觉。所谓感觉就是对外部刺激的接收、感受过程，是通过感受器接收外部刺激，如耳朵接收到声波刺激，然后沿着传入神经到达大脑中枢引起反应的过程。可以说，感觉是主要受生物成熟制约的生理心理反应。

知觉是对感觉信息的解释，是对感觉输入的信息赋予意义的过程。知觉是比感觉更高级的心理活动。比如，婴儿看到母亲的笑脸就会雀跃，是因为他们将母亲与温暖、舒适、快乐相联系，这就不仅仅是对母亲笑脸的感觉，而是一种将母亲笑脸与温暖快乐相连的知觉。

对感知觉的研究可以把婴儿期的感觉分为三个阶段：第一个阶段（出生后 0～4 个月），通过各种感觉探索接受外部刺激并促进视觉、听觉、嗅觉、味觉等感觉系统的成熟；第二个阶段（出生后5~7个月），两个或多个感觉联合，例如，感觉与动觉联合，婴儿通过抓握和摇动将视、听等感觉与动觉结合起来，看到摇铃会主动摇动身体使摇铃发出声音，说明这个时期的婴儿通过感知觉已经开始探索周围世界了；第三个阶段（出生后8~9个月及以后），婴儿学会爬行和行走之后，活动范围扩大，空间方位知觉、距离知觉开始发展，抓握动作发展，形状知觉和大小知觉得到发展，精细动作和粗大动作的共同发展为婴儿形象思维的发展奠定了基础。

早期感知觉的发展对以后的发展至关重要。有研究发现，早期有白内障的婴儿即使到后来治好了白内障，也无法达到很好的视力水平。一个6个月的婴儿能够很好地分辨父母的印地语发音，而4岁就基本失去了这种能力。

二、注意的发展

如果让人们对纷繁复杂的环境全部进行反应既是不可能也是没有必要的。因此，人类具有一种本能：摒弃无关刺激只选择少量刺激进行反应。这一过程就是注意的过程。注意是对外界事物的指向和集中，是一种心理定向能力。这种定向能力是所有认知活动的基础。

婴儿的注意行为表现为捕捉行为、搜寻行为、注视和警觉性为。注意就像一个探照灯，它射向哪里，哪里就会明亮，婴儿就可以对这个部分进行感觉、知觉、记忆和思考。注意是发生在婴儿觉醒状态下，他们会有注意的选择性偏好，对人脸特别是对母亲的面孔注视时间更久。婴儿注意力的发展和选择偏好与觉醒的时间、物体的复杂程度、身体的运动技能、经验、神经系统特别是大脑的发展、观察力和操作能力等因素有关。但婴儿注意力的特征主要体现在注视对比的敏感性、注视转换能力、注意的内容等方面。1岁以后，婴儿获得了语言能力，有意注意开始出现。婴儿的选择记忆与言语密切相关，例如，他们会说：我要牛奶，我要娃娃，我要看电视等。注意的灵活性、注意的转移、根据注意的任务进行注意的选择等有意注意的能力逐渐开始发展，例如，婴儿可以根据母亲一系列的要求支配自己的注意力：看哥哥在干什么。哥哥很好玩是吗？小心脚下的石头，慢点走哦，等等。

三、记忆的发展

注意收集周围信息进入意识之中，记忆是对这种信息进行加工和存储的过程。

思维、想象等高级心理过程都需要记忆的参与。瞬时记忆、短时记忆、长时记忆是记忆的三种基本类型。3 个月的婴儿就有在一定线索提示下的记忆能力；6 个月的婴儿随着兴趣的稳定、偏好的形成，记忆的主动性开始增长；2 岁婴儿开始具备有意识地回忆以前发生事情的能力。绝大多数人都不记得 3 岁前的事情，学者进行如下解释：首先，3 岁前婴儿的心理活动是在表象水平进行的，是以非言语的形式存储的，而人们记忆的提取和回忆都是利用言语实现的，因而那时候的记忆不能提取；其次，婴儿的短时记忆没有足够的空间保存那时候的记忆；最后，“自我”还没有产生或刚刚萌芽，婴儿还不能把个人经历组织在“自我”的经历中。总之，人们之所以记不得 3 岁前的事情，主要原因可能并不是没有记忆信息而是信息不能被成功提取。

四、语言的发展

婴儿（infant）一词是从拉丁文“in+fant”派生而来的，字面意思是“不会说话的人”。可见，婴儿是与不会说话相关的，脱离婴儿期也跟获得说话的能力有关。

我们把婴儿的语言称为儿语，儿语常常是简单的叠音，音频范围较大，音调夸大和多样化，需要重复等。成人使用儿语具有四个功能：诱导婴儿的注意，调节婴儿的兴奋水平，与婴儿进行情感交流，帮助婴儿进行言语加工和言语理解。儿语的发展也非常复杂，表现在语音、语义、言语理解、句法获得等方面。语音的发展需要发声和语音的获得，哭叫、咕咕叫都是语音获得的基础，咿呀学语更是婴儿进入语音学习关键期的表现，此时他们对言语充满兴趣，不断发出自己能发出的语音。成人发现婴儿可以咿呀学语非常兴奋，与婴儿积极互动，在亲子之间温馨美好的互动中，婴儿逐渐掌握规范化语音。在语音获得基础上进行语义的获得和言语的理解。婴儿从 9 个月开始理解成人的言语，12 个月的婴儿对言语的理解和词语表达相联系。例如，妈妈说：“宝宝吃饭”，宝宝说：“吃饭”，然后做出吃饭的动作。这说明婴儿已经理解了吃饭的含义，开始理解简单的言语。句法的获得是从单词句开始的。婴儿 1 岁左右能说出第一批单个的词汇；1 岁半能够掌握 50 ~ 100 个词；15 ~ 20 个月进入单词句阶段；20 个月后进入双词句阶段，如“妈妈亲！”“姐姐吃！”；2 ~ 3 岁开始掌握简单句和简单的语法，如“阿姨再见！”“我好累啊！”研究表明，出生后 20 ~ 30 个月是婴儿掌握语法和句法的关键期，3 岁时，婴儿已经基本掌握语法的规则系统。他们的表达已经开始清晰并趋于严谨和灵活。例如，婴儿会说：“妈妈真好！我爱妈妈！”表明婴儿已经能够运用言语进行情感和思想的表达。

五、思维的发展

思维是人们对客观事物的本质特征、内在规律和相互关系的概括性反映。思维是人的高级认知能力，其目的是适应环境。3 岁前婴儿的思维还在作用与反作用的探索过程中，需要依赖动作的探索来认识世界、反映世界，对客观事物的反映是局部的、表面的，对事物之间关系的认识也是片段的、模糊的。首先，他们思维的特点是以自我为中心的，又称为“自我中心化”，这与“自我中心主义”是不同的。“自我中心化”因为没有认识到“我”的存在，婴儿从自己的需要和发现去考虑问题，却并不知道这是他们个人的思考，外部世界和他人并非与他一样。比如，他们会吸吮自己的手指和脚趾而不知道手和脚是自己的，会因为同伴没给他们玩具而哭闹不止。他们并不知道这是自私自利，因为他们无法区分自己和他人、自我和世界。而“自我中心主义”则是知道他人也需要却努力归为己有，知道会损害他人的利益却明知故犯，是自私自利的表现。其次，小婴儿并没有客体永存性的思维，也就是他们并没有认为外部客体是独立存在的。他们认为物体在他们眼前消失就没有了。最初婴儿对消失的东西没兴趣，4 个月左右他们对消失的物体感兴趣了，这时候就可以跟婴儿玩藏猫儿游戏了，成人只要将手把自己的脸挡住或者用布盖住，婴儿打开成人的脸或掀掉布都会让他们非常高兴。随着年龄的增长，婴儿慢慢清楚，物体即使不在眼前也存在着，这时候他们才有了客体永存性的思维。最后，2 ~ 3 岁，随着婴儿口语的发展，归类能力也得到一定的发展，归类需要一定的概括能力，是思维概括反映的特点。婴儿会将不同的红颜色都称为“红色”。

六、情绪情感的发展

情绪是对外部世界是否满足人的需要的反映。情绪有三个重要的构成要素：体验、表情和身体唤醒。体验是人们对是否满足其需要的感受，如高兴、难过、悲哀等；表情是体验的外部表现，表现在语言表情、面部表情和体态表情上；身体唤醒表现为心跳、呼吸、血压等身体方面的变化，如怒发冲冠、心跳不止等。情绪是人类在进化过程中获得的一种心理功能，是人们生存和发展不可或缺的条件。“人非草木，孰能无情”，说明每个人都会有情绪。情绪具有适应环境、激发活动动机、人际交往等功能，当然，消极的情绪，如难过、生气、悲伤也会影响人的健康。

婴儿情绪发生的时间见表 4–2。

表 4–2　婴儿情绪发生时间表

情绪类别	最早出现的时间	诱因	经常出现的时间	诱因
痛苦	出生后 1 ~ 2 天	机体生理刺激	出生后 1 ~ 2 天	同左
厌恶	出生后 1 ~ 2 天	不良味道刺激	出生后 3 ~ 7 天	同左
微笑反应	出生后 1 ~ 2 天	睡眠中机体过程节律反应	1 ~ 3 周	同左，或触及面颊
兴趣	出生后 4 ~ 7 天	适宜的光、声刺激	3 ~ 5 周	适宜的光、声或运动物体
愉快（社会性微笑）	3 ~ 6 周	高频语声和人的面孔刺激	2.5 ~ 3 个月	人面孔刺激或面对面玩耍
愤怒	4 ~ 8 周	持续痛刺激	4 ~ 6 个月	同左，或身体活动持续受限制
悲伤	8 ~ 12 周	持续痛刺激	5 ~ 7 个月	与熟人分离
惧怕	3 ~ 4 个月	身体从高处突然降落	7 ~ 9 个月	陌生人或新异性、较大物体的刺激
惊奇	6 ~ 9 个月	新异性刺激突然出现	12 ~ 15 个月	同左
害羞	8 ~ 9 个月	熟悉环境中陌生人接近	12 ~ 15 个月	同左

七、社会性的发展

社会性发展是指在个体发展过程中，个体在与他人关系中表现出来的观念、情感、态度和行为等随着年龄而发生的变化。

婴儿的社会性发展可以分为三个时期：

1. 第一阶段：早期单纯社会反应阶段（0 ~ 6 个月）

婴儿呱呱坠地的哭声使成人接近他们、爱护他们、探求他们的需要，其实就是生物学意义上的社会行为。随后几周婴儿会微笑，成人会回应婴儿继续逗乐他们，这样就会开启一次次社会互动，因而微笑也是一种生物学意义上的社会行为。3 个月左右，婴儿经常会发出声音、微笑和笑出声来启动或回应成人的互动，带来温馨愉快的社会互动。4～5个月，婴儿会以笑声和全身的活跃来回应母亲的拥抱和亲昵，主动呼唤成人接近他们跟他们玩，也逐渐对成人（母亲）产生信赖感和安全感。

2. 第二阶段：社会性感情联结建立阶段（7～24个月）

6个月的婴儿已经可以从整体上认出母亲。1个月内他们能从气味上区分母亲还是他人，2～3个月母亲抱他们更开心是因为他们能从抱的姿势、面孔和声音中感觉到母亲与其他人的差异，6个月他们就能够从整体上区分母亲和其他人。这时候他们与母亲建立最初的依恋关系，产生归属感和安全感。一旦母亲离开就会哭闹、难过不止，这就是分离焦虑的表现。7个月左右，婴儿可以爬行，进而带来了社会性行为的新变化。过去他们要用哭声、啊啊声和微笑来吸引成人的注意，使成人不要离开他们，现在他们可以通过自己的爬行追随成人，主动与成人进行社会联系，安全感增加，也愿意以熟悉的成人特别是母亲为安全岛与陌生人互动，因而焦虑和害羞行为在1岁半至2岁间逐渐减少。当可以行走并掌握了最初的语言之后，婴儿的活动范围进一步扩大，他们愿意以依恋对象为安全基地，与其他人包括小伙伴进行言语和非言语的交流。

3. 第三阶段：伙伴关系发展阶段（24～36个月及以后）

2岁以后，婴儿重要的变化就是能够忍受与依恋对象短时间的分离，逐渐习惯与同龄伙伴或其他成人的交往。当母亲做事的时候，他们有需要时也愿意等待母亲过会儿来满足他。婴儿的分离焦虑会随着年龄的增长逐渐减轻，研究表明，2岁入托的婴儿90%会出现分离焦虑，3岁入托则只有10%会出现分离焦虑，且持续时间不长。可见，2岁半到3岁之间入托是比较适宜的。

八、个性的发展

个性又称为人格，是每个个体区别于他人的心理特征系统。不同的个性对人的影响是截然不同的，所以有“个性决定人生”的说法。但是，如何培养能够创造幸福人生的个性，这个问题在理论和实践上都是非常薄弱的。对个性的培养要比对知识和技能的教育难得多，因此我们常常把个性的形成归为先天的因素，故有“江山易改禀性难移”的说法。其实，个性是先天遗传与后天环境教育的产物。如果我们能够对儿童的个性发展有更多的了解，就能够奠定儿童个性的基础，做到“三岁看大七岁看老”。

从个性是每个人独特的心理特征系统而言，婴儿还没有形成个性，但已经在气质、自我等方面表现出了独特的个性差异。气质是人们在情绪反应和行为方式上较为稳定的行为风格。例如，有的婴儿爱哭有的婴儿爱笑，有的婴儿爱动有的婴儿喜静，有的婴儿容易安抚有的婴儿难以安抚。有人对新生儿的气质类型进行研究，发现有活泼型、温和型和中间型三种类型，有学者根据婴儿活动的倾向分为情绪性、活动性、冲动性和社交性四种类型，还有学者根据多种维度的综合分析将婴儿个性分为容易抚育型、抚育困难型和发动缓慢型三种类型。气质受遗传的影响较大，具有相对的稳定性，但也会受到环境的影响具有一定的改变。一个抚育困难型的幼儿如果遇到关爱而专业的母亲或保教人员，也会向容易抚育型方向发展。

自我是主体对自己的认识、体验和调控，其中心是自我意识。对自我的认识并不是与生俱来的。婴儿一开始是不能区分“我”和“他人”以及环境的，他们甚至不能说出“我”这个词。开始说话时，往往用“文文吃饼干”之类的句式表达自己的需求。婴儿什么时候才有“我”的概念呢？阿姆斯特丹（1972）对88名3～24个月的婴儿进行了实验，在婴儿毫无察觉的时候在其鼻子上涂一个无刺激的红点，然后让其照镜子，观察婴儿的反应。实验假设：如果婴儿发现自己鼻子上的红点会用手去摸或抹掉它，说明婴儿具有了自我的概念，标志着他们自我意识的开始。点红实验表明，婴儿对自我形象的认识经历三个发展阶段：第一个阶段为游戏伙伴阶段（6～10个月），此阶段婴儿认不出镜中的孩子是自己，而是将镜中的孩子看成是其他孩子，他希望跟这个“伙伴”玩；第二阶段是退缩阶段（13～20个月），婴儿对镜中的孩子很感兴趣，但是迷惑他究竟是谁，所以不愿意与之交往；第三个阶段是自我意识出现阶段（20～24个月），看到镜中孩子鼻子上有一个红点，马上去摸，表明婴儿意识到镜中的孩子就是自己，说明他此时已经有了自我意识。

自我意识的出现是婴儿心理发展的重大进步，他们开始将自己与周围人和环境区分开来，希望通过自己的努力发展自己，并在随后的发展中逐渐形成区别于他人的独特个性。

培训项目 3
3~6岁儿童心理发展

培训重点

1. 熟悉3~6岁儿童认知能力的发展特点。
2. 熟悉3~6岁儿童情绪情感和社会能力的发展特点。
3. 熟悉3~6岁儿童自我和个性的发展特点。

教育学家卢梭说过："我们对儿童是一点也不理解的，对他们的观念错了，所以愈走就愈入歧途。最明智的人致力于研究成年人应该知道些什么，可是却不考虑孩子们按其能力可以学到些什么，他们总是把小孩子当大人看待，而不想一想他还没有成人哩。"陈鹤琴先生说："教育必须根据儿童的心理使能行之得当。若不明儿童心理而妄施予教育，那教育必定没有成效可言。"教育如此，保育也是如此，保教结合更是如此。如果没有对婴幼儿的了解，是不可能做好保育和保教结合的。在了解了0~3岁儿童各方面心理发展特点之后，本项目根据保育员负责的年龄班进行划分，从3~4岁（小班）、4~5岁（中班）和5~6岁（大班）三个年龄阶段讨论幼儿的心理特点。

一、感知觉的发展特点

3~4岁儿童会表现出强烈的好奇心，表现为好看、好听、好问、好动手，是感知觉发展最迅速的时期。3岁儿童的视力已经达到1.0，可以分清红、绿、黄、蓝、黑几个基本颜色，对于相近色不能区分，能辨别各种声音并学会正确发音。在知觉发展方面，能辨认上下方位，具有距离知觉，具有圆形、方形、三角形的形状知觉，能分辨物体的大小和远近，具有白天和黑夜的时间知觉。

4～5岁儿童的感知觉能力进一步提高，从认识基本色到可以区分混合色，对时间的认识也从对白天、黑夜的认识到对昨天、今天、明天的认识，对声音的区分度和感受力明显增强，对远距离物体的辨别力也开始发展。

5～6岁儿童对颜色、形状、方位、距离、时间等方面的感知更加精确。同时，观察力有了明显的提高，他们能够有目的、有系统地观察感知事物，并能够对自己的观察进行概括。例如，一个小男孩端详园长很久，说道："园长妈妈，你好丑噢！"园长微笑着说："是哦，我跟你说过我漂亮吗？"小男孩回答："那倒没有。"两个人都开心地笑起来。这里小男孩平常并没有注意园长的长相，突然进行了认真的观察，然后进行概括，园长并没有生气，而是幽默地与小男孩交谈，很好地鼓励了小男孩的发现，保护了他的童心和观察力。

在观察经验的积累和教育的影响下，5～6岁儿童可以有目的、有顺序地对事物进行观察，也会把事物的各个方面联系起来进行系统的观察，对事物之间的内在联系和本质特征也有了一定的认知。

幼儿是通过感知觉的直接体验来认识周围世界的，不是通过语言交往来认识世界的。所以，保育员在对小班儿童进行保育或保教结合时，应该注意发挥儿童的好奇心，通过活动让儿童亲身体验。

二、注意力的发展特点

注意是儿童心理活动的基础。蒙台梭利认为，专注是幼儿健康发展的基础。培养幼儿良好的注意品质就是培养他们的专注力。幼儿注意力的发展具有如下特点：

（1）从无意注意向有意注意发展。3～4岁儿童无意注意力占优势，往往不自觉地注意颜色鲜艳、形象鲜明、符合自己兴趣和需要的事物。4～5岁儿童能根据成人的要求，开始进行有意注意。

（2）注意的时间逐渐延长。由于大脑皮质易兴奋不易抑制，有意注意的时间比较短。3～4岁的儿童只有几分钟，5～6岁儿童能延长到十几分钟。

（3）注意的范围、稳定性、分配和转移能力随着年龄的增长而增长。

三、记忆的发展特点

3～4岁儿童的记忆是无意识的，也是暂时性和情绪性的。他们对事物的记忆往往与事物的特征、兴趣和情绪有关，比较容易记住鲜明、生动、有趣好玩的东西，这种记忆是自然而然的，也容易忘记。随着年龄的增长，儿童的有意记忆逐渐发展，抽象记忆开始萌芽。5～6岁儿童记忆的有意性有了明显的发展。他们能够根据成人的要求有意识地复述故事、回想问题，并利用复述、组织、联想等方法进行记忆。在复述故事时会删掉一些细节，同时加上自己感兴趣的情节。

四、想象力的发展特点

3～4岁儿童的想象是无意识的，也难以与现实区分开来。随着感知觉的发展，儿童头脑中保留了很多事物的具体形象，他们对这些形象进行思维的加工，就会出现许多新的形象，这些表现就是儿童的想象力。儿童的想象力非常丰富，例如，他们会拿一支笔玩出很多花样，变成一支枪、一把剑或者一个方向盘，这些想象都是无意识的，拿起笔之后自然而然想起来的。小班下学期的幼儿喜欢玩简单的娃娃家、开医院等角色游戏，由于经常把想象当成现实，因此常被成人误以为他们爱说谎。保育员要特别注意小班儿童的这一特点。也许因为你训斥了他们，他们就会说你骂了他们，甚至是打了他们。其实这些都是他们的想象，不要以为他们是在说谎。

4～5岁儿童的再造想象开始占优势，能够对已有的形象进行再造，如在绘画中想象出红色的海洋、黑色的太阳。随着知识经验的丰富、思维能力的发展，5～6岁儿童能根据自己的想象进行加工，不再完全依赖成人的指导和指示了。如他们在表演游戏前想象出故事的情节，分配不同的角色，并想象出可能会出现哪些意外等。

五、思维的发展特点

幼儿的思维具有如下特点：

1. 泛灵论

4岁以前，儿童会把所有的东西都视为有生命的事物，因为他们还不能够区别有生命和无生命的事物。他们会认为小椅子、小桌子都是有生命的，小草、小花也会笑会啼哭等。4～5岁，他们会把移动着的物体认为是有生命的。

2. 具体形象性

3～4岁儿童仍保留着前一阶段的通过行为和动作引起思维活动的特点，他们拿起笔要弄时会思考，放下笔就可能什么都想不起来了。

随着年龄的增长，儿童的思维表现出越来越多的具体形象性，即主要依赖于事物的具体形象、表象以及对表象的联想而进行，思维逐渐从动作和直接感知的客体中脱离出来，具有较大的概括性和灵活性。但是，思维仍然依赖具体的事物进行，难以思考抽象的问题。5～6 岁儿童仍以具体形象思维为主，但已开始有抽象逻辑思维的萌芽。他们能够初步理解事物的本质属性和内在规律性的联系，例如，可以通过兔子跑得快、乌龟背着重重的壳、刺猬用刺保护自己等动物的外观和功能，理解动物是如何保护自己的，能够按照一定的标准为物体分类，如颜色、形状、性别等。但是，他们掌握的概念大部分还是具体的，是与直接可以感知的对象相联系的，仍然需要通过事物的具体形象来理解抽象的事物。

3. 自我中心主义

儿童只从自己的观点看待世界，难以认识他人的观点，所以总是以自己的视角来认识世界并提出自己的要求，不明白别人有不同观点和需要。

4. 不能理顺整体和部分的关系

通过要求儿童考察整体和部分关系的研究发现，儿童能把握整体，也能分辨两个不同的类别。但是，当要求他们同时考虑整体和整体的两个组成部分的关系时，他们多半给出错误的答案。这说明他们的思维受眼前的显著知觉特征的局限，而意识不到整体和部分的关系。

六、情绪情感的发展特点

1. 幼儿情绪的发展

幼儿情绪的发展体现在三个方面：

（1）情绪的丰富和深刻

情绪随着年龄的增长逐渐丰富化，产生尊敬、怜惜、亲密等情感，情绪也变得越来越深刻和复杂。如过去只要得到成人的拥抱就会很开心，而不考虑为什么，但到了幼儿阶段，一旦被成人拥抱他们尽管也会开心但会感到不好意思，或者思考成人为什么会拥抱自己，对成人情感的体验也会更加丰富和深刻。

（2）情绪的社会化

情绪是自然发生的，是健康不可或缺的。喜、怒、悲、恐、惊这些基本的情绪是人类适应环境的产物，具有自然性。但是，情绪会随着儿童年龄的增长而逐渐社会化。主要表现在三个方面：一是情绪的社会性交往的成分不断增加，微笑一开始是自然反应，但后来会变成儿童发起交往的社会性情绪；二是引起情绪的动因不断增加，一开始儿童的情绪是因为生理需要不能得到满足，后来因为交往不利，如没人和他玩而出现负面情绪；三是情绪表达的社会化，会使用成人的表达方式进行情绪表达，如用V字手势表示骄傲的情绪，用击掌表示愉快的情绪等。

（3）情绪的自我调节能力逐渐提高

幼儿情绪表现具有外露性、冲动性和易感性，但随着年龄的增长，情绪的冲动性逐渐减少，稳定性逐渐提高，情绪从外露到内隐。例如，他们会观察成人的脸色决定自己是否发火，也会因为成人的要求“宝宝不哭”而忍着悲伤。儿童调节情绪的方法一开始是哭泣和执拗，慢慢用自我安慰，如说“不疼，不疼”；转移注意力或者活动，比如，与同伴玩不开心就转而与妈妈玩；或者用自言自语来调节，如用“我不哭，我勇敢”来调节自己的情绪。到了5～6岁，幼儿甚至可以含着泪水微笑。

（4）具有一定的移情能力和情绪理解能力

幼儿期是情绪理解能力迅速发展时期，表现为对消极情绪具有较好的理解力，具有一定的同理心。例如，一位幼儿因为同伴把他的画扔到垃圾箱里而生气，在教师的引导下，发现是自己把人家捏的小鸟弄碎了，先是自己不对，于是不再生气，转而请同伴原谅。

幼儿期也逐渐开始理解混合情绪。例如，自己的进步让妈妈喜极而泣，3～4岁儿童是难以理解的，但5～6岁儿童就会理解妈妈有多开心。

2. 幼儿的情感发展

情感比情绪发展更晚，更为稳定和深刻，道德感、义务感、爱情、幸福、仇恨、厌恶、美感等都是情感的范畴。幼儿时期的情感发展表现为：

（1）道德感和义务感进一步发展

道德感是幼儿对自己或其他人是否满足社会规范的要求进行判断所产生的情感。3～4岁儿童的道德感主要指向个别行为，往往因为成人的评价而引起，如洋洋是个听话的好孩子。4～5岁儿童可以根据概括化的道德标准进行判断，如果遵守就会产生愉快感。例如，他们会因为自己遵守交通规则，或者帮助他人而开心。当然，如果有人不遵守，他们也会告状，甚至挨打也在所不惜，表现出自己的道德感和义务感。5～6岁儿童的道德感进一步发展和复杂化，如3～4岁儿童会因为有同伴打人而告状，而5～6岁儿童可能会说，是被打的小朋友先打人的，同伴打他是应该的。

（2）理智感比较强烈

理智感表现为强烈的求知欲和好奇心。幼儿的理智感比较强烈，表现为好奇好问，积极探究，甚至通过对有兴趣的物体进行“破坏”来寻求答案探个究竟。

（3）美感比较独特

幼儿的美感从婴儿开始萌芽，他们对色彩鲜艳、生动形象的事物感兴趣，对母亲的笑脸非常喜爱，喜欢干净、漂亮的小伙伴。在秩序感发展的敏感期，对井然有序、按照自己的需要摆放的东西感兴趣。

3 岁以后，幼儿的审美体验逐渐社会化，受到成人的影响，会根据成人的评价而产生审美体验。他们的美感与道德感通常联系在一起，并以道德感代替美感，也会对色彩鲜艳的艺术作品产生美感。幼儿的美感虽然会受到成人的影响，但还是有着自己的独特审美体验，他们认为美的东西成人未必有同感。

七、社会性的发展特点

进入幼儿园之后，幼儿交往的对象从主要与成人（父母和亲人）交往逐渐扩展到与同伴的交往，并建立同伴关系。幼儿的社会性发展具有如下特点：

1. 交往对象和友谊对象逐渐拓展

3～4 岁儿童开始关注与同伴的交往，但还不能建立友谊；4～5 岁儿童已经可以与小伙伴建立稳定友好的关系，有了要好的小伙伴；5～6 岁儿童不仅能保持与老朋友的良好关系，还能结交新朋友，交往的对象逐渐拓展。

2. 游戏的社会化程度逐渐提高

幼儿之间的绝大多数社会交往发生在游戏情境中。3 岁左右，儿童游戏中的交往主要是非社会性的，以独自游戏或平行游戏为主，彼此之间没有联系，各玩各的。4 岁左右，联合性游戏逐渐增多，并逐渐成为主要游戏形式。5 岁以后，合作性游戏开始发展。

3. 幼儿社会性发展具有性别差异

幼儿期同伴交往倾向于与同性别的儿童交往，且随着年龄的增长越来越明显。女孩在游戏中所表现的交往水平高于男孩，男孩所表现的消极反应明显多于女孩。

八、自我和个性的发展特点

3 岁半的儿童可用充满情感的词语来描述自己，对自己的物品具有较强的占有欲。他们模仿性强，开始具有简单的自我评价，但容易受到家长和教师的影响，比如，他们会说自己是好孩子，但问到为什么是好孩子时，往往说是老师或者家长说的。这时候他们的自我评价也受情绪的影响和支配，情绪好时表现良好，情绪糟糕时表现比较差。

幼儿期自我意识的发展主要表现在自我评价、自我体验和自我控制三个方面。幼儿自我评价的发展特点是从依赖成人的评价发展到可以进行一定的自我评价，从片面、表面性评价发展到较为全面、有深度的评价，从主观性评价发展到相对客观性评价。大约在 4 岁左右产生自我体验，5 ~ 6 岁儿童大多数已表现出自我情绪体验。幼儿期自我体验的发展主要有如下特点：从与生理相关的体验向社会性体验发展，如愉快和愤怒的体验较早，而自尊、委屈和内疚感则较晚；易受暗示性；随年龄增长而逐渐丰富，并有一定的顺序性。自我控制萌发的年龄是 4~5 岁，主要表现在坚持性和自制力上。4 岁以前，儿童的坚持性和自制力较差，自我控制水平很低。到了 5 岁、6 岁，自主性、独立性不断增加，独立控制活动的愿望也不断上升，学会了一些简单的自我控制策略，自我控制水平也相应提高。自我控制的发展既有年龄差异也有性别差异。大量研究表明，男孩自我控制能力明显低于女孩，且这种趋势随着年龄的增长而明显化。

0 ~ 6 岁阶段是儿童个性的初步形成阶段，此时的个性对以后个性的发展具有奠基作用。学前儿童的个性主要有如下特点：首先，已经在气质、兴趣、个性倾向性、性格方面表现出个体差异，如在自由活动中，有的儿童总是去玩球，有的总是去玩“娃娃家”，还有的总是凑在一起看图书，讲故事。其次，性格特征逐渐丰富且稳定，如 5 ~ 6 岁儿童的性格特征已有明显差异，开始表现为顺从的、冲动的、懦弱的、好表现的、攻击的、内向的、外向的以及依赖的等各种不同的性格特征。

职业模块 五
婴幼儿营养学知识

培训项目 1

婴幼儿的营养需要

培训重点

1. 了解能量、营养素、水对人体的作用。
2. 熟悉各种营养素的来源。

营养是指人体从饮食中获得的各种营养素和有益于身体的成分，用以维持生命活动。营养素是食物中维持生命、生长和正常生理功能所必需的各种有效成分。食物中营养素的种类很多，通常有蛋白质、脂肪、碳水化合物、矿物质、维生素和水。在生命发生、发展过程中，营养的作用尤为突出。婴幼儿处于生命早期，生长发育快速，营养不仅影响其近期的生长发育，也对其远期的健康有深远的影响。

一、能量

能量是由食物中的碳水化合物、脂肪和蛋白质在体内代谢时释放出来的化学能。碳水化合物、脂肪和蛋白质统称为三大产能营养素。人体对于能量的需要仅次于空气和水，这三大产能营养素加上水，几乎占人体膳食的全部质量。

婴幼儿的能量消耗包括：

1. 维持基础代谢

婴幼儿期基础代谢的能量需要约占总能量需要的60%。由于婴幼儿的体表面积相对较大，代谢组织所占比例大，故其基础代谢率高于成人，但男女之间的差别不大。

2. 供给生长发育

生长发育所需能量为处于生长期儿童所特有。每增加 1 g 新生组织，需要 18.4 ~ 23.8 kJ（4.4 ~ 5.7 kcal，1 kcal = 4.184 kJ）的能量，而形成新生组织也需要能量。

3. 人体活动的消耗

3 个月以下婴儿活动能力差，活动所消耗的能量较少，大婴儿及幼儿活动所消耗的能量明显增加。好哭好动的婴幼儿比安静的同龄儿所消耗的能量更多。

4. 排泄的消耗

食物中的营养素不能被完全消化吸收，部分食物未经消化吸收就被排泄到体外。排泄所消耗的能量约占总能量的 10%。

二、蛋白质

蛋白质是一切生命活动的重要物质基础，是组成细胞和组织结构的基本材料，还是合成一些重要生物活性物质的原料。蛋白质以氨基酸为基本单位构成。食物蛋白质必须经过适当的消化，其所含的各种氨基酸才能被吸收进入人体而发挥其营养作用。

1. 蛋白质的生理功能

（1）维持机体生长、更新和修补组织

婴幼儿生长速度快，机体生长、更新和修补组织所需的蛋白质更多，蛋白质摄入不足会明显制约婴幼儿的生长发育。

（2）调节生理功能

食物的消化吸收过程和细胞内不断进行的物质代谢过程，都是在各种酶的催化下进行的。迄今已知的一千多种酶都是由蛋白质所组成的。

（3）增强身体的抗病能力

人体防御疾病的抗体都是蛋白质及其衍生物。

（4）供给能量

蛋白质也参与体内的能量代谢，1 g 蛋白质在体内产生 16.7 kJ（4 kcal）能量。

（5）提供必需氨基酸

婴儿有 9 种人体所需氨基酸不能在人体内合成，或其合成的速度不能满足人体需要，而必须由食物供给。这 9 种氨基酸被称为“必需氨基酸”，即异亮氨酸、亮氨酸、赖氨酸、蛋氨酸、苯丙氨酸、苏氨酸、色氨酸、缬氨酸、组氨酸。

2. 蛋白质的需求与供给

婴幼儿处于生长发育阶段，对蛋白质的需要量相对高于成年人。婴幼儿对蛋白质的需要不仅用于补偿代谢损失，还用于供给生长发育中不断增加的新生组织。食物蛋白质的营养价值取决于所含必需氨基酸的种类、数量和构成模式。为确保婴幼儿膳食蛋白质的质量，来自动物性食物的优质蛋白质最好能占到一半以上。

三、脂类

脂类是人体的能量来源和储备，也是人体重要的组成成分。脂类包括脂肪和类脂。脂肪又称三酰甘油，由 1 分子甘油和 3 分子脂肪酸通过酯键结合而成，占人体脂类的 95% 以上；类脂则有磷脂、糖脂、固醇及酯。脂肪酸分为饱和脂肪酸和不饱和脂肪酸，后者又分为单不饱和脂肪酸和多不饱和脂肪酸。亚油酸、α－亚麻酸是人体需要但又不能自身合成，必须依赖食物供给的脂肪酸，称为“必需脂肪酸”。

1. 脂类的生理功能

（1）储存和供给能量

脂肪是产生能量最高的营养素，是婴幼儿所需能量的重要来源。1 g 脂肪在体内产生 38 kJ（9 kcal）能量。脂肪也是人体能量储存的主要形式，当人体摄入的能量不能及时被利用或过多时就转为脂肪储存。

（2）参与构成人体组织细胞

脂类可构成生物膜并维持其正常功能，细胞膜、内质网膜、线粒体膜、核膜、神经髓鞘膜等生物膜中约含 20% 的蛋白质、50%～70% 的磷脂、20%～30% 的胆固醇。磷脂约占脑组织干重的 25%。

（3）保护器官及保持体温

脂肪可阻止体热散发，维持体温恒定。体脂也能防止和缓冲因震动而造成的对组织、脏器、关节的损害，发挥对器官的保护作用。

（4）吸收、转运脂溶性物质

脂肪是脂溶性维生素的良好载体，并且能协助脂溶性维生素的吸收和利用。

（5）供给人体“必需脂肪酸”

“必需脂肪酸”及其衍生物具有多种生理功能。由亚油酸合成的花生四烯酸（C20：4，*n*−6，ARA）以及由 α－亚麻酸合成的二十二碳六烯酸（C22：6，*n*−3，DHA）是脑、神经组织以及视网膜中含量最高的脂肪酸，影响婴幼儿脑和视觉发育。

（6）其他功能

胆固醇是体内合成维生素 D_3 及胆汁酸的前体，还可转变成多种激素，如皮质醇、醛固酮、睾酮、雌二醇等。脂肪还能改善食物的色、香、味，给人以饱腹感。

2. 脂肪的需求与供给

婴幼儿处于生长发育期，且不同时期的生长发育速率不同，对脂类的需求也有所不同，并与成人有较大差异。脂肪的膳食参考摄入量按“宏量营养素可接受范围”（AMDR）制定，以脂肪供能 / 总能量（% E）表示。膳食脂肪主要来源于动物的脂肪组织和肉类以及坚果等。

四、碳水化合物

碳水化合物也称为糖类，对人体能量供给有重要作用。碳水化合物分为糖、寡糖、多糖三大类。糖包括葡萄糖、果糖、半乳糖等单糖，乳糖、蔗糖、麦芽糖等双糖，还有山梨醇、甘露醇、木糖醇、麦芽糖醇等糖醇。寡糖又称为低聚糖，是由 3 ~ 9 个单糖通过糖苷键构成的聚合物，如低聚果糖、低聚半乳糖等。多糖是由 10 个以上单糖通过糖苷键连接而成的高分子聚合物，如淀粉、糖原、纤维素等。人体中碳水化合物的存在形式主要是葡萄糖、糖原和含糖复合物。

1. 碳水化合物的生理功能

（1）提供人体所需大部分能量

1 g 碳水化合物在体内产生 16.7 kJ（4 kcal）能量。成人所需能量的 50% ~ 65% 由碳水化合物提供。碳水化合物在体内释放能量快，供能迅速，是神经系统和心肌的主要能源，也是肌肉活动时的主要燃料，对维持神经系统和心脏功能、增加耐力、提高工作效率有重要作用。

（2）参与构成人体组织

人体每个细胞都含有碳水化合物，占 2% ~ 10%，主要为糖脂、糖蛋白和蛋白多糖。分布在细胞膜、细胞器膜、细胞质以及细胞间质中的糖脂是细胞与神经组织的结构成分之一。蛋白多糖是骨骼、软骨、肌腱、角膜等的结构成分。抗体、酶、激素、核糖也需要碳水化合物的参与。

（3）节约蛋白质和抗生酮

足量的碳水化合物摄入可减少蛋白质消耗，即起节约蛋白质的作用。膳食碳水化合物供应不足，脂肪酸不能被氧化而产生过多的酮体，可发生酮血症和酮尿症。

（4）促进排便和增强消化系统功能

不能被人体消化、吸收的纤维素可刺激肠蠕动，促进排便，并可选择性地促进乳酸杆菌、双歧杆菌等益生菌的增殖，增强消化系统功能，增强机体免疫力等。

2. 碳水化合物的需求与供给

出生早期婴儿从母乳中获得乳糖、母乳低聚糖等，4 月龄后婴儿的淀粉酶分泌逐渐成熟，可消化乳糖以外的碳水化合物。而随着辅食的添加，婴幼儿碳水化合物的摄入量也相应增加。2 岁以后婴儿的膳食构成逐渐成人化，碳水化合物成为能量的主要来源之一。膳食中淀粉的主要来源是粮谷类和薯类食物。单糖和双糖的主要来源是蔗糖、糖果、甜点、水果、含糖饮料等。

五、矿物质

构成人体组织结构，参与机体代谢和维持生理功能所必需的元素目前确定为 26 ~ 28 种。这些元素中除了碳、氢、氧和氮组成碳水化合物，脂肪、蛋白质、维生素等有机化合物外，其余的元素称为矿物质。其中钙、磷、钠、钾、氯、镁和硫等，人体需要量达到每天数百至数千毫克，称为常量元素；铁、铜、锌、硒、铬、碘、钼和钴等，人体需要量很少，常以毫克甚至微克计，称为微量元素。

1. 钙

钙是人体内含量最丰富的矿物质，是构成骨骼、牙齿的主要成分。人体骨骼和牙齿中的主要成分是钙的磷酸盐，多以羟磷灰石或磷酸钙的形式存在。钙离子对维持细胞膜完整、发挥细胞膜正常生理功能有重要作用；神经递质释放、神经冲动传导、心脏搏动、肌肉收缩等都需要钙的参与；钙离子对许多参与细胞代谢的酶有重要的调节作用；钙离子也是血液凝固所必需的。儿童的骨骼每 1 ~ 2 年更新一次，以后的更新速度随年龄增长而逐渐减慢。长期缺钙可导致婴幼儿骨骼钙化不良，严重者出现佝偻病，并与成年期骨质疏松有关。

奶类是含钙最丰富的食物，6 月龄内母乳喂养或配方奶喂养的婴儿大多不必额外补充钙，6 月龄以上婴幼儿继续保证适量奶及奶制品摄入也可保证钙的摄入。

2. 铁

铁是人体内含量最多的必需微量元素，铁缺乏以及由此而造成的缺铁性贫血是世界范围内最常见的营养缺乏，对生长发育中的婴幼儿健康危害严重。机体内的铁大多存在于红细胞中，缺铁可影响血红蛋白的合成。铁作为血红蛋白、肌红蛋白、细胞色素以及某些呼吸酶的组成成分，参与体内氧的运送和组织呼吸过程。铁还参与调节酶活性、线粒体呼吸、核糖体生物合成等。

食物中的铁可分为血红素铁和非血红素铁，血红素铁主要存在于动物性食物中，其吸收率可达到 20%～30%；植物性食物中的铁绝大多数为非血红素铁，其吸收率只有 1%～5%。

母乳铁含量低，6 月龄内婴儿所需铁依赖胎儿期的储备，满 6 月龄后婴儿依赖强化铁或含铁丰富的食物提供铁。动物肝脏、血、肉类富含血红素铁，并可促进非血红素铁的吸收。强化铁的配方食品，如奶粉、米粉等是婴儿铁的主要膳食来源之一。

3. 锌

锌在人体内分布广泛，多以辅酶形式参与体内代谢活动，对体格生长、免疫、中枢神经系统均有重要作用。锌具有三大基本功能，即催化功能、结构功能和调节功能。人体内 100 多种锌金属酶的活性需要锌的参与。锌在锌指蛋白中有重要的稳定结构的作用，也有维持细胞膜稳定的作用。锌还具有调节基因表达、蛋白质合成的作用。锌对细胞免疫调节也有重要作用，还有抗氧化、抗炎等作用。

牛肉、瘦肉等富含蛋白质的动物性食物，以及牡蛎等贝类是锌的最好来源。植物性食物含锌量较低，主要存在于胚芽中。

4. 碘

碘在人体内的生理功能是合成甲状腺激素。甲状腺素的主要功能是参与能量代谢，促进 DNA 及蛋白质合成、维生素吸收利用，活化多种重要的酶，对生物氧化和代谢有促进作用；促进神经系统发育，包括神经元的迁移和分化、神经突起的分化和发育等。碘缺乏可引起甲状腺素合成减少，以及甲状腺功能减退，并因此影响人体新陈代谢，尤其在生命早期，碘缺乏所致的生长发育障碍是不可逆的。碘缺乏和碘缺乏性疾病是全球公共卫生问题之一。

碘的膳食来源主要是海鱼、海藻。全民食盐加碘可有效预防碘缺乏和碘缺乏性疾病。

六、维生素

维生素是一类微量的低分子有机化合物，是维持人体正常生理功能必不可少的。根据其是否溶于水，可分为脂溶性维生素和水溶性维生素。其中脂溶性维生素包括维生素 A、D、E 和 K，不溶于水，可溶于脂肪和脂溶剂，随脂肪经淋巴系统被人体吸收；水溶性维生素包括 B 族维生素和维生素 C 等，可溶于水。

1. 维生素 A

维生素 A 是指所有具有视黄醇生物活性的化合物，包括来源于动物性食物的视黄醇和视黄酰酯，以及植物性食物的类胡萝卜素，如 β－胡萝卜素。维生素 A 在人体中具有广泛而重要的生理功能，包括维持正常的视觉功能、维持皮肤黏膜的完整性、维持和促进免疫功能、促进生长发育和维持生殖功能等。在世界范围内，维生素 A 缺乏仍是造成婴幼儿感染、失明，并导致死亡的重要原因之一。

富含维生素 A 的食物主要有动物肝脏、蛋黄和全脂牛奶。绿色、黄红色蔬菜和水果富含类胡萝卜素，可在体内转变为维生素 A。

2. 维生素 D

维生素 D 有多种形式，其中最常见的是胆钙化醇（维生素 D_3）和麦角骨化醇（维生素 D_2）。维生素 D_3 可由动物皮肤中存在的 7－脱氢胆固醇经日光中紫外线照射而合成，维生素 D_2 由植物中的麦角固醇经紫外线照射而合成。维生素 D 经过肝脏代谢成 25（OH）D，再在肾脏转化成 1，25（OH）$_2$D，随后 1，25（OH）$_2$D 可作用于小肠、肾、骨等靶器官，促进小肠对钙的吸收和转运，促进肾小管对钙、磷的重吸收。1，25（OH）$_2$D 能促进成骨细胞增殖、分化，促进骨钙素合成，促进骨、软骨及牙齿钙化。1，25（OH）$_2$D 还参与心脏、肌肉、大脑、血液及免疫器官和组织的细胞代谢、分化调节等。目前在世界范围内，血 1，25（OH）$_2$D 水平低下在人群中较为普遍。

1 μg 维生素 D 相当于 40 IU 维生素 D。大多数食物中不含维生素 D，少数含脂肪高的海鱼、动物肝脏、蛋黄和奶油中含有微量维生素 D，婴幼儿配方食品中强化了维生素 D。

3. 维生素 B_1

维生素 B_1，即硫胺素，也称抗神经炎因子，是第一个被发现的 B 族维生素。维生素 B_1 的主要活性形式为焦磷酸硫胺素（TPP），在能量代谢中有重要作用。维生素 B_1 对维持神经、肌肉，特别是心肌的正常功能，以及维持正常食欲、胃肠蠕动和消化分泌方面也有重要作用。膳食中维生素 B_1 缺乏可引起脚气病，主要表现为神经—血管系统损伤。先天性遗传代谢缺陷可致硫胺素反应性巨幼红细胞性贫血、枫糖尿症、韦尼克脑病等。

维生素 B_1 广泛存在于天然食物中，全谷类、豆类及坚果类含量丰富，动物内脏、瘦肉、禽蛋中的含量也较多。

4. 维生素 B_2

维生素 B_2，即核黄素，在体内广泛参与氨基酸、脂肪酸和碳水化合物的代谢以及生物氧化和能量的产生，还参与色氨酸转变为烟酸、体内抗氧化防御、药物或外来化学物质的代谢等。膳食维生素 B_2 缺乏常引起其他营养素缺乏，如维生素 B_6 和烟酸缺乏，干扰体内铁的吸收、储存及动员。

富含维生素 B_2 的食物主要是动物内脏、蛋黄和乳类。

5. 维生素 B_6

维生素 B_6 是一组含氮化合物，包括吡哆醇、吡哆醛和吡哆胺，参与氨基酸代谢、脂肪代谢、色氨酸转化，也参与神经递质、糖原、神经鞘磷脂、血红蛋白、类固醇、核酸、一碳单位、维生素 B_{12} 和叶酸等的代谢，对维持脑发育和神经功能十分重要。膳食维生素 B_6 缺乏可致脂溢性皮炎、小细胞性贫血、惊厥、抑郁等。多种先天性代谢疾病为维生素 B_6 依赖症，如维生素 B_6 依赖性癫痫、胱硫醚尿症等。

维生素 B_6 的食物来源广泛，含量最高的为鸡肉和鱼肉，其次为肝脏、豆类、坚果类和蛋黄等。

6. 维生素 B_{12}

维生素 B_{12}，即钴胺素，是唯一一种含金属元素的维生素，参与蛋白质合成、DNA 合成、红细胞发育成熟等，也与神经髓鞘中脂蛋白的形成及维持神经髓鞘完整性有关。膳食维生素 B_{12} 缺乏可致巨幼红细胞贫血，以及手足对称性麻木、感觉异常、共济失调、发育迟缓等神经系统症状。

膳食维生素 B_{12} 来源于动物性食物，主要食物来源为肉类、动物内脏、鱼、禽、贝壳类及蛋类，植物性食物基本不含维生素 B_{12}。

7. 叶酸

叶酸参与核酸和蛋白质合成、DNA 甲基化以及同型半胱氨酸代谢。膳食叶酸缺乏可致巨幼红细胞贫血、高同型半胱氨酸血症，孕早期叶酸缺乏可引起胎儿神经管缺陷。

膳食叶酸参考摄入量以膳食叶酸当量（DEF）为单位。DEF（μg）= 天然食物叶酸（μg）+ 1.7 × 叶酸补充剂（μg）。

叶酸广泛存在于各种动植物食物中，动物肝脏、蛋类、豆类、绿叶蔬菜、水果及坚果类富含叶酸。但叶酸在储存和烹饪过程中可损失 50% ~ 70%，甚至 90%。合成叶酸的生物利用率比天然食物叶酸高 1.7 倍。

8. 维生素 C

维生素 C，又称抗坏血酸，参与体内重要的羟化反应，该反应是体内多种重要物质代谢的关键步骤，如胶原蛋白合成，胆固醇转化为胆汁酸，神经递质 5- 羟色胺及去甲肾上腺素合成。维生素 C 还是一种很强的水溶性抗氧化剂，可在体内清除自由基，防止脂质过氧化反应，将三价铁还原为二价铁以促进铁的吸收，将无活性的叶酸还原为具有活性的四氢叶酸等。维生素 C 还可提高机体免疫力。长期缺乏维生素 C 可致维生素 C 缺乏病，也称坏血病。

维生素 C 的主要来源为新鲜蔬菜和水果，一般叶菜类含量比根茎类多，酸味水果比无酸味水果多。

七、水

水是所有生命生存不可缺少的，是人体内含量最多的成分。人体内所含的水分总量称为总体水含量，年龄越小，体内含水量越多。0 ~ 6 个月婴儿总体水含量可达 80%，随着年龄增长，至 12 岁时接近成人水平，男性 59%，女性 50%。水在体内主要分布在细胞内和细胞外，包括组织液、血浆、淋巴和脑脊液等。水参与人体内的新陈代谢，维持体液正常渗透压及电解质平衡，调节体温，对器官、组织等起到缓冲、润滑和保护的作用。

人体摄入的水来源于饮用水以及食物。食物中的液体量随食物种类而异，对人体水平衡也起着很大的作用，6 月龄内纯母乳喂养婴儿所需的水均来自母乳，1 ~ 3 岁婴儿来自母乳等液体食物的水量逐渐接近成人。

0 ~ 6 月龄婴儿水的适宜摄入量（AI）为每天 700 mL，7 ~ 12 月龄婴儿 AI 为每天 900 mL，1 ~ 3 岁婴儿 AI 为每天 1 300 mL，4 ~ 6 岁幼儿 AI 为每天 1 600 mL。

培训项目 2

婴幼儿合理膳食

培训重点

1. 熟悉不同年龄段婴幼儿的喂养指南。
2. 掌握不同年龄段婴幼儿喂养的具体方法。

一、6 月龄内婴儿纯母乳喂养

纯母乳喂养是 6 月龄内婴儿最佳的喂养方式。6 月龄内婴儿母乳喂养指南推荐：产后尽早开奶，坚持新生儿第一口食物是母乳；坚持 6 月龄内纯母乳喂养；顺应喂养，建立良好的生活规律；出生后数日开始补充维生素 D，不需补钙；婴儿配方奶是不能纯母乳喂养时的无奈选择；监测体格指标，保持健康生长。

1. 尽早开奶，坚持新生儿第一口食物是母乳

让新生儿尽早吸吮乳头，有利于刺激母乳分泌，是成功开奶的关键。新生儿胃容量小、肠黏膜发育不完善、消化酶不成熟，初乳能很好地满足新生儿的营养需要，又能适应其消化和代谢能力。初乳富含免疫活性成分，还富含母乳低聚糖等，可保护婴儿肠道并能促进肠道益生菌的定植和生长，有利于正常肠道菌群的建立。确保新生儿第一口食物为母乳可明显降低婴儿发生过敏性疾病的风险。新生儿出生时体内含有丰富的可以快速供能的棕色脂肪，在出生 3 天内、体重丢失不超过 7% 的情况下，可坚持母乳喂养。

2. 坚持 6 月龄内纯母乳喂养

纯母乳喂养能满足 6 月龄内婴儿的营养需求，保证其健康地生长发育。6 月

龄内纯母乳喂养可明显降低婴儿的发病率及死亡率，如显著降低婴儿腹泻发病率，并缩短腹泻病程；降低婴儿坏死性小肠结肠炎、肺炎、中耳炎、脑膜炎及尿道感染等。即使部分母乳喂养，也具有一定的保护作用。母乳喂养还可降低儿童超重肥胖的风险，而且母乳喂养时间越长，儿童肥胖风险越低。母乳喂养非常有利于婴儿智力和心理行为以及情感发展，母乳喂养的时间越长，成年期智商越高。

3. 顺应喂养，建立良好的生活规律

随着婴儿胃容量的增加，每次摄入的乳量也会逐步增多，胃排空时间相应延长，两次哺喂的间隔时间也可延长，婴儿喂养的规律性和节奏感会逐渐明显。在喂养过程中，应顺应婴儿的需要，并培养婴儿规律的哺乳和睡眠习惯。

4. 出生后数日开始补充维生素 D，不需补钙

维生素 D 的主要生理功能是维持血清钙和磷水平，对婴儿骨骼健康有重要作用。母乳中维生素 D 含量低，无法满足婴儿的需要。虽然新生儿皮肤已具备合成维生素 D 的能力，但由于日光照射不足，以及为避免日光照射对婴儿皮肤等造成的损伤，婴儿出生后数日就应开始补充维生素 D 每天 10 μg（400 IU）。

5. 婴儿配方奶是不能纯母乳喂养时的无奈选择

当乳母患有某些传染病，尤其是病毒性传染病，可能通过乳汁发生母婴传播时，或乳母服用某些药物及滥用药物时，或婴儿患有某些代谢性疾病时，需要避免母乳喂养，这时就不得不选择母乳替代品——婴儿配方奶粉喂养。婴儿配方奶粉能基本满足 6 月龄内婴儿的营养需求，是因各种原因无法母乳喂养时的首选。一岁以内婴儿不适合以普通液态奶、成人奶粉、蛋白粉、豆奶粉等喂养。

6. 监测体格指标，保持健康生长

定期监测婴儿体重、身长、头围等体格生长指标，并与世界卫生组织儿童生长标准进行比较，可判断婴儿是否获得足够的营养。营养缺乏可导致婴儿体重、身长增长缓慢，并造成婴儿智力和免疫功能损伤。但过度喂养也可导致婴儿超重肥胖，增加成年期慢性疾病的风险。

二、7～24 月龄婴儿辅食添加

婴儿满 6 月龄起，应在继续母乳喂养的基础上，引入其他营养丰富的食物。7～24 月龄婴儿喂养指南推荐：继续母乳喂养，满 6 月龄起添加辅食；从富含铁的泥糊状食物开始，逐步添加达到食物多样；提倡顺应喂养，鼓励但不强迫进食；

辅食不加调味品，尽量减少糖和盐的摄入；注重饮食卫生和进食安全；定期监测体格指标，追求健康生长。

1. 继续母乳喂养，满 6 月龄起添加辅食

辅食是指除母乳和（或）配方奶以外的其他各种性状的食物。辅食添加应在继续母乳喂养的基础上，母乳喂养可持续到 2 岁或以上。继续母乳喂养可减少婴儿腹泻、中耳炎、肺炎、食物过敏等，还能促进婴儿神经、心理发育。不能母乳喂养或母乳不足的婴儿应选择配方奶。

婴儿满 6 月龄时胃肠道等消化器官已相对发育完善，可消化多样化的食物。同时，婴儿的口腔运动功能，味觉、嗅觉、触觉等感知觉，以及心理、认知和行为能力也已准备好接受新的食物。婴儿满 6 月龄后纯母乳喂养已无法再提供足够的能量，以及铁、锌、维生素 A 等关键营养素，因而必须在继续母乳喂养的基础上引入各种营养丰富的食物。添加辅食，不仅能满足婴儿的营养需求，也能满足其心理需求，并促进其感知觉、心理及认知和行为能力的发展。如有特殊情况需要提前或推迟添加辅食应咨询医生，但一定不能早于满 4 月龄前，并在满 6 月龄后尽快添加。

2. 从富含铁的泥糊状食物开始，逐步添加达到食物多样

由于婴儿生长快速，对铁的需要量高。母乳中铁的吸收率虽然高，但母乳铁含量相当有限，7 ~ 12 月龄母乳喂养婴儿 99% 的铁必须来自辅食。因此，婴儿辅食应从强化铁的婴儿米粉、瘦肉、蛋黄等富铁食物开始。

除了铁，辅食还需要有足够的能量。7 ~ 12 月龄婴儿所需能量的 1/3 ~ 1/2 来自辅食，13 ~ 24 月龄婴儿所需能量的 1/2 ~ 2/3 来自辅食。添加辅食后，母乳或配方奶量可从每天 700 mL 逐渐下降到满 1 岁时的每天 500 mL。

世界卫生组织建议，婴儿辅食应该满足以下条件：富含能量，以及蛋白质、铁、锌、钙、维生素 A 等各种营养素；未添加盐、糖，以及其他刺激性调味品；质地适合相应年龄的婴儿；婴儿喜欢；当地生产且价格合理，家庭可负担。同时，为了保证能量、铁等营养素的供给，强调必须保证婴儿摄入足够的动物性食物。7 ~ 24 月龄婴儿应保证每天供给 500 ~ 700 mL 奶，一个鸡蛋（至少一个蛋黄），25 ~ 75 g 肉、禽、鱼。如婴儿对鸡蛋过敏，可以折算成 30 g 的肉。牛肉和猪瘦肉中铁和锌的含量远高于鱼肉，婴儿应摄入适量的牛肉和猪瘦肉。不同种类的蔬菜、水果也应尽早让婴儿尝试，以培养婴儿对不同口味的接受度，减少挑食的行为。由于胃容量有限，婴儿最先添加的辅食不能太稀，应该是勺子舀起不会马上滴落的黏稠度。

辅食添加应遵循由少到多、由稀到稠、由细到粗的原则，循序渐进地增加食物种类，并逐渐过渡到半固体或固体食物。每次只添加一种新食物，并观察2~3天，注意婴儿是否有呕吐、腹泻、皮疹等不良反应，适应一种食物后再添加其他食物。

3. 提倡顺应喂养，鼓励但不强迫进食

在辅食喂养过程中，父母应及时感知婴儿所发出的饥饿或饱足的信号，并作出恰当的回应，达到顺应喂养的目的。添加辅食后，父母应提供多样化且与婴儿发育水平相适应的食物。尊重婴儿对食物的选择，耐心鼓励、协助进食，但绝不强迫进食。帮助婴儿逐步达到与家人一致的规律进餐模式，并学会自己吃饭。进餐时不能看电视、玩玩具，每次进餐时间不超过20 min。在进餐过程中，父母与婴儿应有充分的交流，不以食物作为奖励或惩罚的手段。父母应保持自身良好的饮食习惯，为婴儿做出榜样。

4. 辅食不加调味品，尽量减少糖和盐的摄入

辅食应保持原味，不加盐、糖以及调味品，保持淡口味。淡口味食物有利于提高婴儿对不同天然食物的接受度，减少挑食的风险。淡口味食物也可减少婴儿盐和糖的摄入量，降低儿童期及成人期肥胖、糖尿病、高血压、心血管疾病的风险。

5. 注重饮食卫生和进食安全

在为婴儿准备食物时一定要注意饮食卫生，选择安全、优质、新鲜的食材。在制作过程中始终保持清洁卫生，生熟分开、不吃剩饭菜、饭前洗手。婴儿进食时一定要有成人看护，以防进食意外。整粒的花生、坚果、果冻等食物不适合婴儿食用。

6. 定期监测体格指标，追求健康生长

身长和体重等体格生长指标是反映婴儿营养状况的直观指标。7~24月龄婴儿应每三个月定期监测一次身长、体重等，及时发现婴儿的喂养和营养问题。婴儿生长有其自身规律，适度、平稳生长是最佳的生长模式。

三、3~6岁幼儿的膳食

3~6岁学龄前儿童的膳食指南是在一般人群膳食指南的基础上增加以下内容：规律就餐，自主进食、不挑食，培养良好的饮食习惯；每天饮奶，足量饮水，正

确选择零食；食物应合理烹调，易于消化，少调料、少油炸；参与食物选择与制作，增进对食物的认知与喜爱；经常进行户外活动，保证健康生长。

1. 学龄前儿童膳食接近成人

经过 7 ~ 24 月龄辅食添加期的过渡和转变，学龄前儿童所摄入的食物种类和膳食结构已接近成人。但与成人相比，学龄前儿童对营养素的需要量相对较高，消化系统尚未发育成熟，咀嚼能力也较差。同时，学龄前儿童由于生活自理能力不足、自主性差等，容易出现挑食等不良饮食习惯。因此，可以让他们与成人共同进餐，膳食模式也类同于成人，但仍需在一般人群膳食指南的基础上，基于学龄前儿童的生理和心理特点予以特殊关照。

2. 规律就餐，自主进食不挑食，培养良好的饮食习惯

规律定时就餐，每天三次正餐，至少两次加餐，即一日三餐，上午、下午各一次加餐，必要时睡前也可加餐一次。规律就餐可使学龄前儿童获得全面、足量的食物，并保障良好的消化和吸收。

学龄前期是培养健康饮食习惯的关键时期。学龄前儿童神经心理发育迅速，自我意识增强，富有好奇心、模仿力，容易出现进食不专注、挑食等不良饮食行为。学龄前儿童就餐时应固定就餐座位，鼓励学习使用餐具，定时、定量、专注、自主进餐。鼓励细嚼慢咽，但不拖延，一次就餐不超过 30 min。就餐时不看电视或玩玩具。

挑食是学龄前儿童中常见的现象，需要正确地引导，但不能反复强迫进食。学龄前儿童接受一种新的食物需要 8 ~ 15 次的尝试。

3. 每天饮奶，足量饮水，正确选择零食

奶类富含钙，而充足的钙摄入对增强骨骼强度、促进骨骼健康，预防老年期骨质疏松有重要意义。学龄前儿童仍应每天饮奶 300 ~ 400 mL，或进食相当量的奶制品。建议可将奶类作为加餐。

学龄前儿童新陈代谢旺盛，对水的需要量相对高于成人。学龄前儿童每天总水需要量为 1 300 ~ 1 600 mL，其中一半可由食物供给，如富含水分的奶、水果、蔬菜等，另外 600 ~ 800 mL 水由饮用水供给。白开水和优质矿泉水是最佳的饮用水，尽量避免饮用含糖饮料，新鲜果汁也应控制饮用量。100% 鲜榨果汁每天饮用量不超过 120 mL。

零食是学龄前儿童全天膳食的补充，可以与加餐相结合。建议选择新鲜、天然、易消化的食物，少吃油炸、膨化食品以及各种甜饮料。推荐和限制的零食见表 5–1。

表 5–1 推荐和限制的零食

推荐的零食	限制的零食
新鲜水果、蔬菜	果脯、果汁、果干、水果罐头
乳制品（液态奶、酸奶、奶酪等）	乳饮料、冷冻甜品类食物（冰淇淋、雪糕等）、奶油、含糖饮料（碳酸饮料、果味饮料等）
馒头、面包	膨化食品（薯片、爆米花、虾条等）、油炸食品（油条、麻花、油炸土豆等）、含人造奶油的甜点
鲜肉、鱼制品	咸鱼、香肠、腊肉、鱼肉罐头等
鸡蛋（煮鸡蛋、蒸蛋羹）	
豆制品（豆腐干、豆浆）	烧烤类食品
坚果类（磨碎食用）	高盐坚果、糖浸坚果

注：摘自《中国妇幼人群膳食指南（2016）》，人民卫生出版社。

4. 食物应合理烹调，易于消化，少调料、少油炸

学龄前儿童食物的烹饪宜采用蒸、煮、炖、煨等方式，而不宜采用炸、烤、煎等方式。应保持食物的自然味道，少放盐、糖以及其他调味品，保持清淡口味，这有助于学龄前儿童形成健康的饮食习惯。

5. 参与食物选择与制作，增进对食物的认知与喜爱

学龄前儿童的自主性增强，喜欢自己选择食物，应尊重其选择。通过“食育”，鼓励学龄前儿童体验和认识各种食物的天然味道和质地，了解食物特性，增进对各种食物的喜爱。在保证安全的前提下，鼓励学龄前儿童参与食物的选择和制作。用通俗易懂的语言向学龄前儿童讲解食物的特征及其营养搭配，教会学龄前儿童辨别各种食材，了解哪些是健康食物。注重学龄前儿童基本用餐礼仪的培养，专注进食、细嚼慢咽，每次进餐时间控制在 30 min 内。教育学龄前儿童珍惜食物、不浪费，参与餐前、餐后餐具摆放、收拾等力所能及的劳动。

6. 经常进行户外活动，保证健康生长

鼓励学龄前儿童参加户外游戏与活动，有助于维持其能量平衡，促进骨骼健康，减少近视发生。学龄前儿童每天至少进行 60 min 的体育活动，包括较高强度的运动和户外活动，如骑小自行车、快跑、跳舞、攀爬等。除睡觉外，避免让学龄前儿童有连续超过 1 h 的静止状态。每天看电视、电脑等屏幕的累计时间不超过 2 h。

学龄前儿童生长发育的速度仍较快，建议每半年测量一次身高、体重等体格生长指标，以判断其生长情况以及膳食营养摄入状况。

培训项目 3 婴幼儿健康饮食习惯培养

培训重点

1. 了解婴幼儿如何认知食物和选择食物，熟悉影响婴幼儿食物偏好的因素。
2. 了解顺应喂养原则。
3. 掌握帮助婴幼儿建立良好饮食习惯的具体方法。

从出生时被动接受乳类喂养，逐渐到自主进食多样化食物，婴幼儿的食物和进食模式有极大的改变。在这一过程中，婴幼儿学习接受多样化的食物，并建立规律、自主的膳食模式。婴幼儿期建立的饮食习惯可以延续至儿童青少年期和成人期。健康饮食习惯可以促进健康，减少糖尿病、心血管疾病等的发生。

一、出生早期“学习”认知食物

婴幼儿对食物的认知和接受是从其经历的食物和进食刺激而获得的，是经过“学习”而习得的。

1. 婴儿期是学习接受新食物的敏感期

胎儿通过羊水已经感受到母亲饮食的味道，刚出生的新生儿就有先天的味道偏好。母乳喂养婴儿通过母乳继续感受母亲饮食的味道，配方奶喂养的婴儿也感受到不同配方奶的独特味道。辅食添加期是婴儿学习接受新食物的最重要阶段。婴儿可能会拒绝新的食物，这被称为“恐新”。如果婴儿有足够的机会（8 ~ 15 次），并且在愉快的情况下尝试新的食物，就会很快从拒绝转为接受。

2. 婴儿如何学习接受新的食物

婴儿通过熟悉、观察、联想、分类而学习接受新的食物。增加熟悉度、反复尝试是婴儿学习认知食物的关键，婴儿通过反复接触而接受不同食物的味道。味道对食物的选择有长期影响，2 岁时的味道偏好与 20 岁时仍有关联。反复接触不同的食物可以提升婴儿尝试新食物的意愿，经常看到食物也使婴儿更愿意进行尝试。

婴儿有天然的模仿能力，会试图模仿父母的行为。通过观察父母如何吃，婴儿会尝试新的食物，并学习怎样吃、吃多少。父母的鼓励和赞扬，也可提高婴儿尝试的意愿。随着婴儿认知能力的提高，2 岁时可以像成人一样对食物进行分类。

二、影响婴幼儿食物偏好的因素

婴幼儿期是形成食物偏好的关键期，而食物偏好是选择食物的关键。婴幼儿期建立健康的食物偏好，有助于健康饮食习惯的培养。影响婴幼儿食物偏好的因素包括婴幼儿自身、父母或照护人以及环境。

1. 婴幼儿自身的因素

人类对甜味、咸味和鲜味有先天的偏好，而对酸味和苦味则表现为拒绝，这种先天倾向可能导致婴幼儿拒绝苦味的蔬菜等健康食物。不同基因型也决定着婴幼儿对食物的偏好、对苦味的敏感度等。婴儿通过接触食物而学习并接受食物的味道，越早接触蔬菜，就越容易接受多样化的蔬菜。注重妊娠母亲的饮食质量，出生早期母乳喂养，满 6 月龄时引入多样化的食物，反复尝试，均有助于增加婴儿对健康食物的偏好。

2. 父母或照顾者的喂养习惯

父母在塑造儿童食物偏好方面起着至关重要的作用，特别是在婴幼儿时期。父母或照护人对食物的选择以及如何搭配食物，均会影响婴幼儿的食物偏好。营造一个积极愉快的进餐氛围，能增加婴幼儿对食物的喜爱。父母或照护人的榜样作用也有利于塑造婴幼儿健康的食物偏好。

3. 社区及社会环境

媒体以及婴幼儿所处的社区、社会环境对其食物偏好和选择也会产生影响。限制电视广告、支持母乳喂养、社区健康教育等，良好的社区和社会环境有利于婴幼儿选择健康食物，培养健康的饮食习惯。

三、健康饮食习惯的建立

健康饮食习惯不仅能保证婴幼儿获得充足的营养，而且能促进其心理行为的发育。健康饮食习惯培养应从小做起。

1. 婴幼儿膳食平衡

6月龄内婴儿纯母乳喂养，满6月龄起在继续母乳喂养的基础上添加辅食。以富铁的泥糊状食物作为婴儿第一种辅食，逐渐过渡到半固体、固体食物。同时从少量到多量，从一种到多种，逐渐增加食物的种类和数量。学龄前儿童应进食多样化食物，自主、规律进食，学习并接受健康食物，进而形成健康饮食习惯。建议参考中国营养学会妇幼营养分会制定的“中国7～24月龄婴幼儿平衡膳食宝塔”“中国学龄前儿童平衡膳食宝塔”，安排婴幼儿的每日膳食。

2. 婴幼儿的进食安排

（1）定时、定点、定量进餐

安排基本的进食时间表、固定的进餐时间，确定相对固定的进餐地点和专用座椅，提供多样化、营养丰富的健康食物，并且与婴幼儿的进食能力相适应，有利于培养婴幼儿良好的进食规律。

（2）良好的进餐环境

营造安静温馨、轻松愉快的进餐环境，远离电视和玩具，专心进食。在用餐期间对婴幼儿出现的挑食、偏食行为，应耐心提醒、循循善诱。当婴幼儿拒绝某些食物时，应鼓励其尝试，但不强迫。

（3）鼓励婴幼儿自己吃

让婴幼儿参与进食过程，自己抓食或学习用餐具进食。允许一定程度的狼藉和浪费。注意对婴幼儿饮食卫生和就餐礼仪的培养。

（4）父母或照护人做出榜样

婴幼儿的模仿力强，通过模仿可摄入多样化的食物，慢慢养成健康饮食习惯。与家人、朋友一起愉快进餐，分享品尝美味的快乐和良好情绪，也是培养婴幼儿良好人际交往的途径之一。

四、倡导顺应喂养

顺应喂养是在顺应养育模式框架下发展起来的婴幼儿喂养模式，倡导父母细心观察婴幼儿的需求，解读婴幼儿以动作、表情、声音等发出的各种信号，并作出及时、有针对性、恰当的反应，从而满足婴幼儿的需求。

1. 顺应喂养的原则

以父母为主导，按时为婴幼儿提供合适、安全、健康的食物，婴幼儿应有自己固定的座位和餐具，并与父母面对面进餐。允许婴幼儿在父母准备的食物中挑选喜爱的食物，尝试手抓或使用合适的餐具进餐。鼓励婴幼儿以语言或其他信号发出进食或拒绝的请求。父母对婴幼儿发出的饥饿和饱足信号，以及尝试自己进食的请求要给予正面的回应。婴幼儿在与父母良好的互动中学习尝试新的食物，通过自我服务逐步学会独立进食。

2. 顺应喂养的具体内容

依据顺应喂养原则，可采用以下喂养方法：

（1）面对面喂养，方便父母及时了解婴幼儿的需求，准确理解婴幼儿饱足或饥饿的信号，并作出有针对性的回应。

（2）进食时不看电视、不玩玩具、不逗引等，尽量减少对婴幼儿注意力的干扰。

（3）鼓励婴幼儿自主进食、抓食，或使用餐具进食。

（4）使用固定的小碗、盘子，有助于父母了解婴幼儿的进食量。

（5）让婴幼儿尽早加入家庭用餐中，并安排固定的座位。

（6）耐心鼓励婴幼儿多吃，但不能强迫进食。

培训项目 4 婴幼儿营养状况的评价

培训重点

1. 了解婴幼儿营养状况评价的重要性。
2. 掌握婴幼儿体格测量与评价的方法。
3. 了解婴幼儿膳食调查的常用方法。

婴幼儿生长发育快速，其生长发育对营养状况的变化极为敏感，通过体格测量观测其生长状态、生长速率是评价营养状况的重要内容。对膳食内容及进食方式的评估，也是评价营养状况的重要内容。针对特定营养缺乏性疾病相关性体征的临床检查以及实验室生化和功能检查，也对评价营养状况具有参考价值。

一、体格测量与评价

定期测量体重、身长（高）、头围等体格生长指标，并与世界卫生组织“儿童生长标准”比较，可以评价婴幼儿的营养状况。体重可以反映婴幼儿近期的营养状况。如体重不足，或体重增长缓慢、停滞，则提示营养缺乏，须探究导致营养缺乏的疾病因素或其他因素；如体重过高，或体重增长过快，则应注意是否有超重肥胖及内分泌代谢异常。身长（高）反映婴幼儿长期的营养状况，婴幼儿期的身长（高）较少受到遗传、种族的影响，而主要受营养、环境等因素的影响。

1. 体格测量

体重、身长（高）、头围是最常用的儿童体格生长指标。

（1）体重

婴儿称重用载重 15 kg 的杠杆秤，误差不超过 10 g。幼儿称重可用载重 50 kg 的杠杆秤，误差不超过 50 g。如果有条件可以用电子秤，以增加测量精度。测量前应先检查磅秤的零点。在婴幼儿空腹、排空大小便时测量，裸体，或只穿干净纸尿裤或尿布、内衣，如不能脱去则应扣除衣物质量。婴儿称体重可取卧位或坐位，幼儿称重可取站位。

（2）身长（高）

2 岁以下婴儿可躺着量身长，2 ~ 3 岁婴儿既可以躺着量身长，也可以站着量身高，3 岁及以上幼儿站着量身高。

1）身长测量使用标准量床。婴儿尽量脱去衣服或只穿干净纸尿裤或尿布，去除头发装饰物，仰卧于量床底板中线；助手将婴儿头扶正，头顶接触头板，眼睛正视上方；测量者位于右侧，确保婴儿头部伸直，手臂自然放于身体两侧，躯干伸直，臀部紧贴底板，左手固定婴儿双膝使之伸直，右手移动足板，使之贴紧两足跟部。量床两侧刻度一致时读数，精确到 0.1 cm。

2）身高测量使用有测量板、平台、立柱刻度的身高计，或固定于墙上的立尺或软尺。幼儿穿内衣，取立正姿势站立于平台，头部保持正中位置，平视前方，挺胸收腹，两臂自然下垂，足跟并拢，足尖分开约 60°，后脑勺、两肩胛间、臀部、足跟同时接触立柱，测量者手扶测量板向下滑动，使测量板与头部顶点接触。测量者目光与测量板在同一水平面时读数，精确到 0.1 cm。

（3）头围

使用无伸缩性的软尺测量。去除头发装饰物，让头发自然分散下垂。婴儿可以躺着量，幼儿则取坐位。测量者位于孩子右侧或前方，左手拇指固定软尺零点与孩子头部右侧眉弓上缘处，使软尺紧贴头部皮肤，经右侧耳上、枕骨粗隆及左侧眉弓上缘回至右侧眉弓上缘零点，读取与零点交叉的读数，精确到 0.1 cm。

2. 体格生长评价

（1）临床婴幼儿体格生长评价流程

1）体格生长指标的测量。

2）使用儿童生长标准或儿童生长参照值进行评估。

3）发现生长指标异常的儿童。

4）生长速度与匀称度评估以及临床资料收集。

5）进行初步诊断。

6）做针对性的实验室检查或转诊，以确定原因。

（2）儿童体格生长评价指标

儿童体格生长评价需要正确选择和使用儿童生长标准或生长参照值。目前常用世界卫生组织（WHO）儿童生长标准，以及中国九城市儿童生长参照值。

儿童体格生长评价包括生长水平、生长速度以及匀称度三个方面。

1）生长水平。将某一年龄点所获得的某一项体格测量值与标准值（参照值）比较，得到儿童在同年龄、同性别人群中所处的位置，即为儿童生长的现实水平，如按年龄的身长、按年龄的体重等。

2）生长速度。对体格生长指标进行定期连续测量，获得体格生长指标在某一时间段中的增长值，如每个月的体重增长值、每一年的身高增长值等。

3）匀称度。综合评价儿童体格生长，包括体型匀称度和身材匀称度。体型匀称度常用身长（高）体重、体质指数（BMI）衡量。身材匀称度为坐高 / 身高比值或躯干 / 下肢比值，可帮助判断内分泌及骨骼发育异常疾病。

每个人都有其自身的生长"轨道"，儿童生长标准或儿童生长参照值的均值或第 50 百分位（P50）不是儿童应达到的"目标"。婴幼儿体重、身长（高）等体格生长指标在 P3 ~ P97 或 Z 评分在 –2 ~ +2 均属于正常。对婴幼儿体格生长指标应予以动态观察，尤其是在发现异常时，应追踪婴幼儿生长状况，并结合临床及实验室检查，以获得较准确的结论。

二、膳食调查

膳食是婴幼儿获得营养的基本途径，是各种营养问题的主要影响因素。对婴幼儿膳食状况的调查和分析是营养状况评价中不可缺少的重要内容之一。通过膳食调查，可了解婴幼儿的喂养情况、饮食行为、食物偏好以及通过膳食所摄入的能量和各种营养素的水平，是全面、合理评价婴幼儿营养状况的基础。

1. 膳食调查方法

婴幼儿膳食调查常用的方法有 24 h 膳食回顾法、膳食史法、食物频数法、称重记录法等。

（1）24 h 膳食回顾法

24 h 膳食回顾法多以面对面访谈的方式展开。由家长回顾和描述过去 24 h 内孩子摄入的全部食物（包括饮料）的种类和数量，可连续进行多日，以获得一段时间内孩子每天的平均食物消耗量。一般进行连续 3 个 24 h 的膳食回顾。24 h 膳食回顾法相对简便易行，且不影响孩子饮食，结果比较客观，但其准确性依赖于家长的记忆及调查者的经验。

（2）膳食史法和食物频数法

膳食史法是通过回顾孩子目前或过去某个时期的总体膳食概况，来评估在此阶段的饮食习惯、膳食行为状况和膳食模式。食物频数法是估计孩子在指定的一段时间内摄取某些食物频率的一种方法。两种方法都是基于更为简化的调查程序，而瞄准更概括性的膳食信息。

（3）称重记录法

称重法是一种比较准确的膳食调查方法，运用日常的各种测量工具对食物量进行称重，从而了解孩子当前的食物消耗情况。称重法一般记录 1～7 d，可根据需要而定，大多为 3 d。称重法数据可靠、准确性高，但工作量大，且容易影响孩子的正常饮食。

2. 膳食调查结果的评价

婴幼儿膳食调查结果评价可从两方面进行，一是将孩子食物消费量与相关推荐量进行比较，二是计算出孩子膳食营养素摄入量，然后与相应人群膳食营养素参考摄入量相比较。

将膳食调查获得的孩子消耗的各种食物按照分类规则进行分类，计算孩子平均每天各类食物的摄入量，再将此食物量与推荐的同年龄同性别儿童的每日各类食物适宜摄入量进行比较，评价其膳食合理性。中国营养学会妇幼营养分会 2018 年颁布的“中国 7～24 月龄婴幼儿平衡膳食宝塔”“中国学龄前儿童平衡膳食宝塔”等，可作为评价标准。

将膳食调查获得的孩子消耗各种食物的量，根据食物成分表中各种食物的能量及营养素含量，计算出平均每天能量及营养素的摄入量，再将此摄入量与同年龄同性别儿童的膳食营养素参考摄入量进行比较，评价其膳食营养状况。2013 年中国营养学会颁布的“中国居民膳食营养素参考摄入量”，可作为评价标准。

三、临床及实验室评估

临床体征和症状检查也是婴幼儿营养状况评估的重要手段之一。通过针对各种营养缺乏性疾病的临床体征和症状的检查、观察，可发现婴幼儿有无营养素缺乏。然而，大多数营养缺乏性疾病在出现各种特征性的临床体征和症状时，其营养缺乏已处于严重阶段，早期或亚临床期的营养缺乏很少出现特征性的临床表现。

通过实验方法测定血液、尿液或粪便等标本中各种营养素及其代谢产物或其他有关化学成分，可以了解体内营养素储存、缺乏水平以及营养素的吸收利用情况。对婴幼儿生理功能进行评估也可鉴定营养缺乏性疾病的严重程度。当营养缺乏或过多时，往往先有生理和生化改变。因此，正确选择实验室检查方法，可以尽早发现人体营养储备低下的状况，从而获得早期诊断。

培训项目 5 婴幼儿常见营养问题

培训重点

1. 熟悉引起婴幼儿营养问题的原因。
2. 了解婴幼儿中常见营养问题的诊断及治疗知识。
3. 掌握婴幼儿营养问题的干预措施。
4. 掌握婴幼儿营养问题的预防措施。

一、营养不良

根据世界卫生组织的定义，营养不良（malnutrition）是指个体摄入的能量和/或营养素的缺乏、过量以及不平衡，包括以下三大类：①营养缺乏（undernutrition），即消瘦、生长迟缓及体重不足；②微量营养素相关营养不良，包括微量营养素缺乏（缺乏重要的维生素和矿物元素），或微量营养素过量；③超重、肥胖以及与饮食相关的非传染性疾病（如心血管疾病、中风、糖尿病和部分肿瘤）。

1. 婴幼儿营养不良的流行病学

（1）全球婴幼儿营养不良的流行病学

联合国儿童基金会、世界卫生组织（WHO）、世界银行联合公布，2017年全球5岁以下儿童中，有5 050万儿童消瘦，占7.5%；1.508亿儿童生长迟缓，占22.8%；但同时有3 830万儿童超重，占5.6%。碘缺乏病、维生素A缺乏和缺铁性贫血仍然是WHO认定的在发展中国家中最常见的微量营养素缺乏性疾病。

贫困、饥荒、战争是引起全球营养不良的主要原因。在发展中国家，营养不良儿童特别容易受到各种急慢性感染和（或）腹泻的威胁，并造成死亡。长期以来，儿童营养不良主要发生在发展中国家，但在发达国家中，急性和慢性疾病也可导致儿童营养不良。与此同时，儿童超重不仅发生在中高收入国家，在中低收入国家的发生率也在不断上升。

除了能量、蛋白质摄入不足而造成的营养不良以外，微量营养素缺乏也明显影响儿童的生长发育和健康，被称为“隐形”饥饿。据WHO估计，在全球范围内，仍有54个国家属于碘缺乏国家；2.5亿学龄前儿童维生素A缺乏；43%的5岁以下儿童贫血，其中近一半是由铁缺乏引起的缺铁性贫血。

（2）我国婴幼儿营养不良的流行病学

我国儿童的整体营养状况达到或接近发达国家的水平。根据2012年中华人民共和国原卫生部发布《中国0～6岁儿童营养发展报告》，我国2010年5岁以下儿童中消瘦率2.3%，生长迟缓率9.9%，提前达到联合国千年发展目标。但需要引起重视的是，在我国贫困地区儿童生长迟缓率仍较高，同时，患有各种急慢性疾病儿童的营养不良发生率仍较高。

由于我国普遍推行碘盐，使碘缺乏病显著减少。我国5岁以下儿童贫血患病率为12.6%，在全球范围内属于中低水平，维生素A缺乏发生率也属于中低水平。但由于我国经济发展不平衡，在欠发达地区仍需要积极防治儿童缺铁性贫血、维生素A缺乏等。

我国儿童的超重、肥胖发生率也持续上升。根据2017年由北京大学公共卫生学院和联合国儿童基金会联合发布的《中国儿童肥胖报告》，1985—2005年，我国主要大城市0～7岁儿童肥胖检出率由0.9%增长至3.2%，肥胖人数也由141万人增至404万人；估测当前0～7岁的肥胖儿童数约476万人，肥胖率约为4.3%。

2. 婴幼儿营养缺乏

婴幼儿可因能量和（或）营养素缺乏而导致消瘦、生长迟缓和体重低下。由于婴幼儿处在不断生长发育的过程中，强调观察动态变化，其中体重增长缓慢、停滞常最先出现。

（1）分类

营养缺乏有以下3种情况：

1）消瘦。消瘦即按身长（高）体重低下，指儿童按身长（高）体重低于同性别、同身长（高）儿童2个标准差（2 SD）或Z评分 –2。

2）生长迟缓。生长迟缓即按年龄身长（高）低下，指儿童按年龄身长（高）

低于同性别、同年龄儿童两个标准差（2 SD）或 *Z* 评分 –2。

3）体重低下。体重低下即按年龄体重低下，指儿童按年龄的体重低于同性别、同年龄儿童两个标准差（2 SD）或 *Z* 评分 –2。

（2）原因

造成婴幼儿营养缺乏的主要原因是能量以及蛋白质、营养素摄入不足，部分为营养吸收不良或能量需求增加，或者是各种原因兼而有之，如喂养方法不当、各种急慢性疾病、贫困等。

（3）评估

定期测量婴幼儿体重、身长（高）、头围等体格生长指标，可早期发现营养缺乏。体重可反映婴幼儿近期的营养状况，身长（高）则反映婴幼儿较长期的营养状况。当发现婴幼儿体重不足，或增长缓慢、停滞甚至下降时，提示已有能量或营养素摄入不足，须探究导致营养缺乏的疾病因素或其他因素。膳食是各种营养问题的起源，对膳食内容及进食方式进行评价，可了解婴幼儿喂养和（或）进食情况、饮食行为、食物偏好，以及通过膳食所摄入的能量和各种营养素的水平。通过针对各种营养缺乏性疾病的体征和症状的检查，可发现儿童有无营养缺乏性疾病。在此基础上选择合适的实验室检查方法，可以尽早发现婴幼儿体内营养储备低下的状况，从而获得早期诊断。

（4）干预

对于地区群体性婴幼儿营养缺乏的干预只有通过营养教育和宣传，在地区经济发展的基础上才能得到真正的改善。积极治疗原发疾病是营养干预的基础。急性严重营养缺乏，即传统的蛋白质—能量营养不良，可危及生命，需要按危重症处理。慢性及轻中度营养缺乏可通过改善膳食以及营养补充剂等，增加能量和蛋白质等营养素的摄入而纠正。

具体的干预措施包括：鼓励母乳喂养，满 6 月龄起合理添加辅食，培养健康饮食习惯。同时，合理使用母乳强化剂、高能量婴儿配方粉、营养补充剂等。还应注重培养婴幼儿健康饮食习惯，以保证长期的营养摄入。对营养缺乏的婴幼儿需要定期随访并监测体格生长指标。如经积极营养干预后体重仍增长缓慢，应注意可能存在的疾病。营养缺乏婴幼儿可能在短期内恢复，但也可能需要长期干预才能恢复。

（5）预防

进行定期常规保健检查，监测婴幼儿体重、身长（高）等体格生长指标，有助于早期发现营养缺乏。教育父母，合理喂养和营养、合理安排生活、积极预防各种疾病、矫正先天畸形等是预防婴幼儿营养缺乏的重要手段。

3. 婴幼儿超重和肥胖

超重和肥胖是指由于长期能量摄入超过能量消耗，导致体内脂肪蓄积，继而引发胰岛素抵抗和全身慢性炎症反应等改变，对身体各系统器官运转和身心健康带来威胁。

（1）原因

儿童超重和肥胖及相关慢性病是遗传、环境和饮食行为等因素共同作用的结果。

1）遗传因素。肥胖是一种复杂的多基因疾病。研究发现，父母双方都超重肥胖、仅父亲超重肥胖、仅母亲超重肥胖的儿童发生超重肥胖的风险分别是父母双方都是正常体重儿童的 4.0 倍、3.1 倍和 2.7 倍。

2）环境因素。膳食结构改变，高脂、高糖食品摄入过多，身体活动减少，看电子产品时间增加，饮食行为不健康等致肥胖环境因素，对超重和肥胖的流行起着推波助澜的作用。婴儿期的超重和肥胖可以延续至儿童青少年期，直至成年期。

3）社会经济、文化因素。不同国家、不同经济发展水平和发展阶段对儿童肥胖发生的影响不一样。在发达国家，低收入家庭中儿童肥胖发生率高。在我国上海、北京等一线城市中也有同样的趋势，但在大部分地区还是以高收入家庭的儿童肥胖率更高。此外，电视广告、传统文化因素等也有不小的影响。

4）其他。调节食欲和饱足感的神经内分泌系统发生异常时，可导致摄食异常。此外，精神创伤、心理异常，甚至是某些药物等也是引起肥胖的原因之一。

（2）评估

判断婴幼儿超重和肥胖常用的体格指标有身高体重法和体质指数法（BMI）。生长曲线、腰围—臀围比值、皮褶厚度及体脂含量百分比等也用于儿童超重和肥胖的评估。

1）身高体重法。常用于 2 岁以下婴儿超重和肥胖的判断，即体重超过同性别、同身长体重标准的百分数。计算方法为：（实测体重 – 标准体重）/ 标准体重 ×100%。10% ~ 19% 为超重，20% ~ 39% 为轻度肥胖，40% ~ 49% 中度肥胖，> 50% 为重度肥胖。

2）体质指数法（BMI）。多用于 2 岁及以上儿童超重和肥胖的判断。世界卫生组织推荐以 BMI 诊断超重和肥胖，按年龄 BMI ≥ P97th 为肥胖，BMI 在 P85th ~ P97th 为超重。

（3）干预

婴幼儿期超重、肥胖的干预和预防应从合理喂养和营养着手，加强对父母的健康教育，使父母对孩子的生长有合理的预期，使其保持适度生长。

1）合理喂养。出生早期纯母乳喂养能有效降低婴幼儿发生超重和肥胖的风险。婴儿满 6 月龄起合理添加辅食，过早添加辅食也是造成婴幼儿超重和肥胖的重要风险因素之一。学龄前儿童应培养规律进食。不挑食、不偏食的健康饮食习惯。

2）定期监测生长指标。定期监测婴幼儿体格生长指标，有助于早期发现超重和肥胖。绘制生长曲线可以更直观、更早地发现婴幼儿体重增长过快。学龄前超重和肥胖儿童应尽量维持体重不增长，或体重增长不快于身高增长。

3）运动干预。适当的运动干预有助于减少婴幼儿超重和肥胖风险。学龄前儿童每天应进行至少 60 min 的体育活动，最好是户外游戏或运动。建议结合日常生活多做体力锻炼，如公园玩耍、散步、爬楼梯、收拾玩具等；适量做较高强度的运动和户外活动，如快跑、骑小自行车、伸展、攀爬、跳舞、球类运动等；减少看电视及玩手机、电脑、电子游戏的静态活动时间，每天不超过 2 h，避免儿童静止状态超过 1 h。

4. 维生素 A 缺乏

维生素 A 缺乏包括临床型维生素 A 缺乏、亚临床型维生素 A 缺乏及可疑亚临床维生素 A 缺乏。维生素 A 缺乏是全球范围内最普遍存在的公共健康问题。

（1）原因

维生素 A 摄入不足是造成婴幼儿维生素 A 缺乏最主要的原因。母乳中维生素 A 可大致满足 6 月龄内纯母乳婴儿的需求，辅食添加期婴儿需从蛋类、肝脏中获得足够的维生素 A，以植物性食物为主可能造成膳食维生素 A 摄入不足，同时，膳食中脂肪不足也会影响维生素 A 的吸收。早产儿、低出生体重儿因宫内维生素 A 储存不足，生长速度快需要量大，而易出现维生素 A 缺乏。婴幼儿患各种疾病时，维生素 A 吸收不良、消耗增加，也易出现维生素 A 缺乏。

（2）表现

亚临床型维生素 A 缺乏及可疑亚临床维生素 A 缺乏无特异性临床表现，临床型维生素 A 缺乏则可累及视网膜、上皮组织，免疫系统、骨骼系统等。

1）眼部症状。维生素 A 缺乏时最先出现眼部症状，可导致暗适应障碍，甚至夜盲。因泪腺管堵塞、泪液分泌减少，出现眼干燥症、毕脱斑，是维生素A缺乏的特征性表现。眼干燥症进一步发展，可致角膜干燥、溃疡、穿孔，最终导致失明。

2）皮肤症状。维生素A缺乏时皮肤干燥、脱屑、粗糙，毛囊出现角化性丘疹，皮脂腺萎缩，皮脂分泌减少，皮肤干燥并有皱纹。

3）免疫功能降低。亚临床型维生素A缺乏及可疑亚临床维生素A缺乏即可影响婴幼儿的免疫功能，增加感染风险，而反复感染又可造成维生素A缺乏，由此形成恶性循环。

4）维生素A严重缺乏时还可影响骨骼系统，导致骨组织停止生长、骨膜骨质过度增生，以及牙釉质发育不良等。

（3）评估

临床型维生素A缺乏的判断主要依据临床表现，特别是眼部和皮肤症状。亚临床型维生素A缺乏及可疑亚临床维生素A缺乏因无典型临床表现而不易被察觉，需要依据膳食维生素A摄入情况，结合血视黄醇检测等发现。

（4）干预

按维生素A缺乏程度给予适当剂量的补充。积极寻找导致维生素A缺乏的原发疾病并给予干预。增加富含维生素A食物的摄入，如动物肝脏、蛋类、奶类等食物是婴幼儿维生素A的重要来源。婴儿配方食品，如婴儿配方奶、婴儿营养米粉等已强化维生素A也是婴幼儿维生素A的重要来源。深绿色蔬菜、橙色水果富含维生素A原类胡萝卜素，能在人体内转化为视黄醇，可作为婴幼儿维生素A的补充来源。

（5）预防

6月龄内婴儿可从母乳中获得足量的维生素A，配方奶已强化维生素A，也可满足婴儿的需求。蛋黄、肝脏、强化维生素A的婴儿营养米粉可为辅食添加期的婴儿提供较多的维生素A。预防和减少各种感染性疾病，及时治疗原发疾病，有助于减少婴幼儿维生素A缺乏。世界卫生组织不推荐6月龄内婴儿普遍补充维生素A，但强烈建议在维生素A缺乏已构成公共卫生问题的地区，将为6～59月龄婴幼儿补充维生素A作为公共卫生干预措施，以降低儿童发病率和死亡率。需要注意的是，维生素A的安全摄入范围较小，大量摄入可引起过量。随着我国经济发展、婴幼儿配方食品生产和消费的增加，各种维生素A强化食品及维生素A补充制剂应用逐渐普及，应关注维生素A过量摄入。

5. 维生素D缺乏及维生素D缺乏性佝偻病

维生素D缺乏是指人体内维生素D不足。维生素D缺乏性佝偻病是指由维生素D严重缺乏而导致的人体内钙、磷代谢异常，骨骼矿化不全，进而造成以骨骼病变为特征的全身慢性营养性疾病。维生素D缺乏性佝偻病的高发期是3～18月龄。

（1）原因

婴幼儿维生素D缺乏可由多种因素造成。母亲孕期维生素D不足，致婴儿出生时维生素D水平低下。早产儿、低出生体重儿、双胞胎等，出生时维生素D储存不足。出生后生长速度快，对维生素D需要量增加。长期慢性腹泻伴脂肪吸收不良，维生素D吸收差。长期使用抗惊厥药物，维生素D分解加速。此外，基因多态性也与人体维生素D代谢有关。

（2）表现

维生素D缺乏无特异性的表现。血清25-（OH）D水平是反映人体维生素D营养状况的指标。维生素D缺乏性佝偻病在临床上可分为初期、激期、恢复期、后遗症期。

1）初期。多见于3月龄内小婴儿，主要表现为易激惹、烦躁、多汗、摇头、枕秃等。血清25-（OH）D水平已明显下降，甲状旁腺素正常，血钙正常，血磷正常或偏低，碱性磷酸酶正常或稍高。骨骼钙化无明显异常，腕骨X光片正常。

2）激期。随着疾病进展，骨钙化不良而出现骨骼改变。6月龄内婴儿骨骼改变以颅骨改变为主，如前囟大，颅骨薄，按压枕骨或顶骨中心有按压乒乓球样的感觉，称为"乒乓头"。6月龄时可表现为骨样组织堆积所致的额骨和顶骨双侧的对称性隆起，称为"方颅"。6～12月龄的特征性表现为"佝偻病串珠"，即沿着肋骨方向于肋骨与肋软骨交界处可扪及圆形隆起，从上至下如串珠样。也有表现为肋膈沟或郝氏沟状，因膈肌附着处的肋骨受膈肌牵拉而内陷，在胸廓的下缘形成一水平凹陷。如肋骨骺部内陷，形成胸骨下1/3向前突出畸形，称为"鸡胸"，手腕、足踝出现钝圆形环状隆起，称为"手镯""脚镯"，是佝偻病的特征性体征。1岁以上婴儿开始站立行走、下肢负重，出现股骨、胫骨、腓骨弯曲，形成严重的膝内翻（O形）或膝外翻（X形），甚至K形样下肢畸形。其他骨骼改变还有脊柱后突或侧弯、扁平骨盆等。此时血钙稍低，血磷明显下降，钙磷乘积＜30，碱性磷酸酶明显升高，甲状旁腺素升高，血清25-（OH）D下降。腕骨X光片可见干骺端增宽、毛絮样改变、骨皮质呈疏松状、骨小梁稀疏等。严重维生素D缺乏性佝偻病婴幼儿全身肌肉松弛，肌张力降低、肌力减弱，表现为大运动发育迟缓、表情淡漠等。

3）恢复期。经过治疗后，临床症状体征逐渐减轻或消失，血钙、血磷恢复正常，碱性磷酸酶在 1～2 个月后也逐渐恢复正常。腕骨 X 光片逐渐恢复正常，但已经形成的骨骼畸形会继续留存。

4）后遗症期。无任何临床症状，血液生化无异常，X 光片无异常。由维生素D缺乏性佝偻病引起的轻微骨骼畸形会随着生长而逐渐矫正，但较严重的骨骼畸形会长期残留，部分需要手术治疗。

（3）评估

目前还没有足够的数据确定婴幼儿、儿童、青少年血清 25-（OH）D 的最佳水平，但一般认为应该保持血清 25-（OH）D ≥ 20 ng/mL。当血清 25-（OH）D <15 ng/mL 时，可能出现佝偻病症状。确定维生素 D 缺乏性佝偻病的依据：维生素 D 缺乏高危因素，临床表现，血液生化检测，血清 25-（OH）D、血钙、血磷、碱性磷酸酶，以及腕骨 X 光片等。

（4）干预

维生素 D 缺乏性佝偻病可采用快速大剂量补充维生素 D 干预。首选口服维生素 D，如果有脂肪吸收不良，则采用大剂量维生素皮下或肌肉注射。

（5）预防

由于维生素 D 缺乏对婴幼儿健康的危害，以及通过阳光照射获得维生素 D 的不确定性，国内外权威机构均建议，从婴儿出生几天起，每天补充维生素 D 400 IU，以预防维生素 D 缺乏。有维生素 D 缺乏高危因素的婴幼儿，如早产儿、生长快速、长期腹泻婴幼儿等，应根据情况增加维生素 D 的补充剂量。

6. 铁缺乏及缺铁性贫血

铁缺乏是指体内总铁含量降低的状态，包括铁减少期、红细胞生成缺铁期、缺铁性贫血三个发展阶段。缺铁性贫血是铁缺乏的严重阶段。

（1）原因

长期膳食铁摄入不足，存在干扰铁吸收的因素，机体对铁的需要量增加，铁异常丢失增加等，都可能造成体内铁缺乏，进而影响血红蛋白的合成，导致缺铁性贫血。铁摄入不足是婴幼儿发生铁缺乏或缺铁性贫血的主要原因。母乳铁含量低，虽然吸收率可以达到 50%，但母乳所提供的铁很少。出生 4～6 个月内婴儿主要依靠胎儿期的储存铁维持平衡。6 月龄后婴儿必须从母乳以外的其他食物中获得足够的铁。植物性食物中的铁为非血红素铁，其吸收率明显低于来自动物性食物的血红素铁，而且相比血红素铁，非血红素铁的生物利用率受多种膳食因素的影响，如钙、植酸、酚类、大豆蛋白等均抑制非血红素铁的吸收。因此，婴幼儿膳食中没有足够的动物性食物时容易出现铁缺乏和缺铁性贫血。婴幼儿生长越快，铁的需要也越大。早产儿、低出生体重儿，由于胎儿期储存铁较少，生长发育又快，更易于发生铁缺乏和缺铁性贫血。婴幼儿期慢性腹泻、牛奶蛋白过敏等可致肠道出血，导致铁的异常丢失而引起缺铁和缺铁性贫血。

（2）表现

铁缺乏及轻度缺铁性贫血可无任何特异的表现，中、重度缺铁性贫血则有一系列贫血的表现，且与铁缺乏的程度和铁缺乏发生的速度有关。在轻至中度缺铁性贫血时，婴幼儿可能有烦躁、喜食冰块、异食癖等神经系统异常表现，严重贫血时，烦躁和厌食的表现更为突出。铁缺乏影响婴幼儿的注意力、警觉性以及学习能力。铁缺乏婴幼儿还易出现屏气发作。铁缺乏或缺铁性贫血的婴幼儿更容易发生铅中毒。铁缺乏婴幼儿的免疫功能下降，易发生感染，且迁延不愈，反复发生。长期重度缺铁性贫血婴幼儿的肝、脾、淋巴结增大，可出现心率增快、气急等。重度缺铁性贫血婴幼儿常伴有其他营养素缺乏。

（3）评估

铁缺乏及缺铁性贫血的主要依据，是存在铁缺乏的高危因素、各项实验室指标以及对铁剂治疗的反应等。血常规血红蛋白是目前最常用的筛查铁缺乏和缺铁性贫血的实验室指标，但缺乏特异性和敏感性。需要强调的是，贫血不等于缺铁性贫血。世界卫生组织建议，6月龄到5岁儿童的贫血判断标准为血红蛋白<110 g/L。贫血婴幼儿在补充铁剂后血红蛋白水平迅速上升，补充4周血红蛋白上升10 g/L为干预有效，可确定为缺铁性贫血。如果铁剂补充无效，应结合铁营养状况的指标等，进一步与其他原因引起的贫血相鉴别。

（4）干预

主要针对缺铁性贫血婴幼儿。补充铁剂，去除铁缺乏的高危因素，并增加铁的摄入和吸收。铁剂补充尽量选择口服铁剂。餐后服用铁剂可减少胃肠道反应。大多数婴幼儿能耐受铁剂补充的胃肠道不良反应，但当有严重不良反应时，可更换不同剂型的铁剂，或将剂量减半。如有严重消化道疾病明显影响铁吸收，以及口服铁剂胃肠道反应严重时，可考虑肌肉注射铁剂。同时，治疗各种引起铁缺乏的原发疾病，改善饮食并提高膳食中铁的生物利用率。

（5）预防

由于铁缺乏和缺铁性贫血所造成的损害不能通过补充铁剂而完全逆转，因而须重视铁缺乏和缺铁性贫血的预防。改善饮食、增加铁摄入并提高铁的生物利用率，是最主要的预防措施。虽然母乳中的铁含量低，但母乳喂养可显著减少婴儿感染、过敏的风险，减少铁的丢失。婴儿满6月龄起应添加富铁的辅食。肝脏、动物血、牛肉、瘦肉等含铁丰富，且血红素铁含量高，是膳食铁的最佳来源。鱼类、蛋类含铁总量及血红素铁均明显低于肉类，但仍优于植物性食物。新鲜绿叶蔬菜含铁量较高，且富含促进铁吸收的维生素C，可作为膳食铁的补充来源。强化铁的食品也可提供部分非血红素铁。此外，定期筛查血红蛋白可尽早发现贫血。积极预防各种疾病，减少因感染、过敏、寄生虫等疾病引起的铁缺乏和缺铁性贫血。

7. 锌缺乏

锌缺乏包括营养性不足，即膳食摄入不足或丢失过多，以及遗传性异常。

（1）原因

锌缺乏主要由膳食不合理、锌摄入不足造成。腹泻可使锌丢失过多，婴幼儿生长迅速对锌需要量增加等也可造成锌缺乏。母乳中初乳锌含量高，但随哺乳期延长，母乳锌含量持续下降，至婴儿6月龄时母乳锌含量最低，已难以满足婴儿需求。如未及时添加富含锌的食物，7～24月龄婴儿很容易出现锌缺乏。早产儿、低出生体重儿储存锌不足，同时出生后生长快对锌的需要量高，也容易出现锌缺乏。经常腹泻、反复感染的婴幼儿，由于锌丢失增加也容易出现锌缺乏。此外，肠病性肢端皮炎、暂时性新生儿锌缺乏是罕见的遗传性疾病，会造成严重的锌缺乏。

（2）表现

锌缺乏可表现为生长迟缓、腹泻、反复呼吸道或胃肠道感染、食欲低下、味觉异常、脱发等，但这些症状都没有特异性。由遗传因素造成的严重锌缺乏表现严重，可能致命。

（3）评估

评估锌缺乏的主要依据是具有锌缺乏风险因素及疑似症状，经试验性锌剂补充有效。当高度怀疑婴幼儿锌缺乏时，如反复呼吸道或消化道感染、食欲低下、身长（高）增长慢、湿疹样皮疹等，可尝试短期补充锌，如症状在1～2周内明显改善，则证实锌缺乏。血清锌是目前唯一比较可靠且被广泛应用的判断人体锌营养状况的实验室指标，但缺乏敏感性、准确性，容易受到感染、进食等病理和生理因素的影响。

（4）干预

补充锌剂，饭后口服锌补充剂可减少胃肠道反应。治疗各种引起锌缺乏的原发疾病。改善饮食，增加锌的摄入。牛肉、瘦肉、肝脏等富含锌，是婴幼儿锌的最佳来源。

（5）预防

提倡母乳喂养，合理添加辅食有助于预防婴幼儿锌缺乏。初乳富含锌，肝脏、瘦肉等富铁食物也富含锌。另外，2004年世界卫生组织推荐，儿童腹泻时应在使用口服补液治疗的同时给予锌剂补充，可减轻儿童腹泻症状，缩短腹泻病程，减少再次腹泻。支气管炎、肺炎等下呼吸道感染患儿补充锌剂也能减轻症状和缩短病程。

8. 碘缺乏和碘缺乏病

碘是合成甲状腺素必不可少的微量元素，当人体缺碘时，甲状腺素合成不足，从而导致一系列障碍，如儿童生长迟缓、智能发育迟缓、甲状腺肿大等，统称为碘缺乏病。

（1）原因

生活在碘缺乏环境中是造成碘缺乏和碘缺乏病的最根本原因，其他如致甲状腺肿的物质、营养因素、环境污染等可加剧碘缺乏和碘缺乏病。在某些特定的地理环境中，由于土壤或水源中的碘不足，致使所种植植物的含碘量也极低，进而当地动物摄入的碘也不足，而以当地水、植物、动物为食物的人群的碘摄入也随之减少，造成碘缺乏和碘缺乏病。

（2）表现

碘缺乏对人体造成的损伤取决于其缺乏的程度、持续时间、机体所处的发育阶段以及机体对碘缺乏的反应性。轻度碘缺乏时，甲状腺在促甲状腺素作用下过度肥大，引起黏液性甲状腺肿，此时甲状腺功能仍然正常。严重碘缺乏可引起一系列碘缺乏病。新生儿期可引起新生儿甲状腺功能减退、新生儿甲状腺肿，儿童期可引起甲状腺肿、亚临床型克汀病以及智力发育障碍、体格发育障碍等。

（3）评估

评估碘缺乏及碘缺乏病的依据为碘缺乏病史、临床表现，以及尿碘、甲状腺功能等检查。对居住在碘缺乏区，有弥漫性甲状腺肿大或甲状腺结节等表现的婴幼儿应高度怀疑碘缺乏。尿碘是目前最常用的反映人体碘缺乏的实验室指标。甲状腺功能检测，包括血清总三碘甲腺原氨酸（T3）、四碘甲腺原氨酸（T4）、游离T3（FT3）、游离T4（FT4）、促甲状腺素（TSH），其中T4或FT4下降、TSH升高是碘缺乏的指征。此外，地方性克汀病患儿常伴有骨龄延迟，可经腕骨X光片确认。B超检查有助于确定甲状腺结节。

（4）干预

补充甲状腺素和碘剂，同时去除造成碘缺乏的高危因素，增加膳食碘的摄入和吸收。确认碘缺乏的婴幼儿应给予甲状腺素和碘化物，以尽快恢复甲状腺功能，随后继续补充碘化物。巨大甲状腺肿或伴有压迫症状者可采用手术治疗。克汀病患儿用甲状腺素和碘剂治疗可纠正其甲状腺功能低下，但无法逆转其智力落后。

（5）预防

全民食盐加碘是最有效的预防碘缺乏的措施。我国自1995年实施全民食盐加碘，至2000年宣布已基本实现消除碘缺乏病的阶段目标。此外，海带、紫菜、鲜带鱼、海参、海蜇等海产品的碘含量极其丰富，如每月吃1～2次海带即可满足人体对碘的需要。蛋类、瘦肉、奶制品的含碘量也相对较高。

二、营养相关性疾病

1. 食物过敏

食物过敏是指由食物蛋白引起的异常或过强的免疫反应，可由IgE（免疫球蛋白E）或非IgE介导或两者混合。症状可累及皮肤、呼吸、消化、心血管等系统，甚至可发生严重的不良反应而危及生命。近30年来食物过敏的患病率呈上升趋势，全球食物过敏患病率为1%～10%。2010年我国重庆、珠海及杭州的流行病学调查显示，0～2岁儿童食物过敏检出率为5.6%～7.3%，首位食物过敏原为鸡蛋，其次为牛奶。同时，我国食物过敏的患病率也呈上升趋势，重庆地区报告儿童食物过敏患病率从1999年到2009年上升了1.2倍。

目前发现超过170种食物可引起过敏反应。婴幼儿时期90%的食物过敏与牛奶、鸡蛋、大豆、小麦、花生、鱼、甲壳类动物、坚果类（腰果、胡桃、榛果）8种食物有关。

（1）表现

食物过敏的症状表现多样且不具有特异性，常包括皮肤、消化道、呼吸道以及全身症状。

1）皮肤症状。有 50%～60% 的食物过敏患儿出现皮肤症状。通常在摄入食物蛋白后几分钟至 2 h 内发生，表现为瘙痒、潮红、泛发性荨麻疹、口周或眼周的血管性水肿或红斑，严重时伴有呕吐、腹泻、腹绞痛、呼吸困难、喘息、低血压，甚至过敏性休克的全身反应。此外，特应性皮炎也是儿童食物过敏的常见表现，常见于鸡蛋、牛奶蛋白过敏者。

2）消化系统症状。包括拒食、呕吐、腹痛、慢性腹泻、便秘、肛周皮疹、胃肠道出血、缺铁性贫血、低蛋白血症、生长发育迟缓等。

3）呼吸系统症状。包括鼻痒、流涕、中耳炎、慢性咳嗽和喘息等，严重者可出现急性喉水肿或气道阻塞。

4）严重过敏反应。症状累及两个以上系统，尤其是累及心血管系统，进展迅速，出现血压下降及心律失常等表现者，称为严重过敏反应，重者可出现过敏性休克或死亡。

（2）评估

评估食物过敏的主要依据是病史、过敏原检测以及口服激发试验。

1）病史是确认食物过敏的重要依据，包括症状表现、病程长短、有无反复发作、症状出现与食物的相关性等，记录症状日记有助于寻找过敏原。

2）过敏原检测，即皮肤点刺试验和血清特异性 IgE 检测，两者均具有较高的敏感性、较低的特异性，其阳性结果仅代表机体存在致敏状态，而不表示会发生临床过敏症状，并且都不能预测过敏反应的类型和严重程度。

3）口服食物激发试验是诊断食物过敏的金标准。做口服食物激发试验时先要进行食物回避，即去除可疑的致敏食物，一般需要回避 2～6 周。随后在医疗监测下，逐渐增加可疑食物的剂量并观察症状，当食物诱发出症状时即可明确诊断食物过敏。口服食物激发试验可能诱发严重的不良反应，激发过程中应准备急救设备。对于可能发生急性严重过敏反应者不建议进行激发试验。

（3）干预

食物过敏干预原则：回避致敏食物以避免症状发生；使用药物缓解已出现的过敏症状，发生严重过敏反应时须积极救治；向食物过敏婴幼儿及其家长宣教，鼓励坚持治疗并定期监测。

1）回避过敏食物。回避过敏食物是目前治疗食物过敏唯一有效的方法，所有引起症状的食物均应从饮食中完全排除。牛奶蛋白过敏是婴幼儿期最常见的食物过敏。配方奶喂养的牛奶蛋白过敏儿童，可采用氨基酸配方或深度水解配方喂养。氨基酸配方不含牛奶蛋白，适用于严重牛奶蛋白过敏婴儿；深度水解蛋白配方适用于轻、中度牛奶蛋白过敏婴儿。少数婴儿对母乳过敏，可先由母亲回避牛奶、鸡蛋、大豆、海产品等易过敏食物后继续母乳喂养。但当母亲饮食回避后婴儿症状仍无改善且表现严重，伴有生长迟缓或营养缺乏，或者母亲因回避多种食物而影响自身健康、存在较大心理负担时，可考虑氨基酸配方或深度水解蛋白配方喂养。单一鸡蛋、大豆、花生、坚果及海产品过敏婴幼儿回避过敏食物一般不会影响其营养状况，但多种食物过敏的婴幼儿，应密切观察其营养状况。食物过敏婴幼儿在饮食回避过程中应持续监测营养状况，包括连续测量体格生长指标，以早期发现生长不良；评估膳食状况和进食行为，制定最佳饮食方案，及时调整膳食结构和补充微量营养素。

2）对症治疗。在回避过敏食物的同时，可对症治疗。治疗以控制症状为主，短期使用。严重过敏反应可危及生命，需要紧急处理。

3）加强宣教和定期监测。教育食物过敏的婴幼儿家长如何阅读食物成分表，避免不必要的意外摄入。进入托幼机构及学校后，需要与托幼机构和学校共同努力，避免过敏婴幼儿接触过敏食物。食物过敏儿童，尤其曾发生过严重全身过敏反应者，应随身携带包含过敏食物、处理方法及联系人等信息的救助卡片，以便于及时处理。

过敏可能会随年龄增长而自愈，故应定期进行监测，一般每 3～6 个月重新评估一次以调整回避饮食方案及时间。但对于有过敏性休克史或严重症状者，饮食回避时间应适当延长。

（4）预防

出生早期纯母乳喂养，以及延长母乳喂养时间可能是目前唯一有效的预防过敏的措施。对于不能纯母乳喂养的过敏性疾病高危儿，部分深度水解婴儿配方可能有一定的预防作用。目前研究证实，推迟添加易过敏食物并不能减少食物过敏，故建议满 6 月龄起添加辅食，不盲目回避易过敏食物，而且一旦易致敏食物引入后，保持常规摄入对于维持其耐受性很重要。

（5）其他

过敏儿童只要不对疫苗或其成分过敏，均可按计划常规进行疫苗接种。可选择在过敏缓解期或恢复期接种。儿童过敏与疫苗成分有关，接种疫苗需谨慎。如鸡蛋过敏儿童可以接种麻疹、风疹和部分狂犬病疫苗，亦可接种流感疫苗，但在接种后应观察至少 60 min。

2. 饮食行为问题

儿童饮食行为问题是指因持续性进食或与进食相关行为的干扰，导致进食量以及消化吸收改变，从而显著影响身体健康和社会心理功能。儿童饮食行为问题是生长发育过程中的常见问题，多见于 2 ~ 6 岁儿童。

（1）分类

目前临床将儿童饮食行为问题分为四大类，包括食欲缺乏、挑食、恐惧进食以及喂养互动不良。

1）食欲缺乏。最多见的是被家长误认的食欲缺乏。这些家长即使在儿童体格生长正常的情况下，仍然对其进食产生过度焦虑，采取不恰当的喂养方法，强迫儿童进食，导致儿童进食行为异常。部分儿童表现为过分活跃、注意力分散、进餐时难以安坐、进食量少，显得消瘦。也有部分儿童性格孤僻、对周围环境不感兴趣、精神不振、食欲缺乏。很多疾病也可引起食欲缺乏。

2）挑食。很多儿童都有轻度挑食的表现，但不会完全回避某一种类、质地或稠度的食物。而当儿童完全回避某一种类、质地或稠度的食物，食谱范围狭窄导致营养摄入不均衡时属于严重挑食。严重挑食儿童对声音、光线、皮肤接触等易产生过度反应，并有明显的生长不良。由各种疾病而导致发育迟缓的儿童也可表现为易干呕、难以接受各种质地的食物等。

3）恐惧进食。少数 4 月龄内健康婴儿有过度哭吵表现，如家长频繁喂奶安抚婴儿，可使婴儿哭吵加重，形成恶性循环。部分婴儿可能因进食后疼痛，或有其他被强迫进食的痛苦经历后，在进餐时哭吵、弓背或拒绝进食，甚至看到食物、奶瓶或餐椅时即发生剧烈哭吵。年长儿童会因曾发生呛咳、呕吐、插管或强迫进食而恐惧进食。此外，恐惧进食也与疾病因素有关。

4）喂养互动不良。父母的喂养方式可分为应答型、控制型、溺爱型和忽视型 4 种。应答型父母指导而不是控制儿童进食，同时设定进食规则、给予进餐示范、正面谈论食物并对儿童在进餐过程中发出的饥饿和饱足信号及时予以反馈。控制型父母忽视儿童饥饿和饱足的信号，采用强迫、惩罚及不恰当的奖励方式促进儿童进食。溺爱型父母无设定的进餐规则，常不分时间、地点、环境随意满足儿童进餐需要。忽视型父母忽视儿童的进餐信号及生理、情感需求，甚至不为儿童提供食物。控制型、溺爱型、忽视型喂养方式都会造成喂养互动不良。

（2）评估

采用饮食行为问卷可初步筛查婴幼儿的饮食行为问题。对经筛查有饮食行为问题的儿童，应进一步详细询问与饮食行为相关的病史，进行全面、详细的体格检查，以及营养状况评估，同时观察父母与儿童在进餐时的交流方式。

（3）干预

饮食行为问题干预的原则：当儿童的饮食行为问题未造成营养不良时，应重点进行行为干预；当饮食行为问题已导致营养相关问题时，应在行为干预的同时给予相应的营养支持。

1）干预方法

①病因治疗。针对造成饮食行为问题的原因进行相应的治疗。

②营养支持。当饮食行为问题导致儿童营养缺乏时可通过调整饮食结构、营养补充剂等增加能量、营养素摄入。

③进食技能训练。给予儿童必要的进食技能训练是减少饮食行为问题发生的有效方法。

④行为疗法。对于有饮食行为问题的儿童应重申健康饮食习惯的重要性。

⑤父母教育。在对儿童进行行为治疗前，首先应教育父母，使父母明白进食的基本规则。教育父母重点关注儿童的生长发育是否适合，而不过分纠结于其进餐时的行为，以减轻父母的焦虑情绪。

2）不同饮食行为问题的具体干预。针对不同类型饮食行为问题的儿童可采用以下具体措施：

①食欲缺乏。对于父母认为食欲缺乏的儿童，首先应确认儿童生长及营养状况，鼓励父母接受儿童自身的饥饿、饱足信号，强调一般进餐规则，使其体验饥饿感来刺激食欲。对于好动的食欲缺乏儿童，应特别强调一般进餐规则；对于精神不振的食欲缺乏儿童，则需要营造积极的喂养环境；因疾病引起食欲缺乏的儿童应积极治疗原发疾病；对于因食欲缺乏而引起营养缺乏的儿童，应适当补充营养素或采用高能量饮食。

②挑食。轻度挑食是儿童发育中的正常现象，但对重度挑食的儿童应通过反复熟悉等方法，有计划地引入重要的食物，并扩展到各种食物。必要时须进行口腔感觉运动治疗和行为干预，同时补充营养素或采用高能量饮食。

③恐惧进食。对于因哭吵等让父母认为是恐惧进食的婴儿，应积极寻找原因，并在安静、光线昏暗的环境中喂养；对因为疼痛等痛苦经历而恐惧进食的儿童，

需根据程度更换餐具、进餐时间等，必要时应进行心理治疗。

④喂养互动不良。提倡父母提供各类营养丰富的健康食物，创建良好的就餐环境、设立进餐规则、及时识别婴幼儿的饥饱信号、鼓励婴幼儿进食健康食物、允许婴幼儿存在食物偏好、不使用压力或强迫的方式进食，即形成应答型喂养方式。

职业模块 六 婴幼儿发育行为知识

培训项目 1 婴幼儿发育行为特点

培训重点

1. 熟悉婴幼儿大运动和精细运动发育的特点。
2. 熟悉婴幼儿情绪发育特点。
3. 熟悉婴幼儿社会性发育特点。

一、0～1岁婴儿发育行为特点

1. 0～1岁婴儿运动发育特点

（1）0～1岁婴儿大运动发育特点

0～1岁婴儿的大运动发育包含两部分内容：一是有些原始反射仍存在；二是伴随着年龄的增长，出现一些姿势的发育。婴儿大运动的发育，遵循从头到脚的顺序，先会抬头，然后翻身、坐、爬、站等。

1）原始反射。原始反射是指新生儿与生俱来的非条件反射，也是婴儿特有的一过性反射，其反射的中枢位于脊髓、延髓和脑桥，可以说是人类初期各种生命现象的基础，也是后来分节运动和随意运动的基础。每一个原始反射都有它的特点，如果原始反射缺如、减弱、亢进或残存，都是异常的表现。常见原始反射有：

①0～4个月的觅食反射。用手指触摸婴儿的口角或上下唇，婴儿会将头转向刺激侧，出现张口寻找乳头的动作。若该反射缺失，则提示严重异常表现，如全面发育迟缓、脑瘫等。

②0～4个月的手握持反射。用指尖抚摸婴儿的手掌，或将手指或其他物品从婴儿手掌的尺侧放入并按压，其手指呈现屈曲握物的姿势，此反射注意两侧手的

对比，若此反射持续存在时间延迟，将影响婴儿手的抓握动作。

③拥抱反射。包括拥抱型（0～3个月出现）和伸展型（4～6个月出现）。测试方法：婴儿呈仰卧位，拉其双手慢慢抬起，当肩部略微离开床面（头并未离开床面）时，突然将手抽出；用力敲打床边附近发出声音；抬高婴儿头部15 cm后下落；平托起婴儿，令其头部向后倾斜10°～15°；用手指轻弹婴儿足底。拥抱型表现为婴儿两上肢对称性伸直外展，下肢伸直、躯干伸直，拇指及食指末节屈曲，呈扇形张开，然后上肢屈曲内收呈拥抱状态。伸展型又称不完全型，表现为婴儿双上肢突然伸直外展，然后迅速落于床上，婴儿会有不快感觉。

④0～2个月的张口反射。婴儿取仰卧位，用双手中指与无名指固定婴儿腕部然后以拇指按压其两侧手掌，婴儿会立即出现张口反射，亢进时一碰双手即出现张口反射。此反射延迟消失时提示异常。

⑤0～6个月的侧弯反射。婴儿处于俯卧位或俯悬卧位，用手指刺激一侧脊柱旁或腰部，婴儿出现躯干向刺激侧弯曲，在此期未引出及持续存在均为异常。

⑥0～2个月的阳性支持反射。使婴儿保持立位，足底着桌面数次，下肢伸肌肌张力增高，踝关节跖屈，也可引起膝反张。3个月后仍出现提示发育迟缓。

2）姿势发育。新生儿胳膊和腿总喜欢呈屈曲状，如果使其放置于俯卧位，其姿势为臀高头低位，可以瞬间抬头，扶坐位时呈现全前倾的姿势，即肚子胸部紧挨着腿类似折叠一样的姿势，扶站时，可呈现短暂的支撑，此为阳性支持反射的一种情况，是原始反射未消失，不是真正的下肢有支撑力的表现。

2月龄婴儿蜷缩的胳膊和腿开始放松，俯卧位时，可短暂地抬头，拉着手腕能坐起，头、臀高位，可以出现交替蹬腿的动作，是匍匐爬的早期表现。

3月龄婴儿俯卧位时，可抬头约90°，对头部的控制较稳，可用手支撑上身数分钟。扶着呈坐位时，竖头较稳，可以自由地左右转动头部。竖抱时脖子不再摇晃。

4月龄婴儿俯卧位时，头高于臀部，可有意地从身体的侧卧位翻到仰卧位。

5月龄婴儿可以从仰卧位翻至俯卧位，或从俯卧位翻至仰卧位，或仰卧翻身至侧卧。可以用胳膊把自己完全撑起来，手脚很灵活，仰卧时手可以摸到脚，有些婴儿非常乐意这么玩。

6月龄婴儿能在双手支撑的情况下稳稳地坐一会儿。如果扶着他，能够站得很直，活跃的婴儿站在成人的腿上会不停地跳跃。

7月龄婴儿可以坐得很稳，此时双手可以玩玩具，如果身体倾斜幅度大时，会失去平衡；俯卧时，可向后退或原地转。

8 月龄婴儿俯卧位能匍匐运动。能从坐位至躺下，从俯卧的姿势坐起。部分婴儿能依靠着沙发站 5 ~ 10 min。

9 月龄婴儿坐位时背部竖直，当身体歪斜时，可出现双手保护性动作，可扶着站片刻。可跪爬，并能伸出一侧手向前取物。

10 月龄婴儿可熟练爬行。能扶着东西站起，部分婴儿能独立站几秒钟。在这个时候，应鼓励并创造机会让他尽可能多地爬行。

10 ~ 12 月龄婴儿能更好地控制自己的身体，能独站片刻和扶走。如果婴儿仍然对爬行乐在其中，也不要着急，充分的爬行能使婴儿在日后的运动与学习中受益匪浅。

1 岁左右婴儿身体倾斜时可出现向后伸手的保护性反应。

（2）0 ~ 1 岁婴儿精细运动发育特点

精细运动能力指婴儿手以及手指等部位的小肌肉或小肌群的运动，在感知觉、注意力等心理活动的配合下完成特定任务的能力。精细动作主要包括伸手取物，手掌大把抓握较大物品，拇指与其他手指分开取一些小的物品，拇指与食指分开准确捏取一些很小的东西等。手是复杂且精细的器官，是人类认识客观世界、与外界交往的重要器官。手的基本动作包括抓握动作与非抓握动作两大类。

抓握动作发育规律遵循以下特点：由无意识抓握向随意抓握发育，由手掌的尺侧抓握向桡侧抓握发育，由不成熟的抓握模式（全手掌抓握模式）向成熟的对指抓握模式发育，由抓握物体向放开物体发育。

新生儿两手握拳很紧，2 月龄婴儿紧握的双手开始慢慢打开，碰到物体会抚摸，有时会用一只手抚摸另一只手，会把手举到眼前，然后把手放到嘴里吮吸，这是手眼协调动作的萌芽。

3 月龄婴儿握拳反射消失，可在胸前玩手，看到物体时全身乱动，会伸出手又摸又抓眼前的玩具，并企图全手抓扒物品。

4 月龄婴儿用手掌握物，能紧紧抓住放在手中的物品。吃奶时会扶住奶瓶。

5 月龄婴儿拇指参与握物，抓物入口，可主动用手抓物，根据视线去抓住所看见的东西。

6 ~ 7 月龄婴儿能独自玩弄小物品，逐步学会拇指、食指和中指协同工作；7 月龄婴儿可用拇指及另外 2 个手指握物，且可将积木在双手间传递。

8 月龄婴儿出现捏、敲等探索性动作，会用嘴啃自己的脚趾。

9～10月龄婴儿拇指能与其他手指相对抓物，喜欢撕纸，能把小的物件放入大的物品当中。

11～12月龄婴儿能用拇指与食指捏较小的物体如扣子、花生米，会开合书本，开始会用笔涂鸦。

2. 0～1岁婴儿情绪发育特点

情绪是人对客观事物是否符合需要产生的态度体验，反映客观事物与人的需要之间的关系。情绪与有机体的生理性需要相联系，出现得比较早。具有本能性、情景性、不稳定性和易变性。

情绪有三个组成部分，分别是生理唤醒、主观体验、外部行为，只有三者同时活动、同时存在，才能构成一个完整的情绪体验过程。情绪有三个功能：首先是信号功能，情绪可以传递自己的思想和意图，通过表情来实现；其次为动机功能，具有激励作用，表现为积极增力的情绪和消极减力的情绪；最后为健康功能，情绪调控得好坏会直接影响到身心健康。

情绪依据性质可分为愉快、愤怒、惧怕、悲伤等。儿童的年龄越小，情绪上对痛苦领域的发育分化就会越明显。但是随着年龄的增加，情绪上愉快领域的发育分化就会变得更加明显。

婴儿情绪发育，是与生俱来的遗传本能，具有先天性，同时与生理需要是否得到满足直接相关。婴儿依靠自身的情绪反应与成人进行交往，以适应最初的新生活。

（1）新生儿期婴儿可以出现反射性微笑

其活动始终围绕适应新生活而展开，随时向成人发出情绪信号，借以反映他们的饥饱、舒适与否、病痛、寒冷等感受。主要表现在以下几个方面：

1）适应新生活。所谓新生活是指胎儿脱离母体，从子宫内来到世界上开始独立的胎外生活。这是一个巨大的变化。胎儿生活在母体内，是非常舒适和安全的，通过胎盘得到养料，呼吸和排泄由母亲代替，胎儿周围是暖和的羊水，很少受到外界刺激。出生后，环境发生质的变化，需要独立地维持生命活动。首先，要自己吃奶；其次，要自己去消化、排泄；再次，需要自己呼吸。此外，新生儿还要适应千变万化的周围环境的种种刺激，比如与羊水比较相对低的经常变化的湿度，声音和光的刺激等。

2）依靠无条件反射适应新生活。婴儿适应新的环境，首先是依靠无条件反射，并在此基础上形成条件反射，用以应答外界环境的刺激。无条件反射是本能活动，对婴儿维持生命、保护自己有现实意义。

3）条件反射的出现和心理发生。出生后不久，婴儿就开始出现条件反射。条件反射是在无条件反射的基础上建立起来的。最初的条件反射是婴儿为了维持生命、适应新生活而产生的。条件反射既是生理活动，又是心理活动，因此条件反射的出现，标志着心理活动的开始。

4）认识世界和人际交往的开始。婴儿出生后，很快就开始认识世界并与别人交往。认识世界主要表现在感觉的发生和视觉、听觉的集中性上。出生后 2~3 周，如果面前出现人脸时，婴儿会注视片刻。再大一点的婴儿会用双眼追随着慢慢移动的物体。此期间，婴儿听到拖长的声音时，会停止一切活动，立即安静下来。到第 4 周时，成人对婴儿说话时，也会引起同样的反应。人际交往的开始主要是指与母亲的交往。出生后一个月内的婴儿能够与母亲进行“眼睛对话”。吃奶时眼睛不断地看着母亲。在吃饱、睡足时看见人脸，也会作出积极的情绪反应。即使在困倦、饥饿时，看见人脸也会表现出愉快的情绪。婴儿期母爱的温暖是首要的因素，如护理、哺乳时母亲的微笑面孔、爱抚动作、亲切的语言，不仅为婴儿提供物质营养同时又培育了心理健康。除母爱外，家庭人员、托儿所保育员等，同样给婴儿以母爱般的护理、照顾，使婴儿情绪愉快，对周围人物产生信任感；反之，婴儿会变得呆滞、胆小恐惧。

5 周左右婴儿能用眼睛盯着进入他眼帘的东西，还能够追视物体；大人的声音、面孔特别容易引起婴儿的微笑，出现最初的社会性微笑；打疫苗时婴儿会出现惧怕和痛苦反应。2~3 月龄婴儿看别人做鬼脸，出现微笑反应，可产生愉快的情绪，对声音的反应比以前更积极，会把身子和头转向声源并用眼睛寻找声源。3~4 月龄婴儿见陌生人表示友好会微笑，会积极地用眼睛寻找成人，寻找摇动着的玩具，寻找周围的其他物品。4 月龄婴儿逐渐能够分辨不同人的声音，听见母亲的声音就有快乐的表现，并用自己特有的语言对成人的声音做出应答。也就是从这个月开始婴儿对不同的人报以不同的微笑，出现有差别、有选择的社会性微笑。

（2）5~6 月龄婴儿开始认生

认生是婴儿认识能力发展过程中的重要变化。一方面，反映了婴儿感知和记忆能力的发展，能区别熟人和陌生人，能够清楚地记得不同的人脸；另一方面，反映了婴儿情绪和人际关系发展上的重大变化，出现了对亲人的依恋和对熟悉程度不同的人的不同态度。分离焦虑在婴儿 6~7 个月时产生，随着母–婴依恋的建立而同时发生。当婴儿处于陌生的、不能肯定的情境时，他们往往从成人的面孔上搜寻表情信息，决定自己的行动，这一现象称作情绪的社会性参照。婴儿的情绪社会性参照能力是婴儿成长到 7～8 个月时才发生的。10～24 个月是婴儿分离焦虑和陌生人焦虑的敏感时期，这个时期婴儿对陌生人的态度可以反映出他们是否有依恋安全感。假如婴儿在 1 岁时入托儿所，其分离焦虑比较明显，会长时间地哭闹、情绪不安，这是婴儿依恋安全关系遇到障碍的表现。

（3）初步理解和调节情绪

情绪理解方面，婴儿可以对快乐、愤怒、伤心等面部表情加以区分。情绪自我调节方面，小于 12 个月的婴儿会出现大声哭闹以获得满足和安抚，爬或走以远离不愉快的刺激。6 个月后所有基本情绪出现，受到鼓励后会更愿意表达积极情绪。7～12 月龄婴儿愤怒、惧怕和悲伤等消极的基本情绪会经常出现，通过滚动、撕咬来远离令人不安的刺激物等方式对情绪进行自我调节。

3. 0～1 岁婴儿社会性发育特点

婴儿的社会性发展主要体现在亲子依恋、同伴交往、亲社会行为和自我发展等几个方面。

（1）亲子依恋

亲子依恋是指婴儿与经常接触的抚养者（主要是母亲）之间所形成的一种强烈、持久、亲密的情感联系。出生后 0～3 个月是无差别的社会性反应阶段。这个时期的婴儿对人的反应最大特点是不加区分、无差别的反应。婴儿对所有人的反应几乎都是一样的，喜欢所有的人，喜欢听到所有人的声音、注视所有人的脸，看到人的脸或听到人的声音都会微笑，手舞足蹈。同时，所有的人对婴儿的影响也是一样的，他们与婴儿的接触，如抱他、对他说话，都能够引起他高兴、兴奋，使他感到愉快、满足。此时的婴儿还未形成对任何人（包括母亲）的偏爱。

出生后 3～6 个月是选择性的社会性反应阶段，婴儿形成分辨与他们接触的成人的能力。他们更频繁地对熟悉的面孔微笑、发声。对母亲更为偏爱，在母亲面前表现出更多的微笑、咿呀学语、依偎、接近，在其他熟悉的人如其他家庭成员面前这些反应则要相对少一些，对陌生人这些反应就更少。婴儿开始能辨认并偏爱所熟悉的人，他们喜欢与熟悉的人进行接触。这些人也往往更容易安慰婴儿，能更迅速、更广泛、更频繁地引出婴儿的微笑和发声。这时期的婴儿并不拒绝熟悉的人离开，也还不怯生。

出生后 6 个月至 2 岁是特殊的情感联结期。从出生后 6～7 个月开始，婴儿对母亲的存在更加关切，特别愿意与母亲在一起，与她在一起时特别高兴，当母亲离开时则哭喊，不让她离开，别人不能替代母亲使婴儿快活。当母亲回来时，婴儿能马上显得十分高兴。同时，只要母亲在他身边，婴儿就能安心地玩、探索周围环境，好像母亲是其安全基地一样。这一切均显示婴儿出现了明显的对母亲的依恋，形成了专门的对母亲的情感联结。与此同时，他们对陌生人表现出更为明显的警惕、戒备和退缩，开始出现陌生人焦虑和分离焦虑。

婴儿依恋的类型分为安全型依恋（占65%～70%）、回避型依恋（约占20%）和矛盾型依恋（占10%～15%）。安全型依恋的婴儿在陌生情境中，把母亲作为安全基地，以此探究周围环境。母亲在场时主动去探究，母亲离开时产生分离焦虑，从此探究活动明显减少。忧伤时容易被陌生人安慰，但母亲的安慰更有效。母亲返回时，能以积极的情感表达依恋并主动寻求安慰，即使在忧伤时，也能通过与母亲的接触很快平静下来，然后继续探究和游戏。回避型依恋也叫躲避型依恋，这类婴儿对母亲在场或者离开都感到无所谓，自己玩自己的，实际上这类婴儿与母亲之间并未形成特别亲密的情感联结，被称为无依恋婴儿。矛盾型依恋也叫反抗型依恋，亦称“C型依恋”。这类婴儿在母亲将要离开时会显得很警惕，对母亲的离开表现得非常苦恼且极度反抗，任何一次短暂的分离都会引起他大声喊叫，但与母亲在一起时又无法把她作为安全探究的基地。母亲回来时，他的态度又是矛盾的，既寻求与母亲的接触，又反抗与母亲接触，当母亲亲近他时，会生气地拒绝、推开。要他重新回去做游戏似乎也不太容易，而是不时地朝母亲这里看。这类婴儿的母亲好像对婴儿感兴趣，愿意接触婴儿甚至有一些密切的身体接触，如搂、抱、吻婴儿，但她们对婴儿发出的信号、需求常理解错误，或捉摸不定，不能做出及时、恰当的反应。她们对待婴儿的行为、态度多变且不稳定，有时充满热情，有时则怒气冲冲，或表现得冷漠，以自己的心境、情绪的好坏来决定对待婴儿的态度。儿童依恋的性质并非是一成不变的。在12月龄时，是躲避依恋或是矛盾依恋的婴儿，到18月龄时，有可能建立安全的依恋，反之亦然。母亲与婴儿交往的态度、行为，婴儿本身的气质特点，还有家庭关系等多重因素均会影响和改变亲子之间依恋的类型。

（2）同伴交往

婴儿出生后表现出许多明显的社会交往迹象。2月龄婴儿可被同伴的出现唤醒，并与同伴相互对视。6～12个月开始出现以客体为中心的交往。9个月后，婴儿之间彼此注视的时间越来越长。他们的微笑、手指动作和话语常常会得到游戏伙伴适宜的、连续的反应和模仿。婴儿之间的交往集中在玩具和物品上而不是针对对方，他们互不理睬，或偶尔注意对方，相互微笑，发出声音或出现短暂的注意。

（3）亲社会行为

亲社会行为，又称向社会行为、利他行为，指对他人或社会有利的行为及趋向，如帮助、安慰或救助他人，与他人合作、分享，谦让甚至包括赞扬他人，使他人愉快。8～12月龄的婴儿会出现怜悯、帮助和分享行为，1岁后开始安慰他人，帮助他人的行为次数随着年纪的变化而增多。这种积极的学习活动和对社会环境的探索是亲社会行为出现并得以延续的根本。

（4）自我发展

0～3月龄的婴儿对人特别是婴儿感兴趣，开始区分自己的身体与他人的身体。3～8月龄的婴儿会利用动作的一致性线索认出自己，对自己与他人的区分更巩固。8个月之前是无自我认知阶段，婴儿显示出对镜像的兴趣，他们注视它、接近它、抚摸它，对它微笑。但他们对自己的镜像与对其他婴儿形象的反应没有区别，说明他们并未认识到镜像是自己的像、自己与他人的差别，以及自己是独立存在的个体，因而，婴儿还没有萌生自我认知。8～12月龄的婴儿利用动作的一致性和身体的外部特征可认出自己，开始认识到自己是永久存在的，具有稳定的连续性特征。这是初步的主体我阶段，在这个阶段婴儿表现出了对自己作为活动主体的认识，表现为他们以自己的动作引起镜像中的动作。他们主动地引起自身动作使之与镜像动作相匹配，表明婴儿对自己作为活动的主体的认识。

二、1～3岁婴儿发育行为特点

1. 1～3岁婴儿运动发育特点

（1）1～3岁婴儿大运动发育特点

1岁的婴儿可扶着家具或被拉着走，有的会独站或独走。

18～24月龄的婴儿会跑和倒退走，18月龄的婴儿会推拉玩具，蹲下拾玩具，走路时能推拉车子，会蹒跑。

24～30月龄的婴儿可单足站立1～2 s，原地并足跳。24月龄的婴儿会上下楼梯、踢球、站立扔东西等。30月龄的婴儿会独自上楼，扶墙下楼，双脚跳，用脚尖走路，骑小三轮车等。

36月龄的婴儿能独自上下楼梯，自己转圈跑，用一只脚站立，单脚跳，踢球，骑小三轮车，正确地跑步等。

（2）1～3 岁婴儿精细运动发育特点

1～3 岁是婴儿手眼协调能力快速发展的时期，此期间涂鸦、挖沙、捞鱼、穿珠子、玩积木、堆各种建筑、捏橡皮泥等活动会进一步加强其手眼协调能力的发展。

15 月龄的婴儿可搭 2～3 块积木，全手握笔，自发乱画，会打开盒盖，斜倒出瓶中小物体并用手去捏；16 月龄的婴儿会用笔乱涂，学用汤匙。

18 月龄的婴儿可搭 3～4 块积木，几页几页地翻书，用小线绳穿进大珠子或大扣子孔，能拉脱手套或袖子，会用汤匙等。

21 月龄的婴儿能搭 4～5 块积木，模仿画线条，但画得不像，会用双手端碗。

24 月龄的婴儿可搭 6～7 块积木，会转动门把手，旋转圆盖子，穿直径 1.2 cm 的串珠，正确用勺，一页一页地翻书，拿住杯子喝水，模仿画垂直线和圆。

27 月龄的婴儿能模仿画直线，画得基本像，会拆装简单拼插玩具，会脱鞋袜。

30 月龄的婴儿可搭 8～9 块积木，模仿画水平线和交叉线，画得基本像；能较准确地把线穿入珠子孔，练习后每分钟穿 20 个珠子；会穿裤子、短袜和便鞋，解开衣扣，一手端碗。

36 月龄的婴儿可搭 9～10 块积木，将珠子放入直径 5 cm 的瓶中；会折纸，折成正方形、长方形和三角形，边角整齐；能模仿画圆形和十字形，画得基本像；会穿珠子、系细扣，向杯中倒水并控制流量等。

2. 1～3 岁婴儿情绪发育特点

（1）情绪逐渐分化与丰富

婴儿的情绪在成长与环境的影响下逐渐分化与丰富。1 岁以后，随着自我意识、交往以及认知能力的逐渐发展，产生了羞愧、自豪、骄傲、内疚、同情等更高级、更复杂的情感。同情是指这个阶段的儿童情绪感知能力很强，容易受身边人情绪的影响，比如当妈妈情绪低落、伤心流泪时，婴儿很可能也会烦躁不安，甚至撇撇小嘴哭起来。有同情心可以在一定程度上促进婴儿社交能力的发展。害羞或焦虑是指有的婴儿表现出明显的陌生人焦虑状态，比如见到陌生人就会躲在妈妈身后害怕得大哭，有的婴儿会畏惧新环境或新鲜事物，这种反应有时也会被理解为害羞。

情绪的丰富化是指情绪过程越来越分化，情绪所指向的事物不断增加，有些先前不能引起儿童体验的事物，随着年龄的增长而引起了情感体验。例如，2～3 岁的婴儿不太在意小朋友是否和他一起玩耍，但随着年龄的增长，小朋友的孤立，以及成人的不理解，特别是误会、不公正对待、批评等，都会使他非常伤心。

随着思维水平的提高，对事物的理解从表面、肤浅到本质，情绪由指向事物的外在表面转向指向事物的内在特征，情绪逐渐深刻化，如年幼儿童对父母的依恋，主要由于父母是满足他基本生活需要的来源，而年长儿童则已包含对父母的尊重和爱戴等内容。婴儿情感深刻化与其认知发展水平有关。

（2）情绪的社会性参照迅速发展

婴儿情绪社会化的一个标志就是自我意识情绪的出现，主要是指根据他人对自身或自身行为的评价所产生的情绪。自我意识情绪在1岁半左右开始出现，且依赖于成人的监督与鼓励。之所以称这些情绪为自我意识情绪，是因为这类更高级的情绪需要婴儿首先理解特定的社会规则和标准，并要对自己做出评价和反思，反映出婴儿思维的发展和感觉之间的联系。例如，原本很喜欢在大人面前展现自己新能力的婴儿，开始变得有些扭捏，当有人关注时，他还会用手遮住脸，这些都说明婴儿已经有了“羞怯”这样的自我意识情绪。

情绪的社会性参照是指当婴儿面临陌生、不能确定的情境时，倾向于从照顾者脸上寻找表情线索，然后做出相应的行为或反应。情绪的社会性参照是在婴儿发展的特定时期发生的人际情绪交流和他人情绪信息的利用，是在一种特定情境中发生的特定情绪交流模式。它包含了婴儿对他人情绪的分辨和利用这些情绪信息来指导自己的行为。情绪的社会性参照是情绪社会化的一种重要现象和过程，充分显示了情绪的信号作用和人际通信交往功能，是情绪社会化的重要方面。这一时期，引起情绪反应的社会性动因不断增加，情绪中社会性交往的成分也在不断增加，婴儿逐渐掌握周围人们的表情手段，情绪表达日益社会化。

情绪的社会性参照使婴儿将自己和他人对事件的评估加以比较，帮助其通过信息确定他人内在的心理状态，并以此来决定自己的行为。这种能力在婴儿1岁以后得到快速发展，这一能力可帮助婴儿应对日常生活的种种不适。情绪的社会性参照在很大程度上决定着婴儿的生活质量和发展机会。主动地情绪交流，参照成人的情绪信息，能使婴儿避免许多险境，并有利于婴儿行为的调整与改变；婴儿经常与成人共享情绪体验，有助于丰富婴儿的情感世界，密切亲子关系；积极的社会性参照更能成为婴儿认知发展的媒介，促进婴儿探索新异情境和事物，扩大活动范围，发展智慧。需要强调的是，消极的社会性参照同样会对婴儿起作用，导致婴儿不良的情绪、行为体验，形成消极、怯弱的性格，限制婴儿的探索和操作，阻碍智力发展。因此，保育员要注意创造适宜的参照信息，避免消极的社会性参照。

（3）情绪的自我调节能力不断发展

婴儿对于自己的情绪丝毫不能控制和掩饰，完全表露于外，但是随着年龄的增长、内部言语的逐渐发展，他们逐渐开始学习调节和控制自己的情绪和情感的表现。1岁左右时，婴儿学会了使用意识控制和自我安慰的方式来调节自身不愉快的情绪，比如晃动自己的肢体、用嘴咬东西和远离引起不愉快的人或事物。1岁半之后，除了上面所提出的几种方法外，还会使用冲突解决和行为调节的方式。2岁开始，婴儿的情感表现日渐丰富、复杂，如喜、怒，初步的爱与憎等。在不正确的教育下，也会产生一些不良的情绪与情感，如见人害羞、怕黑等。随着进入语言爆发期，语言能力的发展给婴儿表达情绪、理解情绪的能力带来惊人的进步。如果爸爸妈妈冲宝宝喊叫，2岁的宝宝可能也会大喊大叫："我非常生你的气，我要走了，再见！"伤心的宝宝可能会依偎在妈妈身边，说："妈妈，我很伤心，我哭了。"这种变化不仅让爸爸妈妈更好地理解宝宝的内心世界，对于宝宝来说，他的情绪世界也变得更为广阔，他不但能识别他人的情绪反应，也能将其准确地描述出来。所以从2岁开始，婴儿便开始使用一些词语来表达情绪，但并不会使用语言来调节自身的情绪。一直到接近3岁时，他们才会经常谈论自己的情绪，并尝试积极主动地加以控制，开始利用语言来辅助情绪的自我调节。语言的丰富也使婴儿调节情绪的方法开始多了起来，尤其是学会了谈论情绪、感受的词汇，如高兴、爱、害怕、讨厌、吃惊等。比如，在听了一个故事之后，宝宝觉得有点害怕，告诉妈妈"好吓人"，妈妈给宝宝一个拥抱，并用轻柔的语言来安抚："挺吓人的，是的。""你觉得害怕了，是不是？"这就是宝宝主动获取情绪安慰。由此可见，在0～3岁这个阶段儿童的情绪调节能力是不断发展的。

在3岁左右，人类拥有的基本情绪婴儿都有了，根据美国斯坦福大学心理学家的分析，人类有11种基本情绪，包括对某个物体、活动和人表现出兴趣，愉快，惊奇，悲伤，愤怒，厌恶，轻视，惧怕，羞耻，害羞，内疚。所以这个阶段的家长要鼓励并试着教会婴儿表达自己的情绪，帮助婴儿缓解愤怒、惧怕等负面情绪，为婴儿营造一个健康的情绪环境。

3. 1～3岁婴儿社会性发育特点

（1）调整伙伴关系

2岁以后，婴儿有目的的行动、语言的交往和进行适宜反应等能力越来越成熟。随着年龄的增长和社交能力的不断提高，他们越来越主动地进行各种接触，开始理解依恋对象的目的、情感和特点，并以此调整自己的行为，表现出较多的灵活性。婴儿能认识并理解母亲的情感、需要、愿望，知道她爱自己，不会抛弃自己，并知道交往时应该考虑她的需要和兴趣，据此调整自己的情绪和行为反应。这时，婴儿把母亲作为一个交往的伙伴，并认识到她有自己的需要和愿望，交往时双方都应考虑对方的需要，并适当调整自己的目标。这时婴儿与母亲空间上的临近性逐渐变得不那么重要了。例如，当母亲需要干别的事情，要离开一段时间时，婴儿会表现出能理解，而不是大声哭闹，他可以自己较快乐地在那儿玩或通过言语、目光与母亲交谈，相信一会儿母亲肯定会回来。

在与同伴交往的过程中，婴儿逐渐开始与同伴和不熟悉的人进行交往。1 ~ 1.5 岁可进行简单交往，对对方发出的信号能迅速做出反应，如能模仿对方行为，进行简单“对话”，为对方拿玩具等。1.5 ~ 3 岁开始互补交往，表现在婴儿之间轮流玩玩具、躲藏、追赶等，或建立早期的友谊，能与别人共享一个玩具（共看一本图书等），特别亲近某个伙伴，对他人表现出欣赏等。

（2）亲社会行为

1 ~ 3 岁的婴儿逐渐会与人分享，表现在能与别人共享玩具，能将自己的东西借给别人。开始关心他人，能根据别人的情绪推断他的处境，表现出同情、谦让、援助等行为并提出解决问题的建议。开始慢慢理解他人内在情感，表现在经常模仿成人的社会情绪和行为，如会表现出对洋娃娃的母爱，或医生对病人的爱，或教师对学生的爱。

（3）自我意识的发展

1）12 ~ 15 月龄的婴儿开始主体我发展阶段，能区分由自己作出的活动与他人所作出活动的区别，对自己镜像与自己活动之间的关系有了清楚的觉知，这说明婴儿已会把自己与他人分开，主体我得到明确的发展。

2）出生后 15 ~ 18 个月是初步客体我阶段，婴儿把自己作为客体来认识，表现在对客体特征与主体特征的联系上，认识到客体特征来自主体特征，对主体某些特征有了稳定的认识。这反映了在客体我水平上的自我认知的发展。

3）出生后 18 ~ 24 个月是客体我发展阶段，婴儿已具有了用语言标示自我的能力，如使用代词“我”“你”标示自我与他人。在此年龄已经能意识到自己的独特特征，能从客体中认识自己，用语言标示自己，这表明婴儿已具有明确的客体我的认知。

三、3～6 岁幼儿发育行为特点

1. 3～6 岁幼儿运动发育特点

（1）3～6 岁幼儿大运动发育特点

3 岁儿童会上下楼梯，并足跳远、单足跳，能在攀登架上爬上爬下，从高处跳下时能保持身体平衡。

4 岁儿童能沿直线行走，会投飞镖，能闭眼转圈，滑滑梯，玩跷跷板。在日常生活中，会自己洗脸、洗手，穿脱简单的衣服、鞋袜。

5～6 岁儿童跑跳自如，能连续走 20～30 min 的路程。跑的时候会躲闪、追逐，跑得协调，平衡能力较强，能在宽的平衡木上走；会脚跟对着脚尖走直线，初走时先足尖着地，膝、肘部微屈曲，以维持重心，走得较稳时则双臂下摆、用足跟－足尖行走；会跳绳，能从 3～4 级的台阶上跳下，会拍球、踢球，可以边跑边拍，边跑边踢。

（2）3～6 岁幼儿精细运动发育特点

3～4 岁儿童会使用一些“工具性”玩具，如用小锤子敲打小柱钉、玩泥胶、拧开瓶盖等，会画简单的花草树木和人像，会写简单的字。

4～5 岁儿童会系鞋带、剪纸，可以画比较完整的小人，有头、身及四肢，能画出圆形、三角形和正方形的东西，如太阳、苹果等。

5～6 岁儿童能用笔学习写字、折纸、剪复杂图形，能用铅笔书写简单的汉字和 10 以内的阿拉伯数字，会自己穿鞋、扣扣子。

2. 3～6 岁幼儿社会性发育特点

3 岁儿童逐步建立生活规律，生活经验使他们开始懂得安全和危险，学习遵循游戏规则，发脾气逐渐减少。开始团体游戏，出现更多的合作性行为——喜欢帮助成人进行模拟活动。开始参与其他儿童的活动，愿意分享，但仍限于小团体。能和小朋友一起玩简单的游戏，如扮演“做家长”，学妈妈做家务，学爸爸修理家具等。

4 岁儿童会表现“一种自负的、武断的，甚至是专横的炫耀”。他们的心理活动很活跃、想象很生动、意愿很强烈，但是他们不稳定的情感透过不恰当和夸张的言语表露无遗。喜欢其他儿童和大人的陪伴，但合作与冲突交替发生。理解用言语而不是用发火来表达需要。能够分享和轮流，但可能会采取欺骗的手段争取赢——这在某些游戏中会特别明显，例如走迷宫。对受伤害的小朋友会显示出同情，能与年龄较大的小朋友一起玩有想象力的游戏，能穿脱衣服和鞋子等，具有一定的独立性。开始意识到自己的责任，愿意帮助别人，能够承认错误。

5岁儿童很自信，有自控力。在取得一定的独立性后，能够与更大的团体相处，不再需要很多成人的注意——虽然喜欢夸奖，对自身成就感到骄傲。他们能够融入更大的团队，准备选择朋友。对自己的成就和拥有的东西感到自豪。大多数时间能与小朋友合作，理解规则的必要性。对幼小儿童和宠物表现出兴趣，在他（它）遭受伤害时表现出关心。喜欢与幼儿园的小朋友交往，喜欢玩扮演角色的游戏，扮演熟悉的人物，如医生、警察、邮递员、消防队员等，也喜欢玩有比赛性质的游戏。开始懂礼貌，遵守群体规则。喜欢帮助成人做简单的家务。

6岁儿童会体验到在保持情感行为平衡方面的困难。他们的心情阴晴不定、行为狂躁、常做噩梦，但可以引导他们投入对新事物、新观念的兴趣，鼓励他们通过探究与学习来宣泄能量。经常与一个而不是两个小朋友玩得好，一旦闹翻，男孩们喜欢打架，女孩们则会采用言语攻击，经常会听到“你不要来参加我的聚会了”之类的话语。这个时期的儿童喜欢聚会和社会活动，也容易因此而受伤。渴望夸奖和认可，总是喜欢赢。开始注意自己的仪容，遵守公共卫生的规则，遵守交通规则。遇到困难时会向老师或父母寻求帮助，学习遵守课堂纪律，逐渐学会控制冲动，用语言表达情绪，学习基本的交流技巧。

3. 3～6岁幼儿学习能力发育特点

儿童的感觉、动作是学习能力的一个重要组成部分，是儿童智力发展的基础。3～6岁儿童开始在动作的基础上形成感觉，并通过动作与感觉的配合形成较为复杂的身体运动，通过运动身体协调能力有了进一步发展，开始凭借触觉、听觉、嗅觉与味觉等来认识事物，同时在感受事物时形成较为简单的判断。

根据皮亚杰的认知发展理论，学龄前儿童的前运算阶段认知发育出现了符号功能或象征性功能。所谓符号，即事物的代表。语言就是一种符号，儿童用语言表达需求，传递信息。如想起“猫”，头脑中就会立即浮现出“猫”的表象，会两手掌合放头的一侧示意睡觉。符号功能的产生是儿童认知能力发展的一种飞跃。因此，学龄前儿童用词语和表象相结合的方式思考问题，使思维带有概括性和间接性，是一种表象性思维，符号功能的出现使儿童有了新的行为模式。儿童可以凭借各种符号进行象征性游戏，用词语表示某个人或某物，用一种事物代表另一种事物，在头脑中进行想象，模仿、语言、扮演游戏角色、理解图片、绘画、搭模型等活动和技能都体现学龄前儿童的学习能力。

此阶段儿童学习能力的发育特点，表现在以下几个方面。

（1）知觉

此阶段儿童能区别各种色调和明度，懂得各种颜色的名称，逐渐发展出对物体的大小、轻重、粗细和软硬等属性的感知觉，空间方位的知觉。如3岁儿童能分上下方位，4岁开始辨认前后，5岁以自身为中心辨认左右方位，但不能区分他人的身体左右。儿童对时间的认知较空间方位的认知困难，但易理解人物的年龄，如可以根据人物的外貌与年龄选择称呼。4岁儿童可以理解早晨起床，晚上睡觉；4～5岁儿童逐渐会认识一日内时间顺序，如早、中、晚；5～6岁儿童开始逐渐掌握周内时序、四季等概念。

（2）想象力

3～4岁儿童想象能力发展迅速，但想象多为自由联想，内容贫乏。5～6岁儿童以有意想象为主，有意想象和创造想象的内容更丰富，更符合客观逻辑。学龄前儿童想象活跃，贯穿于各种活动中，如扮演角色游戏。想象特点是夸大或混淆假象与真实两个方面，常把想象的事情或自己的愿望当成真实的事情，常被成人误认为是在说谎。

（3）观察力

此阶段的儿童初步形成观察事物的能力，但观察事物的时间较短，多注意事物的表面特征。随着年龄的增长，儿童观察事物的时间逐渐延长并细致化，开始发现事物间的内部联系。

（4）求知欲

此阶段儿童的求知欲迅速发展，表现为好奇、好问，并持续整个儿童阶段，年幼儿童的好奇感有时会导致“破坏”行为，如拆卸玩具、用剪刀剪衣服、反复开关电灯和电视等。

（5）记忆力

3岁儿童可再现几个星期前的事情，4岁儿童可再现几个月前的事情，一般情况下人们的回忆最早只能追溯到3～4岁。3～4岁儿童逐渐发展有意记忆，5岁以后能用重复、联想的简单方法帮助记忆。学龄前儿童主要是机械记忆，无意记忆的效果优于有意记忆的效果，且以无意的形象记忆为主。因此，学龄前儿童学习背诵形象有趣的儿歌、诗词，不仅能发挥想象力，还可训练记忆能力，有益于儿童入学后的知识学习。

学龄前儿童比年长儿童和成人易受暗示，特别是成人的语言暗示。如给儿童错误的信息，儿童可将其存于自己记忆中相当长的时间。因此，成人应注意给儿童正确的信息。

培训项目 2 婴幼儿不良行为习惯和语言发育障碍

培训重点

1. 了解婴幼儿期常见不良行为习惯、行为偏异及语言发育障碍的特点。
2. 熟悉婴幼儿期常见不良行为习惯、行为偏异及语言发育障碍常用矫治方法。

一、常见不良行为习惯和行为偏异

婴幼儿常见不良行为习惯和行为偏异有吸吮手指、咬指甲、拔毛发癖、习惯性摩擦综合征、屏气发作、发脾气等，主要原因与紧张和心理需求没有得到满足有关。

1. 吸吮手指

（1）吸吮手指的表现和原因

吸吮手指主要表现为婴幼儿自主或不自主地吸吮拇指、食指等手指的行为。经常吸吮手指容易引起手指皮肤的红肿、破损甚至出血，严重的还会造成手指变形，留下疤痕。另外，吸吮手指也会影响儿童牙齿的发育。

3 岁之前的儿童吸吮手指，是对周围世界探索的一种方式，也是断乳后对母乳的依恋，到 4 ~ 5 岁时会自动矫正。如果儿童 4 岁、5 岁了还吸吮手指，就可能存在身体或心理方面的问题。吸吮手指的原因比较多，最初是生理反射性行为，后来则属于发展性的不良行为。另外与教育及教育环境不当有关系，如对儿童缺乏关心照顾，玩具少，儿童不能很好地与外界环境建立联系，内心紧张、焦虑，所以选择以吸吮手指的方式自娱，若不及时阻止，甚至还会加以强化。此行为可持续发展为固化的不良行为问题，特别是在有心理冲突与情绪问题出现时更容易发生。

（2）吸吮手指的矫治

一般吸吮手指的行为预后良好，随着年龄的增长，此行为常自然消失。如果学龄前期儿童仍存在难以克服的吸吮手指行为，并干扰儿童的其他活动，或引起牙齿咬合不良等问题时应视为异常，要及时加以矫治。

矫治一般采用综合治疗法，如纠正不良喂养习惯、按时喂养，增加亲子交往，使儿童有充足时间做游戏和与周围环境接触，不断丰富儿童的活动内容，让他多接触新鲜事物，多用手去探索自然、操作玩具、动手劳动。儿童有事可做，注意力就会转移到其他事情上，从而减少或弱化吸吮手指的行为。

切忌呵斥。当儿童要将手放入口中时，可以轻轻叫他的名字，向他摇头示意，并用眼神暗示他不要这样做。当儿童把手放下时，要摸摸他的头，以示表扬。在矫治的过程中，成人的态度要和蔼，让儿童在宽松的环境中放松心情。对于顽固的难以克服者，在手指上涂苦味剂或辣味剂可有一定的效果。

2. 咬指甲

（1）咬指甲的表现和原因

咬指甲主要表现为反复地用嘴咬指甲和指甲周围皮肤，甚至咬足趾，一些儿童因反复用嘴咬指甲而出现手指受伤或感染。

该行为的发生，通常和心理紧张、情绪不稳定有关，一些儿童会在情绪焦虑、紧张时通过咬指甲缓解情绪，久而久之形成习惯。一部分儿童在模仿其他儿童后形成习惯。

（2）咬指甲的矫治

主要通过行为疗法，如用厌恶疗法和习惯矫正疗法矫治，后者通过让儿童自己意识到咬指甲的害处，培养、强化正性行为，消除负性行为，增强自我控制能力等。

3. 拔毛发癖

（1）拔毛发癖的表现和原因

拔毛发癖主要表现为儿童长期、反复、不自主地将自己的毛发拔掉的行为。最常见的是拔头发，也有的是拔眉毛、拔睫毛等。

拔毛发癖的原因通常与心理因素和情绪障碍有关。常在精神紧张、无聊或睡觉前出现，拔除毛发后则有满足或紧张减轻感。

（2）拔毛发癖的矫治

拔毛发癖的矫治以行为治疗为主，如阳性强化法、厌恶疗法和习惯矫正疗法。

重点是让儿童了解拔毛发的害处，培养良好的行为，增强自我控制的能力。该病的治疗效果常常不佳。

4. 习惯性摩擦综合征

（1）习惯性摩擦综合征的原因和表现

习惯性摩擦综合征指儿童反复用手或其他物体摩擦自己的外生殖器引起兴奋的一种行为障碍。

该病目前的病因不明，有人认为是外阴局部受刺激引起反复发作的习惯，也有人认为是因为存在性激素水平的紊乱。

习惯性摩擦综合征的表现为婴儿在家长的怀抱中两腿内收交叉摩擦双腿；年长儿两腿骑跨于床沿、凳角或其他有角的硬物体上，或趴在床上借助这些物体摩擦外生殖器，也有将被子、枕头或衣物夹在两腿之间，双下肢伸直交叉夹紧，双手握拳或者抓住东西使劲。儿童在进行这些行为时，通常脸泛红、表情紧张、两眼凝视、轻微出汗，甚至气喘，如果强行制止，会引起他的不满，过后常表现为困倦、思睡。多在入睡前、醒后或玩耍时发作，可因被分散注意力而终止。

（2）习惯性摩擦综合征的矫治

首先，发现这种行为不要恐慌和焦虑。平时使儿童生活轻松愉快，解除心理压力，鼓励其参与各种游戏活动。对于偶然的发作，应采取忽视的态度，以有趣的事物分散其注意力，尽量让儿童避免能引起此种行为发作的地点、物品等，如晚上尽量等儿童很疲倦了才让其上床睡觉，早上醒后立即起床，减少儿童醒后独自在床上的时间。其次，注意儿童的外阴清洁，每日清洗，对于年龄较大的、频繁发作的儿童，可至儿童发育行为科室咨询医生。

5. 屏气发作

（1）屏气发作的表现和原因

屏气发作是指儿童因发脾气或需要得不到满足在大哭时突然出现呼吸暂停的现象。哭闹有时时间短，有时时间长，然后逐渐加剧，在呼气末突然出现呼吸暂停、面色发绀或苍白、全身强直，严重时患儿会出现意识丧失、抽搐发作，有时还会伴有惊厥。发作常持续 30 s 至 1 min，严重者可持续 2 ~ 3 min，随后才哭出声来，呼吸正常后意识即恢复正常。

常见诱因有发怒、害怕、沮丧或轻微外伤。儿童该行为与环境或者父母之间存在明显的矛盾冲突有关，有的是因为儿童语言表达能力差而发泄愤怒的一种方式。屏气发作也与儿童的心理气质有关，困难型气质的儿童更易出现。

（2）屏气发作的处理

通常屏气发作只是一种暂时的现象，该病预后良好，一般措施为消除父母的紧张焦虑情绪，避免各种可能的诱因，纠正不适当的抚育方式，指导父母与儿童建立良好的亲子关系，帮助儿童在面对困难和挫折时学会控制自己的情绪。严禁在屏气发作时对患儿进行责罚，否则只会加重该行为的发作。

6. 发脾气

（1）发脾气的表现和原因

发脾气是指儿童在受到挫折后哭叫吵闹的现象。

该行为的发生与儿童气质和受教育环境有关。难养型气质的儿童更易脾气爆发。儿童成长过程中受到溺爱，有求必应，在不能满足其需求时即会发脾气，长期如此就会形成习惯。

（2）发脾气的矫治

发脾气的矫治主要结合儿童的气质特点采用教育疗法。当儿童发脾气时，遵循帮助儿童学会控制情绪、促进成长的原则，不要否定、抛弃、威胁或强行控制儿童，不要打骂儿童，不要立即满足刚才未满足的要求，可采用“冷处理”或转移注意力的方法。在平时对待儿童过程中，对良性行为和适当的情绪控制给予强化；同时充分尊重儿童的独立自主性，少对儿童说“不”，对儿童的不合理行为不要过分反应，设置合理限制，注意对其行为做正确的引导。

一部分儿童发脾气是由于家庭中亲子关系障碍、父母缺乏教育技巧导致的，除了对儿童进行指导外，还须对家长或抚养者进行心理辅导，调整家庭功能有利于控制儿童发脾气。以儿童为中心的亲子游戏训练可发展和重建亲子关系，有利于让儿童适当地表达情绪，增强自信和改善自我意识，最终学会控制不良情绪。

该行为问题预后较好，一般随着年龄增长可逐渐消失。但部分儿童的任性行为可持续存在，很难克服。

7. 其他不良行为习惯

（1）爱吃零食

有些儿童正餐时不好好吃饭，饭后又吵着说肚子饿，要零食吃；有些儿童零食不离口，见到自己喜欢吃的零食就缠着家长买。儿童一旦养成爱吃零食的习惯，必然会在正常进餐时食欲不振，甚至不愿意吃饭。要充分重视三餐两点、普通饭食对儿童身体生长发育的重要意义，每天定时定量为他准备能提供蛋白质、脂肪、碳水化合物、矿物质、维生素和水的餐点，不用或少用方便食品，尤其不要用零食替代新鲜饭菜。家长要以身作则，在购买零食和吃零食时，都要有所节制。带领儿童购买时，要过问购买零食的数量和种类，指导他做出合理、适度的选择。

（2）挑食偏食

挑食的儿童吃饭时，总是在菜里翻来翻去，专门挑选自己喜欢吃的食物，不喜欢吃的则一口也不吃，甚至非常反感，有时在催促甚至强迫下才勉强吃一点。凡有挑食习惯的儿童，食欲都不大好。如果过分偏食，会造成营养不均衡，影响儿童的发育和健康。另外，挑食还可能使儿童产生一种特殊的心理，养成对周围的人和事物挑剔的不良习惯，对其身心的全面发展造成不良影响。同时，在餐桌上翻找食物，也是一种不礼貌的行为。

儿童不喜欢某种食物，原因是多种多样的，有的是不喜欢一些食物的味道，如猪肝、虾、香菇、胡萝卜、牛奶、豆浆等；有的是对一些食物的口感不适应，如海参、鸡皮、菜叶等。此外，儿童挑食可能有健康状况方面的原因，如有的儿童肠胃失调，不愿意吃难以消化的食物以及较硬的食物；有的儿童有龋齿，咀嚼无力，不喜欢吃大块食物和不容易嚼烂的食物；有的儿童由于患某种疾病导致吞咽困难，不喜欢吃蔬菜，因为蔬菜容易粘在消化道上。家庭的饮食习惯也是导致儿童挑食的诱因之一。有的家长为孩子提供的食物种类比较单调，甚至只按照孩子喜欢的几种口味选择和制作菜肴，致使他没有机会接触其他食物和新口味。有的家长自身有挑食的习惯，自己不爱吃的食物，平时就做得少或干脆不做，这样，孩子就吃得少，甚至吃不到。有的家长还把自己不喜欢吃什么挂在嘴上，在就餐或购买食品时当着孩子的面说出来，久而久之，孩子就会拒绝吃这种食物。

如果是由于身体健康状况方面的原因导致儿童厌恶某种食物，应对症治疗，以免日久成习。让孩子吃他不习惯或不喜欢的食物时，可以将这种食物与其他食物调和在一起制作，用孩子喜欢的味道遮盖这种食物的味道，这样他就比较容易接受了。要让孩子懂得，在家里或在幼儿园进餐是一种集体行为，不能只顾自己，把自己喜欢吃的东西吃完，把不喜欢吃的东西留给别人。自己喜欢吃的别人也可能喜欢吃，应该让大家分享，并且要让别人多吃一点。吃饭时，每种菜都应该吃一点，并且按顺序由外至内吃，夹了就要吃。如果在盘子里东挑西拣，翻来覆去地找“可口”的菜，既不卫生，也不礼貌。要用孩子能够理解的语言给他讲道理，让他了解挑食的害处，引导他逐步适应新口味。当孩子接受劝导，品尝新的食物时，要及时给予表扬。家长不能以自己的好恶安排家庭饮食，不在孩子面前强调自己不喜欢吃什么食物，树立不挑食的好榜样；有新品种的食物时，要带头品尝，并鼓励孩子像自己这样做。如果孩子不愿意吃某种食物，平时可以创编或收集一些讲这种食物有什么营养、吃这种食物有什么好处的歌谣和故事，教给孩子唱，讲给孩子听。当孩子不想吃这种食物时，可以引导他回忆这些歌谣和故事的内容，激发他对这种食物的兴趣。

（3）经常剩饭

有些儿童吃完饭，碗里总会剩下一些饭菜。当成人要求他吃掉时，他总是说："我吃饱了"。剩饭是种不良习惯，长此以往，不利于孩子养成做事善始善终和节约的好习惯。有些人认为孩子吃饱就行了，剩饭总比吃撑了要好，因此，不认为孩子剩饭是一种存在隐患的行为问题。当孩子剩饭时，他们不仅不会阻止，还会主动替他们吃掉。孩子见到每次剩饭都有人为其打扫，久而久之就习以为常。此外，饭菜可口、添饭次数过多，也是儿童剩饭的原因之一。有些则是孩子进餐习惯问题，如吃饭的节奏前松后紧，大家都已经吃完了，他却没有吃完；没有做好餐前准备，不得不在进餐过程中解决大小便问题；进餐过程中不专心，东张西望、发呆、把饭菜或餐具当玩具玩、说话聊天等，都会影响进餐速度，导致饭菜吃不完。

应当遵循少盛多添的原则，指导儿童根据自己的饭量盛饭和添饭，每餐宁可少吃一点，也不能因盛得太多而剩下；如果有剩饭，不要帮助他打扫，而应该让他自己吃掉。这样，可以让孩子注意了解自己的饭量，知道每次盛多少饭菜合适。如果孩子剩的饭太多不得不倒掉时，应及时进行教育，使他懂得什么是浪费、为什么不应该浪费，养成初步的责任感。孩子进餐时，要注意观察，避免发生边吃边玩边说或前松后紧的现象，指导孩子专心进餐，并注意掌握好节奏，用比较均匀的速度平稳进餐。成人需要以身作则不剩饭，给孩子树立一个好榜样。

（4）早晨赖床

很多成人不重视对儿童的教育，总觉得不能赖床这种教育可有可无，有时因为身体等原因造成孩子经常迟到、早退，甚至不请假，久而久之养成很多儿童早晨赖床的习惯。特别在冬天，很多儿童赖床不到学校，一旦形成这样的习惯，就会造成儿童懒惰的思想。

这样的习惯一旦形成，纠正起来会比较困难，甚至有反复出现的现象。作为成人，应明确孩子每天需要多长时间的睡眠，制定出科学合理的作息时间，晚上提醒孩子主动睡眠、早晨早起。

（5）不讲究卫生

对于儿童来说，他们对卫生习惯不是太理解，更不懂得讲卫生的重要性，因此，很多儿童不明白为什么要洗脸、刷牙。但有些卫生习惯如操作不当，也会对他们的身体造成一些伤害。例如，给儿童洗头时，往往因成人操作不当，使洗头液流入孩子眼睛，造成疼痛，这样就会让他一洗头就感到紧张，甚至惧怕洗头。

应该让儿童懂得养成卫生习惯的重要性，让他们在对洗脸、刷牙充满好奇心的初期，就开始引导、帮助他们洗脸、刷牙。对于容易造成伤害的操作，要有一定的预防措施。通过一段时间的锻炼，他们会自觉养成讲卫生的习惯。当儿童有进步时要及时表扬，表现欠佳时给予及时提醒，从而让他们逐步加深印象，形成自觉意识。

（6）不愿上学

入园初期，儿童对幼儿园各种不同的活动会产生浓厚的兴趣，但随着新鲜感的逐步褪去，他们开始讨厌上学，对于老师提出的要求和规矩，很多儿童不能承受，从而产生不愿意上学的念头。很多儿童在进幼儿园一段时间后，由于不习惯幼儿园的学习与生活，进入园门口便大闹起来。

进入幼儿园是儿童离开家庭走向社会的关键一步，成人要教育他们不能像在家里一样想干什么就干什么，必须服从保教人员的管理，不能独占玩具，必须有一定的约束力。保教人员要通过说服开导他们，提高他们对环境的适应能力。由于年龄小，儿童的理解能力有限，因此成人对于儿童的引导教育要更细致，更耐心。

（7）不会分享

不会分享具体表现在有以下行为：自己的玩具不肯给其他小朋友玩，即使自己不玩也不让别人碰；见到自己喜欢的东西，不经别人同意便拿来玩，经常会发生争抢玩具的现象；如果别人拿了他的东西，即使父母也会不依不饶，一定要还给他。不会分享的儿童容易过分以自我为中心，难以融入社会，融入群体，严重的还会形成自私、霸道的心理。

分享行为不是与生俱来而是后天养成的。一般情况下，儿童都会认为自己得到的东西应该属于自己，别人不能动。如果成人不注意儿童分享行为的养成，慢慢就会发展成以自我为中心。要让儿童感受到分享的快乐，使他们感受到两个人玩比一个人玩更有趣，体验共同游戏的快乐。可在生活中抓住每件小事进行养成教育。例如，到游乐场玩时，如果人多玩具少，要引导孩子学会等待；和小朋友一起玩游戏时，引导孩子相互交换玩具；设计一些需要合作才能完成的游戏，让孩子在游戏中体会到合作的快乐。成人要身体力行，为他们做出榜样。例如，家里有好吃的，要先孝敬老人，也可以让孩子与邻居分享，给他们一个良好的行为示范。

二、言语与语言发育障碍

1. 言语与语言发育障碍的原因

婴幼儿言语障碍是指婴幼儿在口头语言表达时，出现的发声及言语不流畅或言语的节律性障碍；婴幼儿语言障碍是指婴幼儿对口语的理解、表达，以及交流中出现的障碍，或者婴幼儿的语言发展水平明显落后于同龄正常儿童。

目前已知的发病原因有遗传因素、听力障碍、认知受损或智力障碍、孤独症谱系障碍、环境因素等多种因素。

2. 言语与语言发育障碍的分类

（1）语言发育延迟

语言发育延迟，即语言的发展按照正常的顺序进行，但整体发育水平比正常速度慢。根据患儿的特点，语言发育延迟可分为：

1）单纯表达型障碍。婴幼儿对语言的理解没有问题，但是语言表达能力落后于同龄儿童，经检查没有发现相关器质性疾病。

2）感受性障碍。婴幼儿对听力的辨别有困难，能听到声音，但理解起来比较困难，可理解姿势或手势，但不会表达。

（2）构音障碍

构音障碍指婴幼儿说话不清晰，发音错误，以致其他人听不懂，如将“这个”说成“几个”，将“吃饭”说成“起帆”，将“豆子”说成“透子”，将“飞机”说成“灰机”等。

（3）言语流利障碍（口吃）

口吃是一种表现为言语节律异常的言语障碍，表现为说话时有停顿、重复、延长和阻塞现象。常见的口吃有两种，即痉挛性口吃与强直性口吃。前者是由于发音器官肌肉的痉挛，出现多次重复第一个字的音节；后者是由于发音器官肌肉的强直，难以发出或停顿在某一个字上。

3. 言语与语言发育障碍的矫治

（1）针对病因进行矫治。

（2）根据儿童的情况结合语言训练、口腔功能训练进行矫治。

1）口肌训练、舌头操训练。如让舌头伸出口再缩进去，舔上颚、舔两颌，围绕上下牙转动一周等，这些都有利于对构音障碍的儿童进行语音纠正。

2）认知理解力训练。通过改善儿童的认知理解力，促进其语言表达能力的增强。

3）社会交往能力训练。让儿童在与其他儿童的社会交往中通过模仿进行语言的学习，促进所学语言的应用。

4）言语流利障碍矫治。对学龄前儿童，需要减少应激性因素，让其讲话自然轻松，可以自动好转。对学龄儿童要及时进行言语矫正训练，包括消除精神紧张因素、放松肌肉、协调呼吸和说话、控制语速、延长元音的发音等。对明显焦虑者须用抗焦虑药物，可适用氟哌啶醇治疗，以放松肌肉并便于训练。

培训项目 3
婴幼儿情绪和睡眠障碍

培训重点

1. 了解婴幼儿常见的情绪和睡眠障碍的特点。
2. 熟悉婴幼儿常见的情绪和睡眠障碍的一般处理方法。

一、情绪障碍

情绪障碍又称情感障碍，是指正常情感反应的夸张、混乱和减退。情绪障碍症是涉及焦虑、恐怖和抑郁为主要临床表现的一组疾病，过去称为儿童神经官能症或儿童神经症，与成人的神经症有明显的区别。

1. 儿童焦虑症

（1）儿童焦虑症的定义和表现

儿童焦虑症是在儿童时期无明显原因下发生的紧张、莫名的恐惧与不安，常伴有自主神经系统功能的异常，是一种较常见的情绪障碍。

儿童焦虑症的临床表现：婴幼儿期情绪表现为烦躁、哭泣或吵闹，难以安抚和照料，不易抚养，属于"难养型"。有害怕或有大祸临头的不祥感觉，行为上表现胆小、惶恐不安。一些儿童出现食欲缺乏、胃肠功能紊乱，时有呕吐、腹泻，入睡困难、多梦、梦魇等。有的儿童伴随自主神经系统功能的紊乱，如呼吸急促、心慌、胸闷、头晕、四肢发冷、腹泻、尿急、尿频、失眠等。

（2）儿童焦虑症的分类

根据发病的原因和症状特征分为分离性焦虑、广泛性焦虑、社交性焦虑和惊恐发作。

1）分离性焦虑

①分离性焦虑的特点。从出生7个月到学龄前期，几乎所有的儿童都曾因为和父母或主要养育者分离而焦躁不安。如果过了此年龄段仍出现焦虑的表现，且持续4周以上，并影响正常的上学、生活、交往能力时可能出现了分离性焦虑。

②分离性焦虑的表现。与父母或主要养育者离别时或预期此事会发生时出现过度苦恼，反复如此；持久、过分地担心主要养育者一去不返或他们可能受到伤害；持久、过分地担心不幸事件将会把自己与主要养育者分开；长期因为害怕离开主要养育者而不愿意或拒绝上学或去其他地方；长期、过分地害怕或不愿意独处，或害怕家中没有主要养育者或其他环境中没有对自己有意义的成人；没有主要养育者陪伴不愿或拒绝睡觉，或拒绝离家外宿，反复做有关离别情节的梦；与父母或主要养育者离别时或预期此事会发生时诉说躯体症状，反复如此，且持续至少4周，导致学习、社交等主要社会功能受损，可考虑存在分离性焦虑。

③分离性焦虑的矫治。降低亲子依恋程度，在家庭中适当放手，适当短时间地与孩子分离，然后逐渐延长分离的时间，让孩子自己做力所能及的事情，增加孩子的成就感；积极引导，使孩子与养育者分离后所处的地方对他来说是个有趣的地方，如告诉她幼儿园可以和小朋友们玩游戏、学本领等，让孩子逐渐接受和喜欢；形成新的依恋关系，让孩子在新的环境中，与保育员建立新的依恋关系，减少焦虑情绪。

2）广泛性焦虑

①广泛性焦虑的特点。广泛性焦虑是指儿童无明确的焦虑对象，焦虑是广泛的、多方面的，几乎每天都会对很多生活事件和活动产生过度、不可控制的焦虑，焦虑程度较轻，但持续时间长，上课紧张，怕被老师提问，怕成绩不好等，也有自主神经系统功能紊乱的表现，是儿童时期最常见的焦虑障碍。

②广泛性焦虑的表现。难以控制自己不去担心，呈现过分的焦虑和担心，一些儿童会伴随容易疲倦或思想难以集中或头脑一下子变得空白，或易激惹，或肌肉紧张，或睡眠障碍（难以入睡，辗转不安，常觉醒）。

③广泛性焦虑的矫治。以综合治疗为原则，以心理治疗为主要手段，主要包括查明病因，针对病因进行治疗，解除诱发焦虑症的心理应激因素，采用支持、认知的心理治疗、家庭辅导治疗等。在家庭辅导治疗方面，为父母提供咨询，提

高对疾病的认识，了解疾病产生的原因，让父母积极配合治疗。

3）社交性焦虑

①社交性焦虑的表现。与人接触或处在新环境时出现持久而过度的紧张不安、害怕，并试图回避，惧怕上幼儿园或上学，有明显的社交和适应困难。

②社交性焦虑的矫治。首先了解并消除引起社交性焦虑的原因，改善家庭与学校环境，创造有利于孩子适应的过程与环境，减轻孩子压力，增强自信；进行游戏和音乐治疗可取得一定疗效；对于有焦虑倾向的父母，帮助他们认识到其本身的个性弱点对孩子产生的不利影响；对于严重焦虑的儿童，应予抗焦虑药物治疗。

4）惊恐发作

①惊恐发作的表现。惊恐发作是一种急性焦虑发作，表现为突然发生强烈的烦躁不安、紧张、恐惧，伴有明显自主神经紊乱的症状，如心悸心慌、心率加快、出汗，觉得气短或胸闷，有窒息感，胸痛、恶心或腹部不适，感到头晕、站不稳、头重脚轻，害怕失去控制或将要发疯，感觉异常等，半小时或几小时后缓解，1 周或 1 个月内发作数次。

②惊恐发作的矫治。以综合治疗为原则，以心理治疗为主要手段，主要包括查明病因，针对病因进行治疗，解除诱发惊恐的心理应激因素，消除恐惧心理；对于较大儿童采用合理情绪疗法，改善其认知，使其了解不良的情绪反应是其不当的认知所导致；行为治疗（包括脱敏法、暴露疗法、正性强化法、示范法等）结合支持疗法、松弛治疗及音乐与游戏疗法，同时结合家庭辅导治疗等，一般可取得较好疗效；对症状严重的儿童可予小剂量抗焦虑药物或抗抑郁药物。

2. 儿童恐怖症

（1）儿童恐怖症的特点

儿童恐怖症是指儿童对某些事物明明知道不存在危险，却产生异常强烈的恐惧感，兼有焦虑情绪及自主神经系统功能紊乱症状，并有回避和退缩行为，影响儿童的正常生活和社会功能。

（2）儿童恐怖症的表现

儿童恐怖症表现为儿童对某些物体或某些特殊的环境产生异常强烈、持久的恐惧感，如对黑暗、动物、昆虫、雷电、刺耳的强声、社交活动、上学、与亲人分离、流血、死亡等，存在回避行为；无法控制内心的痛苦，回避以上事物和情境；一些儿童存在自主神经系统紊乱，出现呼吸困难、面色苍白或潮红、出汗、心慌、胸闷、四肢软弱无力，重者可瘫痪、晕厥等。

（3）儿童恐怖症的分类

1）社交恐怖症。社交恐怖症是指儿童不敢与人交往，回避交往的场合，不敢与人对视，脸红，不说话，是一种显著、持续的对社交或自我表现的恐惧。

社交恐怖症表现为：儿童在与熟悉的人或年龄相当的人交往时出现焦虑情绪，在处于所惧怕的社交场合时，几乎必然产生焦虑。这种焦虑表现为哭闹、发脾气、惊呆，或者从有不熟悉人的场合中退缩出来。儿童一般都设法避免这种场合，否则便产生极度的焦虑和痛苦烦恼。

2）学校恐怖症。学校恐怖症是儿童对学校这一特定环境异常地恐惧、强烈地拒绝上学的情绪障碍，是恐怖症中的一个特殊类型。

学校恐怖症表现为：去学校产生严重困难，如诉说头痛、腹痛、发热、尿频、遗尿等，以得到父母的同情实现暂不上学的目的；存在严重的情绪障碍，如焦虑不安、情绪低落、困倦，甚至抑郁。

学校恐怖症应针对病因进行治疗，增强学校的吸引力，培养孩子入校学习的自觉性，与保教人员合作，增加文体活动，由医生协调开展家庭心理治疗。

3）特异性恐怖症。包括以下几个种类：

①动物恐惧：属于特异性恐惧，对象常为蛇、狗等动物。儿童3岁以后开始对动物产生恐惧。

②特殊环境恐惧：对黑暗、高处、学校的环境恐惧。

③广场恐惧：对公共场所恐惧，表现为不敢乘公交车，不敢进商店购物。

④疾病恐惧：对癌症、心脏病、肝炎等疾病造成的后果感到恐惧。

（4）儿童恐怖症的矫治

1）心理治疗。对于较大儿童可采用合理情绪疗法，改善其认知，使其了解不良的情绪反应是其不当的认知所导致。

2）放松治疗。在接触使孩子感到恐惧的事物之前，可使用放松疗法，降低患儿的紧张、惧怕情绪，经常练习，逐渐对所恐惧的事物脱敏。也可进行生物反馈治疗、药物治疗等综合治疗。

二、睡眠障碍

睡眠是人体的基本生理需求之一，人类生命1/3左右的时间是在睡眠中度过的。对儿童来讲，睡眠质量的好坏关系到身体、智力的发育和心理健康的发展。

儿童常见的睡眠障碍是深度睡眠状态下的睡眠异常行为，包括夜醒、夜间摇头、睡行症、夜惊、梦魇、梦呓、磨牙等。

1. 夜醒

（1）夜醒的表现

夜醒表现为儿童夜间不能持续睡眠，容易惊醒，轻则2～3次，重则4～5次，并伴有哭闹不安。夜醒之后难以重新入睡，常重复就寝前入睡的过程，不想上床睡、要求抱着睡或听故事等。年龄较大的儿童在就寝前可能表现出莫名的焦虑，或是对黑暗和孤独的恐惧。

（2）夜醒的原因

夜醒为婴幼儿时期常见的睡眠障碍，多发于1～2岁儿童，无明显性别差异。

夜醒通常和以下因素有关：

1）护理方法不正确。儿童没有建立一致性和规律性的睡眠模式，例如，一些婴儿睡眠时，需要成人抱着、拍着、摇着，甚至含着奶头入睡，养成不良的睡眠习惯，进而影响正常睡眠模式的建立。

2）家庭因素。父母感情不和、家庭气氛紧张、母亲的焦虑或抑郁情绪，都可造成儿童入睡困难和夜醒。

3）环境因素。睡眠环境过于嘈杂、卧室温度过冷或过热、湿度不适宜、衣被不合适等均可引起入睡困难和夜醒。

（3）夜醒的矫治

1）支持性心理治疗。消除由父母造成的儿童心理困扰，建立信心，纠正不合理的抚养方式。

2）行为疗法。建立正常睡眠模式；建立良好的睡眠环境，为儿童提供安静舒适的环境；必要时结合药物治疗。

2. 夜间摇头

（1）夜间摇头的表现

夜间摇头表现为儿童睡眠时有节律地来回运动，如点头、摇头或全身摆动，动作快速有力。

（2）夜间摇头的矫治

轻症不需要治疗，只需加强护理，保护头部不受损伤；重症患儿可配合药物治疗。

3. 睡行症

（1）睡行症的表现

睡行症又称梦游症，表现为儿童在床上坐起或行走，难以唤醒，或醒后常伴有精神错乱现象，意识混乱，发作中很难被唤醒，对试图唤醒他们的人会出现反抗、攻击行为或表现出受惊吓后的恐慌，持续数分钟到半小时，最后可自行上床入睡。一般事后对所发生的事不能回忆，伴随症状如跌落、受伤等，偶有自伤和伤人行为。

睡行症可以发生在儿童会走路后的任何时期，但第一次发作多出现在 4~8 岁，在青春期后常自行消失。一般人群中有 15% 以上的人在儿童时期至少有过一次睡行症。睡行症者有明显的家族倾向。

（2）睡行症的原因

睡行症为一种睡眠异常，表现为在睡眠中行走的以一系列复杂行为为特征的睡眠障碍。

睡行症的发病原因通常和遗传因素、婴幼儿神经生理发育不成熟、心理因素有一定的关系。

（3）睡行症的矫治

对年龄较大的儿童不必进行治疗，随着年龄的增长有可能自行消失；对于年龄小的儿童要避免各种刺激和诱发因素，避免睡眠剥夺，建立合理、规律的睡眠－觉醒时间，避免使用安眠药、镇静剂，尽力避免儿童受伤，如关好门窗，避免接触尖锐物体；睡行症发作频繁时可应用小量药物。

4. 夜惊

（1）夜惊的特点

夜惊又叫睡惊症，表现为突然从 NREM 睡眠Ⅳ期（NREM 睡眠又叫非快速眼动睡眠，入睡后 30 ~ 45 min 后进入Ⅳ期睡眠，为深睡期）中苏醒，伴有尖叫或呼喊，同时可有极端恐惧的自主神经功能和行为改变。

（2）夜惊的表现

夜惊主要发生于 4 ~ 12 岁的儿童，在青春期前发生率逐渐减少直至消失。青少年和成人夜惊少见，并且其成因与儿童期不同。夜惊多发生于入睡后 0.5 ~ 2 h 内。

夜惊表现为儿童在睡眠中猛然惊醒，两眼直视或紧闭，持续哭、手足乱动、表情惊恐，意识呈朦胧状态，对周围事物无反应，极难唤醒，发作时可伴随明显的自主神经症状，如心动过速、呼吸急促、皮肤潮红、多汗等表现，一般在几分钟内结束，发作过程中对外界刺激无反应，醒来则精神错乱和定向力缺乏，发作过程不能回忆或有简短片段的回忆。

在发作中，儿童坐于床上或下地无目的地走动，好像要挣脱一些看不见的威胁，其意识呈朦胧状态，对父母的关心毫无反应，拒绝任何身体接触，因此在这些激烈的活动中很可能受伤，如撞到家具，甚至打破窗户，有时还会使身边的家人受到伤害。

（3）夜惊的矫治

1）找出发生夜惊的原因，针对病因治疗。

2）教育父母和其他养育者，加强对儿童的保护。

3）心理治疗，可进行自我放松训练。

4）必要时应用药物治疗。

5. 梦魇

梦魇又称为梦发作，是指儿童从噩梦中惊醒，能回忆恐怖、生动的梦境，可伴随焦虑和惊恐发作。

（1）梦魇的表现

梦魇的表现常常是复杂的，恐怖和焦虑是梦魇的主要成因，噩梦发作时肌肉常不能运动。儿童在完全清醒后因为害怕不敢自己回床睡觉，常要父母在身边或做出保证后才敢再入睡。

（2）梦魇的原因

1）心理因素，比如白天或夜晚看了恐怖的故事。

2）环境及躯体因素，如胸前受压、呼吸道不畅等。

3）药物因素。

（3）梦魇的矫治

包括药物治疗和心理治疗。心理治疗方面，进行睡眠卫生教育，减少噩梦发作频率，可通过训练，降低儿童对梦的恐惧。该病预后较好，多数儿童随着年龄增长而症状逐渐减轻或消失。

6. 梦呓

（1）梦呓的特点

梦呓又称为说梦话，儿童在睡梦中喃喃自语，语言支离破碎，内容含混不清。

（2）梦呓的表现

梦呓表现为儿童在睡眠中讲话，他人能听到短暂的说话声或哭泣声，内容不清，醒后对夜间情况不能回忆。

（3）梦呓的矫治

如表现时间短暂、不严重，一般无须治疗。父母应意识到规律作息习惯的重要性，减轻儿童白天的玩耍强度，避免过度疲劳，养成规律的作息习惯。

7. 磨牙症

（1）磨牙症的特点

磨牙症是指儿童夜间入睡后因咀嚼肌强有力地、持续地非功能性收缩，使上下牙齿之间摩擦、产生声音的行为，本症可随年龄增长而减少。

磨牙症可发生在婴儿出牙时，磨牙可引起牙齿组织损伤，导致牙周病、咀嚼肌紧张、下关节疼痛、紧张性头疼、面部疼痛和颈部僵硬。磨牙可引起心率加快等全身症状。

（2）磨牙症的矫治

先查明引起儿童紧张、情绪不稳的原因，对症消除病因；同时给予生物反馈治疗、肌肉放松训练；严重者可服用药物治疗。

培训项目 4 婴幼儿孤独症谱系障碍和智力发育障碍

培训重点

1. 了解婴幼儿孤独症谱系障碍和智力发育障碍的特点。
2. 熟悉婴幼儿孤独症谱系障碍和智力发育障碍一般处理方法。

一、孤独症谱系障碍

1. 孤独症谱系障碍的特点

孤独症谱系障碍常起病于出生 36 个月之前，是由多种因素如遗传、免疫、宫内感染、围产期损伤等作用于有孤独症遗传易感性的个体所导致的神经系统发育障碍性疾病。

孤独症谱系障碍表现多样，但均存在不同程度的社交障碍和刻板行为两个主要症状，同时在智力、感知觉和情绪等方面也有相应的特征。一般从 1 岁半左右开始，家长逐渐发现儿童与其他儿童存在不同。

2. 孤独症谱系障碍的表现

（1）语言交流障碍

语言发展的延迟或缺如，如开口说话较晚，通常在 2 岁或 3 岁时仍然不会说话，或语言量少。一些儿童语言交流有障碍，比如可背古诗、儿歌，但不能使用语言进行对话式交流，尤其是对人称代词的理解与使用存在困难。一些患儿存在语言重复，如“鹦鹉学舌”、“广告语”或“电报语”、回声式语言，答非所问，语调单一，机械刻板等现象。

（2）社会交往障碍

不能进行社会交往，如缺乏社会兴趣、害怕拥抱等身体接触、对人冷漠、无目光接触、无主动交流、不理解人的面部表情、不知描述病痛和表达情感、不会分担忧愁喜乐。在社交场合往往困难重重，不能建立伙伴关系，如喜欢独自玩耍，不会参与游戏，不会结交同伴，游戏时无法遵守游戏规则，不能参加合作性游戏。一些患儿对父母的多数指令常常充耳不闻，但会愉快地执行某些他所感兴趣的指令，如丢垃圾、吃饼干等。

（3）兴趣狭隘和行为刻板

患儿会对某些特别的物件或活动表现超乎寻常的兴趣，如对生活中同一性的执着，只用白色的碗吃饭，喜欢重复听一种声音或音乐，总是注视、抚摸同一样东西，反复玩开关、排列玩具和积木等。

（4）智力异常

50%左右的患儿智力低下，30%～40%的患儿智力在正常范围，10%的患儿智力超常。部分患儿可以在某些方面有较强能力，主要在音乐和记忆方面，尤其是机械记忆数字、路线、车牌、年代、商标等。少数患儿在某一或几方面有特殊能力，又称白痴学者。

（5）感觉异常及其他

大多数孤独症儿童存在感觉异常，如声音的异常（对一些声音特别恐惧）、痛觉异常（不怕痛）、空间感的异常（害怕狭小的空间）、触觉异常（喜欢触摸或害怕触摸固定材质的物品）、视觉异常（喜欢斜视、倒视）、本体觉异常（很多患儿不喜欢被人拥抱，喜欢或特别惧怕乘坐电梯等）。多数儿童多动现象较为明显。

3. 孤独症谱系障碍的矫治

目前主要以康复训练为主，国际上认可的康复训练方法有应用行为分析、结构化训练、人际关系发展干预、早期丹佛介入干预、关键性技能等。

在家庭和幼儿园中，对于目光对视差的儿童，可选择其感兴趣的玩具，首先拿玩具吸引孩子的注意，接下来可把玩具移动到自己的眼睛旁边，引导孩子对视。当孩子看成人面部时，可给予他喜欢吃的食物奖励或表扬。对于不会用手指的儿童，可把他喜欢的物品放到他能看到但够不着的地方，当孩子想要时，辅助其用手指表达需求，此行为出现后可给予及时的奖励。孤独症谱系障碍儿童的模仿能力差，可选择孩子感兴趣的活动，由成人做示范，辅助孩子进行模仿，完成后可给予喜欢的玩具或表扬等。

二、智力发育障碍

智力发育障碍又称为智力低下，国际上通用术语为精神发育迟缓，是指18岁以下儿童发育期智力明显低于同龄正常儿童水平，并伴有社会适应行为显著缺陷。

1. 智力发育障碍的病因

本病病因复杂，涉及范围较广，包括生物学因素和心理社会因素等诸多因素。约2/3患儿病因不明。常见的病因有感染和中毒、外伤、代谢障碍、内分泌因素、先天脑畸形及其综合征、围产期因素、染色体异常等。

2. 智力发育障碍的分度

根据患儿的表现，可分为轻度、中度、重度、极重度四级。

（1）轻度智力发育障碍

早期不易被发现，多在入托入学后出现学习困难。可能伴有语言发育迟缓，复杂语言表达能力困难和运动发育迟缓，学习能力差等。

（2）中度智力发育障碍

幼儿期语言和运动发育明显落后，表达较复杂的话题困难，多与低龄儿玩耍。部分中度智力发育障碍儿童伴有躯体发育缺陷和神经系统异常。

（3）重度智力发育障碍

患儿生后3～6个月即表现为精神运动发育明显落后，可有躯体先天畸形和神经系统异常，运动和语言能力差，学习困难、理解能力差，生活无法自理，缺乏社会行为能力。

（4）极重度智力发育障碍

婴儿出生即有明显躯体畸形和神经系统异常，无言语表达能力，不能识别亲人，大运动、语言发育落后，生活无法自理，完全需要他人照顾。

3. 智力发育障碍的矫治

（1）病因治疗

对于一些病因比较清楚的代谢、内分泌疾病，要早诊断、早治疗，如苯丙酮尿症患儿，最好在出生后3周内开始给予低苯丙氨酸饮食，半乳糖血症应及早停止服用含乳类食物等。

（2）病因未明者对症治疗

如伴有多动行为者，可给予中枢兴奋剂治疗等。

（3）促大脑代谢治疗

可给予脑神经营养类治疗。

（4）教育和康复训练

教育和康复训练是主要治疗措施。目的是尽可能提高患儿的生活质量，减轻家庭、社会负担。按患儿发育水平制定个体化方案，尽早开展运动、感觉技能及日常生活技能训练。

培训项目 5 婴幼儿注意缺陷多动障碍和学习障碍

培训重点

1. 了解婴幼儿注意缺陷障碍和学习障碍的特点。
2. 熟悉婴幼儿注意缺陷障碍和学习障碍的一般处理方法。

一、注意缺陷多动障碍

注意缺陷多动障碍（ADHD）是以注意力不集中、活动过度、情绪冲动和学习困难为主的一组综合征。

1. 注意缺陷多动障碍的病因

ADHD 的发病原因可能与遗传、孕产期不利因素、重金属中毒、神经生物学、电生理学等因素有关。

2. 注意缺陷多动障碍的表现

（1）注意力缺陷

表现为主动注意不足，维持时间短暂，很容易受外在刺激影响而分心；注意的范围狭窄。不注意细节，在做作业或其他活动时，出现粗心的错误，对别人说的话心不在焉，丢三落四。没有时间观念，很难遵照指示做事或无法完成功课、家事（并不是由于对立性行为或无法了解指示的内容）。逃避或不愿意做需要持续性动脑的工作（如学校或家庭作业）。

（2）多动

跑来跑去，精力旺盛，坐不住，甚至会任意离开位子，坐时身体扭来扭去，或玩弄手指，像被马达驱动着一般停不下来。在不适当的场合，乱跑或爬高爬低。

很难安静地玩或参与休闲活动，有意无意地碰触别人而被误会打人而惹人厌。

（3）冲动

活动无目的性，冲动任性，不顾危险，没有耐心，别人在谈话时常常抢话、插嘴或打断别人的游戏，急于接话或回答，甚至在不适当的场合说个不停。在游戏或团体活动中，很难等待轮流。

3. 注意缺陷多动障碍的矫治

（1）行为疗法

利用条件反射原理，当正确行为出现时给予奖励，以保持行为，并促其改进；当不正确行为出现时给予漠视，或剥夺一些权利，以表示惩罚，结合奖惩原则训练儿童正确的行为。

（2）认知训练

对于年龄较大的患儿，可通过改变其认知的方式，训练其自我控制、自我时间管理观念、自我解决问题的能力。

（3）疏泄疗法

对于伴随情绪问题的患儿，要鼓励其将不满情绪或对事物的不满讲出来，注意聆听并分析，对的给予肯定，错的给予指导纠正，使他心情舒畅。同时利用适当的机会让患儿多做户外活动，使部分旺盛精力宣泄出来，回到课堂或做作业时会安静下来。

（4）脑电生物反馈治疗

利用脑电生物反馈仪对注意缺陷多动障碍儿童进行训练，可改善其注意力、认知和行为能力。

（5）药物治疗

根据患儿的情况，选择精神类或非精神类的药物，如盐酸哌甲酯缓释片或盐酸托莫西汀胶囊等。

父母和教师应了解注意缺陷多动障碍的病因、症状和行为习惯，了解患儿是无法控制自己的行为，不是故意或不用心，需要进行治疗和正面的鼓励，惩罚教育不但无效，甚至可起反作用。注意让患儿按时作息，保证充足的睡眠和合理的营养。

二、学习障碍

1. 学习障碍的病因

学习障碍指智力正常的儿童在学龄早期，在同等教育条件下，出现学习技能障碍，通常表现为阅读、书写、拼字、计算等方面的技能障碍，是发生在儿童期的一组综合征。

学习障碍病因应考虑存在神经结构及功能异常，与遗传因素和神经心理因素有关。

2. 学习障碍的表现

（1）语言理解困难

常表现为“听而不闻”，不理睬老师和父母的话，有时机械记忆好但对文章的理解差，构音困难。

（2）语言表达障碍

表现在学会说话较迟，说话时语调缺乏抑扬，形体语言偏多，语句中少用关系词。

（3）阅读障碍

读文章时漏字或多字，阅读时出现语塞或太急，易于用手指点行阅读，计算时位数排列混乱或颠倒。

（4）视空间障碍

左右认知障碍，精细协调动作笨拙，计算时忘记进位或错位，远近、长短、方向以及空间方位辨别困难，如把“p”看成“q”，把“b”看成“d”，把“6”看成“9”等。

（5）书写困难

缺乏主动书写，偏旁部首丢失或张冠李戴，错别字过多，手部笨拙，字迹排列不整齐，字体常溢出格外且难以成行。

（6）情绪和行为障碍

伴随有多动、冲动、注意力不集中；学习动机不良，社会交往障碍；继发情绪问题，有不良的自我意识。

3. 学习障碍的矫治

学习障碍的矫治，需采取综合措施，可至专业机构进行心理咨询，采用多种心理治疗方法，包括行为疗法、感觉统合训练、学习能力训练、脑功能生物反馈治疗、家庭治疗等。对伴随的其他问题如注意缺陷多动障碍、抽动障碍等可考虑配合药物治疗。

（1）学习能力训练

可通过计算机软件或专业医师进行一对一的训练，从注意力、记忆力、运动能力、听觉分辨、视动统合、阅读写作、数学计算、概念理解、逻辑推理等方面提高患儿的能力，克服自身的学习障碍。

（2）行为疗法

采用学习行为记录表、代币制、操作性条件反射法等，针对学习障碍儿童本身的行为给予矫正，并强化良好的行为，对学习过程中表现适宜的行为给予奖励，对不适当的学习行为予以漠视，使这类行为逐渐消失。

（3）药物治疗

对学习障碍儿童的治疗主要是特殊教育和训练。若伴随注意缺陷多动障碍，给予相应的药物治疗。

职业模块 七
婴幼儿常见病及常见传染病知识

培训项目 1　婴幼儿常见病及其保健

培训重点

1. 了解婴幼儿常见病的一般检查方法。
2. 了解婴幼儿常见病的预防方法。
3. 掌握婴幼儿常见病的照护方法。

进入托幼机构的婴幼儿，在集体条件下生活，彼此接触密切，如果疏于管理容易引起疾病的传播和流行。因此，托幼机构中常见病防治必须以预防为主，认真做好各项卫生保健工作，为婴幼儿创造良好的生活环境，预防控制传染病，降低常见病的发病率，保证婴幼儿健康成长。

健康不仅仅是没有身体上的缺陷和疾病，还要有完整的生理、心理状态和适应社会的能力。托幼机构的保健工作既要保证婴幼儿正常的体格发育，又要促进婴幼儿心理和智力的发展，应贯彻以保健为基础、保教结合的方针，认真做好保健工作。主要工作有以下内容：根据婴幼儿不同年龄特点，为婴幼儿提供合理的营养膳食，制订与婴幼儿生理特点相适应的体格锻炼计划，开展相应的游戏及体育活动。建立健康检查制度，开展婴幼儿定期健康检查工作，建立健康档案，严格执行卫生消毒制度，加强日常保育护理工作，做好各项卫生保健工作信息的收集、汇总和报告工作。

一、婴幼儿常见病的一般检查

1. 观察精神状态

正常情况下，婴幼儿活泼好动，情绪饱满，对外界事物充满好奇，喜欢与人交流。若出现精神萎靡、表情呆滞、疲倦、烦躁、嗜睡、哭声异常等症状，则表明可能出现病症。

2. 观测皮肤与体温

婴幼儿的皮肤和体温是判断其是否健康的重要标志。观察皮肤时应在自然光线下进行才能得出准确的结果。要遵循保暖的原则，仔细观察身体各部位皮肤的颜色，查看有无苍白、黄染、发绀、潮红、皮疹、瘀斑、脱屑、色素沉着、毛发异常、水肿等情况，触摸皮肤的弹性，检查皮下组织及脂肪的厚度。健康的婴幼儿面色红润，富有光泽，高热时会出现红中微带紫，营养不良时面色会苍白或发黄，黄疸时可见皮肤和巩膜发黄，皮下脂肪的厚薄程度可显示婴幼儿营养状况。

3. 检查颈部与淋巴结

检查颈部时，首先检查颈部肌肉是否柔软，有无斜颈、颈蹼等畸形，观察颈椎活动度、有无甲状腺肿大等情况。

婴幼儿期淋巴结发育较快，正常婴幼儿在颈部、枕部、腹股沟处可摸到单个淋巴结，大小不等，活动度好，无压痛，但颏下、锁骨及肘部淋巴结不应该摸到。婴幼儿在患病时颈部的淋巴结可出现肿大，尤其是颏下的淋巴结，在按压时会出现疼痛感。

4. 检查五官

（1）眼睛的检查

检查有无眼睑水肿、眼睑下垂、结膜出血、眼分泌物，检查有无斜视、眼球突出、角膜混浊等。

（2）耳朵的检查

检查双外耳道有无分泌物、局部红肿，可轻柔地牵拉外耳，观察有无外耳牵拉痛。

（3）鼻的检查

观察鼻形，注意有无鼻翼翕动、鼻腔分泌物及有无鼻塞等情况。

（4）口腔的检查

观察口唇的颜色，有无发绀、苍白、干燥、口角糜烂、疱疹。检查口腔内的黏膜、牙龈等部位有无充血、溃疡、黏膜斑等，腮腺开口处有无红肿、分泌物，牙齿数目及患龋齿情况，舌质、舌苔情况。最后检查咽部，一手固定好被检查儿童头部，一手持压舌板，张口时压舌板进入口腔，压住舌后根部，利用反射性将口张大暴露咽部的短暂时间，迅速观察双侧扁桃体是否肿大，有无充血、分泌物、脓点，观察咽部有无溃疡、充血、疱疹等情况。

二、婴幼儿常见病的预防

1. 加强体育锻炼，增强体质

体育锻炼有助于提高婴幼儿机体神经、体液等的平衡调节能力，以及肌肉、骨骼、关节等运动系统的互相协调能力，对增强婴幼儿免疫力，促进其体格、智力发育具有直接作用。

2. 进行“三浴”锻炼，提高自身免疫力

“三浴”锻炼指的是日光浴、水浴、空气浴。

日光浴是利用日光进行身体锻炼。日光中的紫外线照射于皮肤，在身体内可制造内源性维生素 D，帮助吸收食物中的钙和磷，促进身体骨骼的生长，有防治佝偻病的作用。同时能使身体皮肤血管扩张，增强血液循环，促进婴幼儿生长发育。

水浴是通过水温和水的机械作用刺激机体，提高大脑皮质的兴奋，增强体温调节功能，增强机体对温度变化的适应能力，达到锻炼身体的目的。

空气浴是通过气温和体表温度之间的差异形成刺激，气温越低，作用时间越长，刺激强度就越大，能促进机体新陈代谢、锻炼呼吸器官并增强心脏功能。空气浴时婴幼儿身体大部分皮肤暴露在空气中，接受新鲜空气的沐浴，使皮肤和呼吸道得到锻炼，增强身体抵抗力。

三、婴幼儿常见病的照护方法

1. 体温测量法

体温是婴幼儿健康状况的重要显示器，测量婴幼儿体温主要有腋下测温、直肠测温及口腔测温三种，其中腋下测温是最常用的方法。对同一个体来说，不同的测量方法所测得的数值有所不同，一般来说，健康儿童腋下体温为 36 ~ 37 ℃，当体温高于这个温度时，则意味身体出现病变。

腋下测温具体要领如下：先把体温计上的水银柱甩到 35 ℃以下，用酒精消毒体温计，擦干腋窝汗水，把体温计有水银的一头放入腋部中央，把儿童胳膊弯曲并放置胸前，以利于把体温计夹紧，5 ~ 10 min 后取出查看。若怀疑儿童发热，而温度计数值上升幅度偏小或没有任何变化时，可重新测量。

注意事项：在读取体温计数字时，应把体温计放平，缓慢转动，观察水银柱

所示温度刻度；测量的体温要及时进行记录，以利于医务人员正确诊断和治疗；体温计用完以后及时用酒精进行消毒，传染性疾病患儿用过的体温计应严格消毒。

2. 热敷法

热敷法是指将热水袋或热毛巾敷在小儿患处，以使其肌肉松弛、血管扩张，具有消炎、消肿、减轻疼痛及促进血液循环的作用。

热敷法通常有三种：

一是使用热水袋。将热水袋装入 2/3 热水，水温以 60 ~ 80 ℃为宜；排出袋内气体，拧紧螺旋盖；用毛巾裹好或装进布套内，用手背试温，以不太热为度，置于患处。

二是使用热毛巾或布。将毛巾在热水中浸湿，拧干后敷在患处，并在热毛巾外再加盖一层毛巾，以保持热度。一般每 5 min 更换一次毛巾，最好交替使用两块毛巾。每次热敷时间以 15 ~ 20 min 为宜，每天可进行 3 ~ 4 次。

三是使用热盐、米或砂子。把盐、米或砂子炒热后装入布袋内，代替热水袋或热毛巾热敷。每次 20 ~ 30 min，每天进行 3 ~ 4 次。盐、米、砂子能够长时间保持温度，但要防止烫伤。

注意事项：在遵医嘱使用热敷法的同时，要注意观察热敷及用药效果，根据病情变化及时提出复诊、调整治疗方案的建议。

3. 冷敷法

冷敷法是指使用冰（冷水）袋或冷毛巾（湿布）敷在患处，以促进局部毛细血管收缩，减轻血管出血，具有消炎、止血、止痛、皮肤散热、降低体温的作用。

使用冰袋或冷水袋冷敷时，要在冰袋或冷水袋里装入半袋或 1/3 袋碎冰或冷水，挤出袋内的空气，把袋口用夹子或其他用具固定结实，置于患处。使用毛巾或湿布时，先把毛巾或湿布在冷水内浸湿，拧干后敷在患处，最好交替使用两块毛巾或湿布，反复进行。

当婴幼儿发热需要降低体温时，可把冷水袋或冷毛巾敷在婴幼儿额头、四肢、背部、腋窝、肘窝、腹股沟等处，冷敷后用毛巾擦干。

注意事项：对婴幼儿进行冷敷时，时间不宜过长，以免影响血液循环；要注意观察局部皮肤颜色，当出现颜色发绀或皮肤麻木时要立即停止。不宜做全身冷敷。

4. 给药法

药物在预防、治疗或诊断疾病中都起着重要作用，给药法是预防和治疗婴幼儿常见病的基本常用方法。保育员必须熟悉常用药物的性能、作用及不良反应，掌握药物的剂型、剂量和给药方法，做到合理使用，以减少药物的不良反应。

给药法基本原则如下：

（1）执行查对制度，在给药操作前、操作中、操作后查对婴幼儿姓名、药名、浓度、剂量、方法、时间等，以杜绝差错，防止意外发生。

（2）根据医嘱给药，并注意观察药物的疗效及病情变化。

（3）准确掌握给药剂量、浓度、方法和时间，备好的药品应及时分发或使用，避免放置过久而降低药效或被污染。

（4）注意用药后的反应，对于某些易引起过敏反应或毒副作用较大的药物应加强观察，做好记录，若出现不良反应及时告知医生或停止使用。

（5）安抚患儿心理，给药时要根据患儿不同的心理状态进行解释、鼓励、劝慰，以消除其对药物治疗的怀疑、恐惧及抗药心理；要态度和蔼、动作轻柔、技术熟练，使患儿对治疗产生信任，从而积极配合治疗。

培训项目 2 婴幼儿常见病及其防治

培训重点

1. 了解婴幼儿呼吸系统常见病的症状及防治方法。
2. 了解婴幼儿消化系统常见病的症状及防治方法。
3. 了解婴幼儿常见皮肤相关疾病的症状及防治方法。
4. 了解婴幼儿常见五官疾病、先天性心脏病、癫痫的症状及防治方法。

一、呼吸系统疾病

1. 上呼吸道感染

上呼吸道感染是指包括鼻、咽、扁桃体和喉部这些部位的感染，统称为上呼吸道感染，简称“上感”，也就是俗称的“感冒”，是婴幼儿最常见的疾病。该病90%以上的病原为病毒，也可见细菌、支原体等病原体感染。婴幼儿期鼻腔短而直，鼻、咽黏膜较嫩，免疫功能低下，极易患此病。上呼吸道感染有自限性的特点，但如果患儿伴有营养障碍，或护理不当、被动吸烟、环境不良，则易反复发生上呼吸道感染，或者病程迁延难愈。

（1）症状

由于年龄、体质、感染的病原体及病变部位不同，病情的缓急、轻重程度也不同，婴幼儿症状表现较为严重。局部症状有头痛、鼻塞、流涕、打喷嚏、干咳、咽部不适等，多于1周内自然痊愈。全身症状有发热、烦躁不安、全身不适、乏力等。一部分患儿还伴有食欲不振、呕吐、腹泻、腹痛等消化道症状。婴幼儿起病急，以全身症状为主，常有消化道症状，局部症状较轻，多有发热，体温可高达 40 ℃，热程在 2 ~ 3 天至 1 周左右，起病 1 ~ 2 天内可因发热引起惊厥。

（2）防治

1）上呼吸道感染有自限性的特点，在治疗时多以对症处理为主，注意防止婴幼儿之间交叉感染及并发症。

2）经常到户外活动，呼吸新鲜空气，多晒太阳，加强锻炼，随气候变化及时增减衣服。

3）避免与呼吸道感染病人接触，流感流行期间少去公共场所。

4）居室定时开窗通风，保持空气流通、新鲜，避免被动吸烟。

5）饮食宜清淡、易消化且富有营养，忌食辛辣、冷饮、肥甘厚味。

2. 反复呼吸道感染

儿童反复呼吸道感染是指一年中反复患上呼吸道感染 5 ~ 7 次以上或下呼吸道感染 2 ~ 3 次以上，是儿童常见病、多发病，0 ~ 6 岁儿童中发病率为 9.0% ~ 13.2%。病因复杂，病情反复迁延，可造成恶性循环，影响儿童生长发育，给患儿和家长带来极大的负担。反复上呼吸道感染常见的病因包括护理不当、缺乏锻炼、环境污染、营养不良、微量元素缺乏、有基础疾病等。在入托幼机构的起始阶段，由于照护人变化、环境不同、生物钟改变、集体环境交叉感染等诸多原因，导致婴幼儿易发生反复呼吸道感染。

（1）症状

按照不同年龄组的婴幼儿每年反复发生呼吸道感染的次数来确定是否为反复呼吸道感染：0 ~ 2 岁儿童上呼吸道感染每年 7 次以上，或下呼吸道感染每年 3 次以上；3 ~ 5 岁儿童上呼吸道感染每年 6 次以上，或下呼吸道感染每年 2 次以上。

（2）防治

1）积极向患儿家长做好科学宣教工作，避免儿童暴露于吸烟或室内外污染的环境中，解释免疫接种对儿童的重要性，规范免疫接种、适当使用免疫增强剂，减少继发的细菌感染。

2）日常保持室内空气新鲜、流通，室内避免使用陈旧被褥及羽绒、海绵等填充物，被褥要勤晾晒。

3）保证充足的睡眠和休息，饮食要清淡、易于消化，摄入充足的水分和营养，适度开展体育锻炼及户外活动。

4）有条件的托幼机构，在招收新生之前，向家长做好入园准备工作的宣教。

让婴幼儿在入园前将进餐、睡眠时间调整到与托幼机构一致，避免入园后生物钟的紊乱。入园初期给婴幼儿充分的机会与环境、保教人员逐步熟悉起来。有感染性疾病的婴幼儿最好居家治疗，避免在托幼机构引起交叉感染。

3. 支气管哮喘

支气管哮喘，简称哮喘，是儿童期最常见的慢性呼吸道疾病。哮喘是多种细胞和细胞组分共同参与的气道慢性炎症性疾病，这种慢性炎症导致气道反应性增加，引起反复发作性喘息、气促、胸闷或咳嗽等症状。常在夜间或者清晨发作或加剧，多数患儿经治疗可缓解或自行缓解。3～5岁儿童哮喘患病率较高，为2.32%。导致哮喘患病率升高的因素很多，该病具有明显的遗传倾向，多数患儿有婴儿湿疹、过敏性鼻炎和药物、食物、环境过敏史，一些患儿的哮喘发作与情绪有关。同时，随着工业化社会的进展，全球大气、水、土壤污染日益严重，食品、生活日用品的化学制剂越来越多，生活环境的改变、变应原暴露的增加，对哮喘易感儿都是极为不利的影响，可导致其气道高反应性的发生。

（1）症状

哮喘可分为急性发作期、慢性持续期和临床缓解期。急性发作期表现主要为咳嗽和喘息呈阵发性发作，常在夜间或清晨发作或加剧。发作前可有流涕、打喷嚏和胸闷，发作时呼吸困难，呼气延长伴有喘鸣声。慢性持续期指即使没有急性发作，但在相当长的时间内总是不同频度和不同程度地出现喘息、咳嗽和胸闷。临床缓解期指经过治疗或未经治疗症状和体征消失，并维持3个月以上。

（2）防治

1）与家长做好沟通，熟悉自己负责的班级中每一位有哮喘病史的儿童哮喘发作的诱因。在照护中尽可能避免接触过敏原，去除各种诱发因素，如花粉、粉尘、皮毛、牛奶、鸡蛋、鱼、虾、螃蟹、油漆、药物等。

2）避免活动过度和情绪激动，以防诱发哮喘。

3）注意气候影响，做好防寒保暖工作，冬季外出防止受寒。尤其气候转变、换季或流感流行时，要预防外感诱发哮喘。

4）居室宜空气流通，阳光充足，饮食宜清淡、富有营养，选择适宜的锻炼方式，增强体质。

5）掌握哮喘先兆、哮喘发作征象和急性期发作处理方法，包括吸入疗法中药物的应用方法。

二、消化系统疾病

1. 腹泻病

腹泻病是一组由多病原、多因素引起的以大便次数增多和大便性状改变为特点的消化道综合征，是我国婴幼儿最常见的疾病之一，6个月至2岁婴儿发病率高，是造成儿童营养不良、生长发育障碍甚至死亡的主要原因之一。婴幼儿消化系统发育不完善，胃酸和消化酶分泌少，机体防御功能差，同时，生长发育速度较快，所需要的营养物质相对较多，胃肠道负担较重，易发生肠道菌群失调，故婴幼儿易发生腹泻病。可分为感染性与非感染性腹泻两种：肠道内感染可由病毒、细菌、真菌、寄生虫引起；非感染性因素可由喂养不当、牛奶蛋白过敏、气候突然变化、腹部受凉等因素引起。

（1）症状

连续病程在2周以内的腹泻为急性腹泻，病程2周至2个月为迁延性腹泻，病程2个月以上为慢性腹泻。

1）急性腹泻

①轻型急性腹泻。常由饮食因素及肠道外感染引起。起病可缓可急，以胃肠道症状为主，表现为食欲不振，可伴有恶心、呕吐，大便次数增多，但每次大便量不多，稀薄或带水，呈黄色或黄绿色，有酸味，常见白色或黄白色奶瓣和泡沫。无脱水及全身中毒症状，多在数日内痊愈。

②重型急性腹泻。多由肠道内感染引起。常急性起病，也可由轻型逐渐加重转变而来，除有较重的胃肠道症状外，还有较明显的脱水、电解质紊乱和全身感染中毒症状，如发热或体温不升、精神烦躁或萎靡、嗜睡、面色苍白、意识模糊甚至昏迷、休克。胃肠道症状包括食欲低下，常有呕吐，严重者可呕吐咖啡色液体；腹泻频繁，大便每日十余次至数十次，多为黄色水样或蛋花样便，含有少量黏液甚至血便。

2）迁延性和慢性腹泻。病因较为复杂，感染、食物过敏、免疫缺陷等均可引起，营养不良的婴幼儿易患此病。

（2）防治

1）帮助婴幼儿养成良好的卫生习惯，饭前便后要洗手，餐具、玩具要卫生。注意乳品的保存和奶具、食具、便器、玩具等的定期消毒。注意饮食卫生，食品应新鲜、清洁，不吃变质、生冷食品，不要暴饮暴食。

2）加强户外活动，注意气候变化，避免腹部受凉。

3）按计划定时接种疫苗。

2. 便秘

便秘表现为排便次数减少、粪便干硬和（或）排便困难。排便次数减少指每周排便少于3次。排便困难包括排便费力、排出困难、排便有不尽感、排便费时及需手法辅助排便。本病一年四季均可发生，在2～14岁的儿童中发病率为3.8%，并呈上升趋势。便秘多是功能性便秘，由于饮食中膳食纤维摄入不足，造成肠胃蠕动缓慢，消化不良，食物残渣在肠道中停滞时间过久，生活没有规律或缺乏定时排便的习惯，从而引起便秘。饮食中蛋白质、钙含量过高，也可导致大便呈碱性、干燥且次数减少。

（1）症状

1）不同程度的大便干燥，轻者仅大便前部干硬，重者大便全程干硬，或如羊屎状。

2）排便次数减少，间隔时间延长，常2～3日排便1次，甚者可6～7日1次。

3）虽大便间隔时间如常，但排便艰涩或时间延长，或便意频频，但难以排出或排净。

4）可伴有腹胀、腹痛、食欲不振、排便哭闹等症状。可因便秘而发生肛裂、便血、痔疮。

（2）防治

1）鼓励婴幼儿多进食粗纤维类食物，适量多饮水。

2）多参加体育活动。

3）监督婴幼儿养成良好的排便习惯，最好做到每天排便一次。顺时针方向按摩腹部，促进肠管蠕动，有助于排便。

4）必要时可使用开塞露通便。

三、皮肤相关疾病

1. 痱子

痱子，也称汗疹或红色粟粒疹，好发于婴幼儿、产妇、肥胖者、体质虚弱者及从事室外体力劳动者。痱子多见于夏季，因夏季天气炎热，人体大量出汗，加之空气中湿度大，汗液不能及时蒸发，浸渍皮肤，导致汗液潴留于汗管内，当内压增高时汗管发生破裂，汗液挤入其周围组织而引起汗腺周围炎症。

若婴幼儿身有痱子，只要气候稍转凉爽或用适当药物治疗，症状可在数日后消失，脱屑痊愈；反之，如天气持续炎热，皮损不断出现，病程可延续数周至数月。

（1）症状

痱子起病急骤，好发于手背、腋窝、肘窝、颈部、胸部、背部、乳房、臀部及头、面部等，表现为针头大小密集的红色粟粒疹，成批出现，对称分布，伴有轻度红晕，自觉轻度烧灼感及瘙痒感，消退后有轻度脱屑。

也可见以下三种表现：

1）晶状粟粒疹。又称为白痱或水晶疹，好发于颈部、腋窝、腰部、躯干等部位，表现为针头样大小的水疱，壁薄微亮，无炎性红晕，易擦破，干燥后有细微的鳞屑。常见于高热且出汗量大、长期卧床和过度虚弱者。

2）脓疱性粟粒疹。又称为脓痱，多见于夏季，闷热或情绪急躁时感觉奇痒，其顶端有针头大小浅表性小脓疱，内部无细菌或非致病球菌，多发于四肢两侧、会阴部、头部和颈部等。

3）深部粟粒疹。汗管在真皮上层特别是表皮与真皮分界处破裂，形成与汗孔密度一致的非炎症性皮肤色水疱，无光泽，刺破后有透明的浆液溢出。好发于头、面及躯干皮肤皱褶部，如头皮、手背、颈部、乳房、腋窝、肘窝、腰部、腹股沟等皮肤皱褶部位。

（2）防治

1）炎热夏季，每日用温水洗澡一至数次，以利于散热，浴后擦干。

2）室内宜通风，并采取适当的方法降低室内温、湿度以减少出汗。

3）衣着宜宽大，及时更换汗湿的衣物，以保持皮肤干燥和清洁。

2. 湿疹

湿疹是由多种内外因素引起的一种具有明显渗出倾向的炎症性皮肤病，伴有明显瘙痒，易复发，严重影响婴幼儿的生活质量。湿疹是皮肤科常见病，一般人群患病率约为7.5%。其发病是在机体内部因素如免疫功能异常、皮肤屏障功能障碍等基础上，由多种内外因素综合作用的结果。有诸多因素可引起湿疹，如食物中的蛋白（如鱼、虾、蛋类及牛乳）、化学物品、植物、动物皮革及羽毛等，有时日光、风热、寒冷等气候变化等物理刺激都能诱发湿疹。湿疹的发病是诸多因素互相作用所致，致敏物质的多源性和患者敏感性增高是导致湿疹反复发作的主要原因。

（1）症状

1）急性期表现为红斑、水肿基础上粟粒大丘疹、丘疱疹、水疱、糜烂及渗出，病变中心往往较重，且逐渐向周围蔓延。外围有散在丘疹、丘疱疹，故境界不清。

2）亚急性期红肿和渗出减轻，糜烂面结痂、脱屑。

3）慢性湿疹主要表现为皮肤粗糙肥厚、苔藓样变。可伴有色素改变，手足部湿疹可伴指（趾）甲改变。

（2）防治

1）内衣以纯棉、宽松为宜，避免剧烈搔抓和摩擦。

2）托幼机构集体环境应注意保持适宜的环境温度、湿度，尽量减少生活环境中的变应原，如勤换衣物和床单，不养宠物、不铺地毯、少养花草等。

3）照护中避免婴幼儿剧烈搔抓，避免辛辣刺激性食物，避免食入致敏食物，观察进食蛋白性食物后有无皮炎和瘙痒加重。

4）沐浴。基础皮肤护理对婴幼儿湿疹的治疗非常重要，沐浴有助于清除或减少表皮污垢和微生物，在适宜的水温（<37 ℃）下沐浴，每日一至数次，每次 10 min 左右。

5）皮肤明显干燥者减少使用肥皂、沐浴露等清洁用品，尽量选择不含香料的清洁用品。

6）沐浴结束擦干皮肤后即可外用保湿剂、润肤剂，有助于恢复皮肤屏障功能，阻止水分蒸发，减轻外源性不良因素的刺激。

7）严重湿疹可外用湿疹膏或尤卓尔等含糖皮质激素药物。

3. 荨麻疹

荨麻疹是由于皮肤、黏膜小血管扩张及渗透增加而出现的一种局限性水肿反应，易反复发作，病程迁延，除极少数并发呼吸道或其他系统症状外，绝大多数预后良好。急性荨麻疹常可找到病因，但慢性荨麻疹的病因多难以明确。通常将病因分为外源性和内源性，外源性因素多为暂时性的，包括物理刺激（摩擦、压力、冷、热、日光照射等）、食物（动物蛋白类，如鱼、虾、蟹、贝壳类、蛋类等；植物或水果类，如柠檬、杧果、李子、杏子、草莓、胡桃、可可、大蒜、西红柿等；腐败食物和食品添加剂）等。

（1）症状

荨麻疹临床表现为风团样丘疹或血管性水肿，发作形式多样，风团的大小和形态不一，多伴有瘙痒。病情严重的急性荨麻疹还可伴有发热、恶心、呕吐、腹痛、腹泻、胸闷及喉梗阻等全身症状。

（2）防治

1）保育员要与家长做好沟通，熟悉自己负责的班级中每一位有荨麻疹病史的儿童急性发作的诱因。在照护中，尽可能避免接触过敏原，去除各种诱发因素，如摩擦、压力、冷、热、日光照射、动物皮毛、牛奶、鸡蛋、鱼、虾、螃蟹、油漆、药物等。

2）对荨麻疹急性发作的婴幼儿，要及时送校医务室或者通知家长带患儿就医。

3）对慢性荨麻疹，要遵医嘱按时帮助患儿用药。

四、其他疾病

1. 近视

人眼在调节放松状态下，平行光线经眼球屈光系统后聚焦在视网膜之前，称为近视。根据病程进展和病理变化分类可分为单纯性近视和病理性近视。

（1）症状

1）远距离视物模糊，近距离视力好，初期常有远距离视力波动，注视远处物体时眯眼。

2）近视度数较高者，除远视力差外，常伴有夜间视力差、飞蚊症、漂浮物、闪光感等症状，并可发生程度不等的眼底改变。

（2）防治

1）教室采光、照明应充足，课桌椅应根据婴幼儿身高进行调整。

2）监督指导婴幼儿用眼卫生，用眼时间不宜过长，特别要限制近距离用眼时间，平时要尽量延长视距，扩大视野；课间要到户外活动，可进行远眺以减轻视力疲劳；阅读、书写时姿势要正确，眼离书本或纸的距离保持在 30 ~ 35 cm 之间；教材要印刷清楚；禁止婴幼儿走路、卧位看书；避免在光线过强、过弱的地方读书。

3）托幼机构应给婴幼儿提供均衡饮食，避免出现蛋白质、钙、磷、维生素及微量元素摄入不足，限制精制食品、脂肪及糖的摄入。

4）做好视力监测，每年检查视力两次，对已发生近视的要到医院进行屈光检测，正确矫正屈光及佩戴合适的眼镜，保持或改善视功能。

2. 龋病

婴幼儿龋病是严重危害婴幼儿健康的一种由细菌主导、多因素共同作用的慢性感染性疾病。它与致龋菌定植、饮食喂养习惯、口腔健康行为不良等密切相关。低龄儿童龋病已经成为一个重要的公众健康问题，2017 年国家卫健委发布的全国第四次口腔流行病学调查结果显示，3 岁儿童的患龋病率高达 50.8%，5 岁儿童龋齿发病率高达 71.9%。

（1）症状

婴幼儿乳牙列中有 1 颗或 1 颗以上的牙齿龋坏、因龋缺失或充填；小于 3 岁的婴儿若出现平滑面龋，即为重度婴幼儿龋病。

（2）防治

1）教育婴幼儿及其家长认识口腔卫生的重要性，了解龋齿对健康的危害，养成早晚刷牙、进食后漱口的习惯。掌握正确的圆弧刷牙法，牙刷冲刷干净后放在通风处，定期更换牙刷。

2）定期进行口腔检查，可每年检查 2 次，及早发现龋齿，及时采取治疗措施，防治龋齿进一步发展。

3）合理饮食，适当增加多纤维食品，限制含糖高的食品，不可将食物切得太碎，充分锻炼咀嚼功能，通过咀嚼食物也可起到清洁口腔作用。

4）定期给婴幼儿牙齿涂氟，一般龋病非高危婴幼儿 6 个月涂氟一次，龋病高危婴幼儿 1 ~ 3 个月涂氟一次。

3. 斜视

斜视是眼的视轴发生偏斜，并且不能为双眼的融合机能克服而致，是婴幼儿期易发的五官疾病之一。

（1）症状

婴幼儿患斜视时，轻者无症状出现，重者会出现眼痛、视觉模糊、复视及眩晕等症状。

（2）病因

1）视觉系统发育不完善。婴幼儿双眼单视功能发育不完善，不能很好地协调眼外肌，任何不稳定的因素都可能引起斜视的发生。

2）视觉系统先天异常。先天异常可由遗传因素、眼外肌本身发育异常，或支配肌肉的神经麻痹所致。

3）眼球发育特点使婴幼儿易患斜视。婴幼儿眼球小，眼轴短，睫状肌收缩力强，眼球运动中枢控制能力不足，这些因素都使婴幼儿易患斜视。

（3）防治

1）在为婴幼儿悬挂玩具时不可挂得太近，并应经常变换玩具的位置。

2）当婴儿可以自己把玩玩具时，注意避免让其长时间、近距离地注视玩具。

3）应多带婴幼儿到户外活动，并有意识地引导其向远处眺望。

4）夜间开灯睡觉或摇篮内安装照明灯都不利于婴幼儿眼睛的正常发育，应予以避免。

4. 弱视

弱视是指视觉系统没有器质性病变，在经过矫正后仍达不到正常视力的疾病，属于婴幼儿视觉系统发育障碍性疾病。

（1）症状

婴幼儿患弱视时，常出现视力减退，重度弱视者的视力为≤ 0.1，中度弱视者视力为 0.2 ~ 0.5，轻度弱视者视力为 0.6 ~ 0.8，同时常伴有眼位偏斜。

（2）病因

弱视主要受眼睛斜视影响，单眼偏斜可致该眼弱视，而弱视又可形成斜视。或者在婴幼儿视觉系统快速发育过程中，双眼或单眼接受的视觉刺激较少，使视力发育缓慢或受阻导致弱视。

（3）防治

1）早发现、早治疗。弱视的治疗效果与年龄及固视性质有关，6 岁前治疗效果较好，8 岁后较差。因此，婴幼儿每年要定时进行健康体检，检查视力，及早发现问题，及早进行治疗。

2）多运动，增加户外活动时间。

3）注意减少用眼疲劳，在玩玩具、看书或画画时眼睛不要距离物体太近，且光线要充足、适度，发现婴幼儿用不正确的姿势观察物体时，如歪着头、使用单侧眼或斜着眼看物体等，要及时给予纠正。

4）注意眼睛的营养供给，养成均衡饮食习惯，不挑食。

5. 癫痫

癫痫不是单一的疾病实体，而是一种有着不同病因基础、临床表现各异，但以反复惊厥发作为共同特征的慢性脑部疾病状态。癫痫是一种慢性脑部疾病状态，除惊厥发作外，还合并认知减退、行为异常、抑郁等脑部功能异常及相应社会、心理的变化。

（1）症状

癫痫发作可表现为惊厥性发作和非惊厥性发作。惊厥性发作是指伴有骨骼肌强烈收缩的痫性发作，多表现为全身骨骼肌强烈收缩，伴意识丧失、呼吸暂停、口唇发绀，全身反复、短促地猛烈屈曲性抽动，发作后昏睡，逐渐醒来的过程中可有自动症、头痛、疲乏等发作后状态。非惊厥性发作可表现为典型失神发作，发作时突然停止正在进行的活动，意识丧失但不摔倒，两眼凝视，持续数秒后意识恢复，发作后不能回忆。

（2）防治

1）保育员要与家长做好沟通，熟悉自己负责的班级中每一位有癫痫病史的儿童惊厥急性发作的诱因，如感染、发热、腹泻、生冷饮食、情绪剧烈波动等，尽量避免这些诱因出现。

2）避免癫痫患儿做高空游戏或者睡在上铺，以免惊厥发作，摔伤患儿。

3）帮助患儿养成良好的生活习惯、生活规律，按时按量服药，进食营养丰富、清淡易消化的食物，食品不宜过咸，不饮或食用浓茶及含咖啡因的饮料、食品，不在短时间内大量饮水。保证充分睡眠，避免睡前兴奋。

4）患儿在托幼机构惊厥发作时，除拨打“120”急救电话通知保健医生现场急救外，保育员要把患儿放至平卧位，用压舌板或者筷子、笔杆放在上下牙之间，避免舌咬伤。

5）保育员要遵医嘱帮助癫痫患儿口服抗癫痫药物。

6. 先天性心脏病

先天性心脏病是胎儿期心脏及大血管发育异常所致的先天性畸形，是儿童最常见的心脏病。其发病率在活产婴儿中为6‰~10‰，最常见的先天性心脏病为室间隔缺损、房间隔缺损、动脉导管未闭、法洛氏四联征。发病原因主要与遗传因素、母体和环境因素有关。随着科学技术的不断发展，先天性心脏病介入治疗的应用使预后大为改观，但仍需重视患儿日常护理。

（1）症状

1）房间隔缺损。症状出现的早晚和轻重取决于缺损的大小，缺损小的可以没有症状；缺损较大时因为分流量大，导致肺充血、体循环血流量不足，表现为体形瘦长、面色苍白、乏力、多汗、活动后气促和生长发育迟缓。由于肺循环血流增多而易发生反复呼吸道感染。

2）室间隔缺损。多表现为生长迟缓、体重不增、消瘦、喂养困难，活动后乏力、气短、多汗，易患反复呼吸道感染，易并发支气管炎、充血性心力衰竭、肺水肿及感染性心内膜炎。

3）动脉导管未闭。动脉导管细小者临床上可无症状，导管粗大者在婴幼儿期可表现出咳嗽、气急、喂养困难、体重不增、生长发育落后等，分流量大者可有心前区突出、鸡胸等现象。

4）法洛氏四联征。患儿多表现为唇、指甲（趾）青紫，活动耐力差，稍一活动，如啼哭、情绪激动、体力劳动、寒冷等，即可出现气急及青紫加重，每于行走、游戏时常主动下蹲片刻。

（2）防治

1）保证营养供给，以易消化、富有营养的食物为宜；避免因暴饮暴食增加心脏负担而诱发缺氧和心力衰竭。

2）平时应经常饮水，预防感染，去除引起缺氧发作的诱因，如贫血、感染，尽量保持患儿安静，避免剧烈运动。

3）心肺功能不稳定患儿应居家治疗，以保证安全。

培训项目 3 婴幼儿常见传染病、寄生虫病及其防治

培训重点

1. 掌握传染病流行的基本环节及预防方法。
2. 了解传染病的特性及主要类型。
3. 了解婴幼儿常见传染病的症状及防治方法。
4. 了解婴幼儿常见寄生虫病的症状及防治方法。

一、传染病基本知识

传染病是由病原微生物所引起的具有传染性的疾病。急性传染病在托幼机构易引起传播，造成流行。有些传染病还会给儿童健康和发育遗留不良影响，甚至留下终身残疾。为此，托幼机构应督促家长配合疾病预防控制机构按免疫程序和要求，完成免疫接种工作。加强传染病的预防和管理，及时了解疫情，早预防、早发现、早诊断、早报告、早隔离、早治疗，并实行及时正确的检疫等综合措施，消除或切断流行过程中的传染源、传染途径，及时保护易感儿童。

1. 传染病的特性

（1）由病原体引发

病原体主要有细菌、病毒、真菌、原虫等几种，每一种传染病都是由其特异的病原体经一定的传播渠道进入易感者体内所致。

（2）具有一定传染性

传染病可以在人与人、动物与动物以及人与动物之间传播，其传染强度与病原体种类、数量、毒力、易感者的免疫状态等有关。

（3）具有免疫性

大多数患者在传染病痊愈后，机体自动产生不同程度对该传染病的免疫力。不同的传染病病后免疫状态有所不同，有的传染病患病一次后可终身免疫，如水痘、麻疹等，有的可再度感染。

（4）病程具有一定规律性

传染病的发生、发展及恢复可分为四个时期：潜伏期、前驱期、发病期、恢复期。病原体自侵入人体后至首次出现症状有一段的潜伏时间，短则数小时，长则数月乃至数年，这段时间称为潜伏期。在潜伏期末至发病期前，患者会出现某些临床不适症状，如乏力、头痛、微热、食欲不振等，即为发病的前驱期，但时间较短，一般为1～2天，往往易被忽视和误诊。传染病的发病症状由轻到重、由少到多，表现出特有的症状和体征，并逐渐或迅速达到高峰，即为发病期。当病原体在患者体内完全或基本消灭，临床症状逐渐消失，病变修复，免疫力提高时，即为恢复期。

2. 传染病流行的基本环节

传染病在人群中发生和传播的过程包括3个基本环节，即传染源、传播途径、易感人群。

（1）传染源

传染源是指有病原体在体内发育、繁殖并能排出病原体的人和动物。传染源包括病人、病原携带者和受感染的动物。

（2）传播途径

传播途径是指病原体经传染源排出，侵入另一易感机体所经过的途径。不同传染病有不同的传播途径，主要有空气传播、接触传播、饮食传播以及媒介昆虫传播等。

（3）易感人群

易感人群是指对某些传染病缺乏特异性免疫力、容易感染的人群。易感人群暴露于传染病的传染源，就能引起该病的流行。

3. 传染病的主要类型

我国1989年制定了《中华人民共和国传染病防治法》，并在2004年重新修订，根据法律规定，把传染病依据危害程度的不同分为甲、乙、丙三类。

甲类为强制管理的传染病，共2种，分别为鼠疫、霍乱。

乙类为严格管理的传染病，共25种，分别为传染病非典型肺炎、病毒性肝炎、细菌性和阿米巴痢疾、伤寒和副伤寒、人感染高致病性禽流感、艾滋病、淋病、梅毒、脊髓灰质炎、麻疹、百日咳、白喉、流行性脑脊髓膜炎、猩红热、流行性出血热、狂犬病、钩端螺旋体病、布氏杆菌病、炭疽、流行性乙型脑炎、疟疾、登革热、血吸虫病、新生儿破伤风、肺结核。

丙类为监测管理的传染病，共10种，分别为流行性感冒、流行性腮腺炎、风疹、急性出血性结膜炎、麻风病、流行性和地方性斑疹伤寒、黑热病、包虫病、丝虫病、除霍乱、细菌性和阿米巴痢疾、伤寒、副伤寒以外的感染性腹泻病。

4. 传染病的预防

（1）控制传染源

很多传染病在疾病的早期传染性很强，越早管理好传染源就越能防止传染病的蔓延。为此，托幼机构的卫生保健人员应熟练掌握儿童常见传染病的早期症状及发展情况，以便及早发现疫情，及时请家长带患儿到医院诊断和隔离治疗，加强护理，减少并发症。

（2）切断传染途径

托幼机构应建立传染病管理制度，发现传染病疫情或疑似病例后，应及时送至隔离室，对患儿采取有效的隔离控制措施。隔离室内环境、物品应便于实施随时性消毒与终末消毒，控制传染病在园内爆发和续发。

对发生传染病的班级应按要求进行医学观察，医学观察期间该班不能有任何人员流动，不办理入围和转园手续。发生传染病期间应加强晨检和全日观察，并采取必要的预防措施，保护易感儿童。同时加强对家长的宣传工作，告诫家长在传染病流行期间不要带婴幼儿到公共场所。患传染病的婴幼儿或工作人员痊愈后凭医疗卫生机构证明方可返回托幼机构。来自疫区或有传染病接触史的婴幼儿，检疫期过后方可入园。

（3）保护易感儿童

一旦发现疫情，应积极配合当地疾病预防控制机构对被传染疾病病原体污染（或可能污染）的物品和环境实施随时性消毒与终末消毒，以杀灭可能存在于外界环境中的病原体。

对密切接触者应采取预防措施，进行医学观察，必要时进行被动免疫，提高婴幼儿免疫水平。掌握易感儿名单，在传染病流行季节，加强晨、午检及隔离检疫工作。

（4）做好卫生与消毒

建立健全室内外环境消毒制度，定人定点，每周全面检查一次并记录，为儿童提供整洁、安全、舒适的环境。经常保持室内空气流通、阳光充足，冬季要定时开窗通风换气，采取湿式清扫方式清洁地面，室内布防蚊、蝇、鼠、虫及防暑和防寒设备。保持玩具、图书表面的清洁卫生，每2周进行一次玩具清洗和图书翻晒；枕席、凉席每日用温水擦拭，被褥每月暴晒1～2次。厕所要清洁通风，无异味，每日定时打扫，保持地面干燥，便器用后及时清洗干净。抹布等卫生洁具各班专用专放并有标记，用后及时清洗干净，晾晒、干燥后存放。

二、婴幼儿常见传染病及其防治

1. 流行性感冒

流行性感冒（以下简称流感）是由流感病毒引起的急性呼吸道传染病，是人类面临的主要公共健康问题之一。流感的流行病学特点为突然暴发、迅速扩散，造成不同程度的流行，具有季节性，发病率高但病死率低（除人禽流感外，死亡率一般只有0.003%～0.03%）。

流感患者及隐形感染病毒携带者为主要传染源，主要通过飞沫经呼吸道传播，也可通过口腔、鼻、眼睛等处黏膜直接或间接接触传播。接触患者的呼吸道分泌物、体液和被病毒污染的物品也可成为传播途径。流感主要发生在人口密集的单位或地区，儿童为重症病例的高危人群。季节性流感一般起病急，虽然大多为自限性，但重症感染或出现并发症时需要住院治疗。病毒在人呼吸道分泌物中一般持续排毒3～6天，婴幼儿、免疫功能受损患者排毒时间可超过1周。在感染后虽可产生一定的免疫力，但在流感病毒不同亚型之间无交叉免疫力，在病毒变异后，人群可重新易感而反复发病。

（1）症状

该病多发生在冬季寒冷季节，潜伏期为1～7天。在流感流行季节，一般健康婴幼儿感染流感病毒时可能表现为轻型流感，主要症状为高热、寒战、头痛、全身肌肉酸痛、乏力、全身不适，而咳嗽、流涕、鼻塞、咽痛等上呼吸道感染症状较轻，少部分出现呕吐、腹泻等消化道症状。如无并发症出现，多呈自限性过程，多在发病3～4天后体温逐渐恢复，全身症状好转，但咳嗽及体力的恢复常需1～2周。重型流感则可表现为高热不退，并发肺炎、心肌炎、脑炎等。

（2）防治

季节性流感在人与人间的传播能力很强，与有限的有效治疗措施相比，积极的防控更为重要。

1）在流行地区或流行季节，加强晨、午、晚检及全日制观察，加强流感的检疫，以早期发现患儿，及时报告、隔离、登记。

2）加强环境消毒，以防止疫情扩散。流感病毒对乙醇、碘伏、碘酊等常用消毒剂敏感，对紫外线和热敏感，56 ℃条件下 30 min 可灭活。

3）帮助婴幼儿养成良好的个人卫生习惯，并加强监督。咳嗽、打喷嚏时应使用纸巾、毛巾等遮住口鼻，避免飞沫传播。用七步洗手法，经常彻底洗手，避免脏手接触口、眼、鼻。

4）在流行地区或流行季节，居室定时开窗通风，保持空气流通、新鲜。

5）加强体格锻炼，增加营养以增强体质，提高抗病能力。

6）流行期间如出现流感样症状应及时就医，并减少接触他人，尽量居家休息。

7）诊断明确者可口服奥司他韦等抗病毒药物治疗。

8）接种流感疫苗是其他方法不可替代的最有效的预防流感及其并发症的手段。疫苗需每年接种方能获得有效保护，故每年 9 ~ 11 月提醒家长给婴幼儿接种流感疫苗。

2. 手足口病

手足口病是由肠道病毒（柯萨奇病毒 A 组 16 型、肠道病毒 71 型等）引起的传染性疾病，我国各地全年均有发生。好发于 5 岁以下年龄组，主要通过消化道、呼吸道和密切接触传播，主要表现为发热、口腔和四肢末端的斑丘疹、疱疹，重者可出现脑膜炎、脑炎、脑脊髓炎、脑水肿、肺水肿和循环障碍等。此病传染性强，患儿和隐形感染者均为传染源，主要通过粪—口途径传播，也可经接触患者呼吸道分泌物、疱疹液及污染的物品而感染，易引起暴发流行。人群对肠道病毒普遍易感，但成人大多通过隐形感染而获得相应的抗体，因此临床上以儿童患者为主，感染后可获得免疫力，但肠道病毒各型之间无交叉免疫力。

（1）症状

手足口病潜伏期多为 2 ~ 10 天，临床表现复杂而多样，根据病情的轻重程度，分为普通病例和重症病例两种。

普通病例表现为急性起病，大多有发热，口腔内可见散发性的疱疹或溃疡，多位于舌、颊黏膜和硬腭等处，引起口腔溃疡，疼痛明显，导致患儿出现拒食、流口水、哭闹不安等症状，手掌或脚掌部出现同样疱疹，臀部及膝盖有时也可见。部分患儿伴有咳嗽、流涕、食欲不振、恶心、呕吐、头疼等症状。皮疹消退后不留瘢痕或色素沉着，多在1周内痊愈，预后良好。

少数病例病情进展迅速，在发病1~5天左右出现脑膜炎、脑炎、脑脊髓炎、肺水肿、循环障碍等，极少数病例病情危重，可致死亡，存活病例可留有后遗症。

（2）防治

1）在本病流行期间，托幼机构要加强对婴幼儿的晨、午、晚检及全日制观察，发现可疑患儿，要及时到医疗机构就诊，及时向卫生和教育部门报告，做好登记。

2）已确诊患儿注意隔离至14日，避免交叉感染。

3）帮助并监督婴幼儿搞好个人卫生，养成饭前便后洗手的习惯。

4）对被污染的日常用品、食具等应及时消毒处理，可选择中效或高效消毒剂，如含氯（溴）消毒剂进行消毒，75%酒精和5%来苏对肠道病毒无效。患儿粪便及其他排泄物可用3%漂白粉澄清液浸泡，衣物、被褥置于阳光下暴晒，室内保持通风换气。

5）患儿患病期间要充分休息，宜给予清淡无刺激的流食或软食，多饮开水。

6）注意保持皮肤清洁，对皮肤疱疹切勿抓挠，以防溃破感染。

7）我国已自行研制EV71病毒灭活疫苗，可用于6个月至5岁儿童，接种2剂，间隔1个月。托幼机构应提醒家长带婴幼儿进行预防接种。

3. 水痘

水痘是由水痘—带状疱疹病毒引起的一种急性出疹性传染病，该病毒在体外抵抗力较弱，不耐酸、不耐热，在痂皮中不能存活。飞沫呼吸道传播或接触水痘疱疹液是水痘的主要传播途径。临床以发热，皮肤黏膜分批出现皮疹，红斑、丘疹、疱疹、结痂各型皮疹同时存在为主要特征。因其疱疹内含水液，形态椭圆，状如豆粒，故称为水痘。本病四季皆可发病，以冬春两季最多。任何年龄皆可发病，以6~9岁儿童多见。传染性强，感染后可获得持久免疫。自发疹前24 h至皮疹完全结痂为止，均具有传染性，人群普遍易感，在托幼机构易发生流行。对于新生儿或免疫功能低下的儿童来说，水痘可能是致命性疾病。

（1）症状

水痘的潜伏期为12~21天，平均14天。临床特点为皮肤黏膜相继出现和同时存在斑疹、丘疹、疱疹和结痂等各类皮疹，全身症状轻微。

1）典型水痘。出疹前可出现前驱症状，如发热、不适和厌食等，24 ~ 48 h 出现皮疹。皮疹特点：

①首发于头、面和躯干，继而扩展到四肢，末端稀少，呈向心性分布。

②最初的皮疹为红色斑疹和丘疹，继之变为透明饱满的水痘，24 h 后水痘混浊并呈中央凹陷，易破溃，2 ~ 3 天后迅速结痂。

③皮疹陆续分批出现，伴明显痒感，在疾病高峰期可见到斑疹、丘疹、疱疹和结痂同时存在。

④黏膜皮疹还可出现在口腔、眼结膜、生殖器等处，易破溃形成浅溃疡，全身症状较轻，病程长短不一。

2）重症水痘。多发生在恶性疾病或免疫功能低下的患儿。持续高热和全身中毒症状明显，皮疹多且容易融合成大疱型或呈出血性，可继发感染或因伴血小板减少而发生爆发性紫癜。

（2）预防

1）在本病流行期间，少去公共场所。

2）控制传染源，患儿应隔离至疱疹全部结痂为止，一般不少于病后 2 周。已接触水痘者应检疫 3 周，并立即给予水痘减毒活疫苗肌肉注射。已被水痘患儿污染的衣被及用具，应进行消毒。

3）保持室内空气新鲜及皮肤清洁，避免皮肤局部感染而留下疤痕。

4）婴幼儿应及时接种水痘减毒活疫苗，12 ~ 18 月龄初种，4 ~ 6 岁复种。

4. 流行性腮腺炎

流行性腮腺炎是由腮腺炎病毒引起的一种急性传染病，该病毒对理化因素很敏感，在紫外线照射下迅速死亡，在 1% 甲酚、75% 甲醇、0.2% 甲醛中 2 ~ 5 min 即可灭活，在低温条件下存活较久。临床以发热、耳下腮部肿胀疼痛为主要特征。全年均可发生，但以冬春两季最易于流行，多在托幼机构和学校中流行，以 5 ~ 15 岁儿童较为多见。在患儿腮腺肿大前 6 日至肿大后 9 日均有传染性。通过空气中的飞沫经呼吸道传播，被唾液污染的食物、食具和用品也可传播。一次感染后可获得终身免疫。

（1）症状

本病潜伏期为 14 ~ 25 天，平均 18 天。儿童大多无前驱症状，常以腮腺肿大和疼痛为首发症状。常先见于一侧，然后另一侧也相继肿大，位于下颌骨后方和乳突之间，以耳垂为中心向前、后、下发展，边缘不清，表面发热但多不红，触之有弹性感并有触痛。1 ~ 3 天内达高峰，面部一侧或双侧因肿大而变形，局部疼痛、过敏，开口咀嚼或吃酸性食物时胀痛加剧。腮腺肿大可持续 5 天左右，以后逐渐消退。腮腺导管开口（位于上颌第二臼齿对面颊黏膜上）在早期有红肿。在腮腺肿胀时，可见颈前下颌处颌下腺和舌下腺明显肿胀，并可触及椭圆形腺体。病程中患儿可有不同程度的发热，持续时间不一，短则 1 ~ 2 天，多则 5 ~ 7 天，也有体温始终正常者。可伴有头痛、乏力和食欲减退等。

（2）防治

1）流行性腮腺炎流行期间，易感儿勿去公共场所。托幼机构要加强晨、午、晚检及全日制观察，有接触史的可疑患儿，要隔离观察，检疫期 21 天。

2）发病期间应隔离治疗，直至腮部肿胀完全消退后 3 天为止。患儿的衣被、用具等物品均应煮沸或暴晒消毒。居室进行空气消毒，用食醋加水熏蒸，每次 30 min，每天一次。

3）患儿患病期间加强护理、对症治疗，注意休息，进食无刺激性、易消化食物。保持口腔清洁，多饮水，进食后漱口。

4）婴幼儿应按时接种腮腺炎减毒活疫苗，18 ~ 24 月龄接种 1 次麻 – 腮 – 风联合减毒活疫苗，初次免疫接种 3 ~ 4 年后进行加强免疫。

5. 麻疹

麻疹是由麻疹病毒引起的一种具有高度传染性的疾病，尽管已有安全有效的疫苗，但麻疹仍然是造成全球儿童死亡的主要原因之一。麻疹患者是唯一的传染源，含有病毒的分泌物经过患者的呼吸、咳嗽或喷嚏排出体外并悬浮于空气中，通过呼吸道进行传播，与患者密切接触或直接接触患者的鼻咽分泌物亦可传播。麻疹病毒在外界生活力不强，在强阳光下照射 15 min 即死亡，在新鲜空气中约 2 h 就失去传染力，在流通的空气中半小时就失去活性。但麻疹病毒在寒冷、干燥的环境中有较强的耐受力，0 ℃环境中可生存 1 个月。麻疹患者出疹前后的 5 天均有传染性，如有并发症传染性可延长至出疹后 10 天。麻疹一年四季均可发生，以冬春两季最为多见。临床上以发热、上呼吸道感染、结膜炎、口腔麻疹黏膜斑、全身斑丘疹及疹退后遗留色素沉着伴糠麸样脱屑为特征。病后大多可获得终身免疫。营养不良或免疫功能缺陷的儿童，可发生重型麻疹，并发重症肺炎、脑炎而导致死亡。

（1）症状

1）潜伏期，大多为 6 ~ 18 天（平均 10 天左右）。

2）前驱期，也称出疹前期，常持续 3～4 天。主要表现为：

①发热。多为中度以上，热型不一。

②上呼吸道感染及结膜炎表现。在发热时出现咳嗽、喷嚏、咽部充血等上呼吸道感染症状，及结膜充血、流泪、畏光等结膜炎表现。

③麻疹黏膜斑。这是麻疹早期的特异性特征，常在出疹前 1～2 天出现。开始见于下磨牙相对的颊黏膜上，为直径 0.5～1 mm 的灰白色小点，周围有红晕，迅速增多，可累及整个颊黏膜及唇部黏膜，部分可融合。于出疹后 1～2 天消失。

④其他表现。如全身不适、食欲减退、精神不振等。婴儿可有呕吐、腹泻等消化系统症状。偶见皮肤荨麻疹、隐约斑疹或猩红热样皮疹，在出现典型皮疹时消失。

3）出疹期。多在发热 3～4 天后出现皮疹，此时全身中毒症状加重，体温可突然高达 40～40.5 ℃，咳嗽加剧，伴嗜睡或烦躁不安，重者有谵妄、抽搐。皮疹先出现于耳后、发际，渐及额、面、颈部，自上而下蔓延至躯干、四肢，最后达手掌与足底。皮疹初为红色斑丘疹，呈充血性，疹间可见正常皮肤，不伴痒感，以后部分融合成片，色加深，呈暗红色。

4）恢复期。若无并发症发生，出疹 3～4 天后发热开始减退，食欲、精神等全身症状逐渐好转，皮疹按出疹的前后顺序开始消退，疹退后皮肤留有棕褐色色素沉着伴糠麸样脱屑，一般 7～10 天后消退。

（2）防治

提高人群免疫力，减少麻疹易感人群是消除麻疹的关键。

1）麻疹流行期间，勿带婴幼儿去公共场所和流行区域，减少感染机会。

2）居室空气流通，温度、湿度适宜，避免直接吹风受寒和过强阳光刺激。

3）注意补足水分，饮食应清淡、易消化，出疹期忌油腻、辛辣食物，恢复期根据食欲增加营养丰富的食物。

4）保持眼睛、鼻腔、口腔、皮肤的清洁卫生。

5）补充维生素 A 以提高眼、口腔、肠道和咽部黏膜细胞对麻疹病毒感染的抵抗力，提高免疫系统对其他疾病的抵抗力。

6）加强晨、午、晚检及全日制观察，尽早发现麻疹患儿，隔离治疗至出疹后 5 天，合并肺炎者延长隔离至出疹后 10 天。一般对接触者宜隔离检疫 3 周，已做过免疫接种者观察 4 周。

7）按免疫规划流程接种麻疹减毒活疫苗，生后 8 个月进行初种，18～24 个月复种。在流行期间有麻疹接触史者，可及时注射丙种球蛋白以预防麻疹。

6. 细菌性痢疾

细菌性痢疾是由痢疾杆菌引起的肠道传染病，痢疾杆菌随患者或带菌者的粪便排出，通过污染手、食品、水源或生活接触，或苍蝇、蟑螂等间接方式传播，最终均经口入消化道使易感者受感染。痢疾杆菌在体外生存能力较强，在食物和污染物上可生存 1 ~ 3 周，温度越低生存时间越长。对酸及一般化学消毒剂敏感。细菌性痢疾常年散发，夏秋多见，是我国的常见病、多发病，人群对痢疾杆菌普遍易感，婴幼儿患病多，与不良卫生习惯有关。不同菌群间及不同血清型痢疾杆菌之间无交叉免疫，故可造成重复感染或再感染而反复多次发病，未经及时正规治疗、使用药物不当可转为慢性。潜伏期一般为 1 ~ 3 天（数小时至 7 天），可分为急性菌痢与慢性菌痢。

（1）症状

1）急性菌痢。可分成四型：

①普通型（典型）急性菌痢。起病急，有中度毒血症表现，畏寒，发热达 39 ℃，乏力、食欲减退、恶心、呕吐、腹痛、腹泻、里急后重。脓血便，每日排便数十次，量少，失水不显著。常伴肠鸣音亢进和左下腹压痛。一般病程为 10 ~ 14 天。

②轻型（非典型）急性菌痢。有全身中毒症状，腹痛，里急后重，左下腹压痛均不明显，可有低热、糊状或水样便，混有少量黏液，无脓血，一般腹泻每日十次以下。粪便镜检有红、白细胞，培养可见痢疾杆菌生长。一般病程为 3 ~ 6 天。

③重型急性菌痢。多见于年老体弱或营养不良的患者或者婴幼儿。有严重全身中毒症状及肠道症状。起病急，高热，恶心、呕吐，剧烈腹痛及腹部（尤为左下腹）压痛，里急后重明显，脓血便，便次频繁，甚至失禁。病情进展快，明显失水，四肢发冷，极度衰竭，易发生休克。

④中毒型急性菌痢。此型多见于 2 ~ 7 岁体质好的儿童。起病急骤，全身中毒症状明显，高热达 40 ℃以上，精神萎靡、面色青灰、四肢厥冷、呼吸微弱、皮肤花纹、反复惊厥、嗜睡，甚至昏迷，但肠道炎症反应极轻。按临床表现可分为休克型（以感染性休克为主要表现）、脑型（以中枢神经系统症状为主要表现）和混合型（兼具以上两型的表现，最为凶险）。这是由于痢疾杆菌内毒素的作用，并且可能与某些儿童的特异性体质有关。

2）慢性菌痢。可分为三型：

①隐匿型慢性菌痢。患者有菌痢史，但无临床症状，大便病原菌培养呈阳性，做乙状结肠镜检查可见黏膜炎症或溃疡等菌痢的表现。

②迁延型慢性菌痢。患者有急性菌痢史，长期迁延不愈，腹胀或长期腹泻，黏液脓血便，长期间歇排菌，为重要的传染源。

③急性发作型慢性菌痢。患者有急性菌痢史，急性期后症状已不明显，受凉、饮食不当等诱因致使症状再现，但较急性期轻。

（2）防治

1）托幼机构一旦发现感染者应尽快送医院检查就诊，做到早发现、早隔离、早消毒、早治疗。

2）患儿应进行消化道隔离，直至临床症状消失，大便病原菌培养呈连续 2 次阴性，方可解除隔离。密切接触者医学观察 7 日。

3）做好饮食卫生、水源及粪便管理，切断传染途径。

4）患儿应注意休息，饮食选用富有营养、利于消化的食物。

5）诊断明确者以抗生素治疗。

7. 猩红热

猩红热是感染 A 族 β 型溶血性链球菌引起的急性传染病，临床以发热、咽喉肿痛或伴糜烂、全身现猩红色皮疹、疹后脱屑蜕皮为特征。本病一年四季都可发生，但以冬春两季为多。任何年龄皆可发病，3 ~ 7 岁儿童发病率较高。A 族 β 型溶血性链球菌对热及干燥的抵抗力较弱，加热至 56 ℃ 30 min 及一般化学消毒剂均可将其杀灭，但在痰及脓液中可存活数周。猩红热主要通过飞沫传播或直接密切接触传播，也可通过被污染的玩具、生活用品和食物等经口传播。感染化脓性链球菌后可产生特异性抗菌免疫及抗毒免疫，但各型之间无交叉免疫，故可重复感染。

（1）症状

有与猩红热病人接触史，潜伏期通常为 2 ~ 3 天，典型的临床表现分为 3 期。

1）前驱期。一般不超过 24 h，少数可达 2 天，起病急骤，高热、畏寒、咽痛，伴头痛、恶心、呕吐、厌食、烦躁不安等症。咽及扁桃体有脓性渗出物，舌苔白，舌尖和边缘红肿，突出的舌乳头呈白色，称为“白草莓舌”。

2）出疹期。多在发热 24 h 内出疹，皮疹最早见于耳后、颈部、上胸部、腋下，然后迅速由上而下波及全身。皮疹特点是全身皮肤弥漫性发红，其上有红色细小丘疹，呈鸡皮样，抚摸时似砂纸感，压之褪色。皮疹密集，疹间皮肤有红晕，偶见正常皮肤，用手指按压皮疹，皮疹色退，暂呈苍白，10余秒后又恢复原状，称“贫血性皮肤划痕”。皮肤皱褶处如肘窝、腋窝、腹股沟等处皮疹密集成线状排列，可夹有出血点，形成明显的横纹线，称为“帕氏线”。起病4~5天后，白苔脱落，舌面光滑鲜红，舌乳头红肿突起，称“红草莓舌”。颈及颌下淋巴结肿大压痛。皮疹旺盛期面部潮红，不见皮疹，口唇周围苍白，形成“环扣苍白圈”，于腹部、手足皮肤上可见到粟状小疱疹。出疹期间继续发热，待皮疹遍及全身后，体温逐渐下降。

3）恢复期。皮疹于3~5天后颜色转暗，按出疹顺序逐渐消退，体温正常，一般情况好转。皮疹消退1周后，开始按出疹先后蜕皮，先从脸部糠屑样蜕皮，渐及躯干，最后四肢。重症可见大片状蜕皮，以指（趾）间最为明显，蜕皮后无色素沉着。

（2）防治

1）发现猩红热患儿应及时隔离，至临床症状消失，咽拭子培养链球菌呈阴性时解除隔离。对密切接触的易感儿应隔离7~12天，对体弱儿可用药物预防，如口服青霉素类或头孢类药物。

2）对患儿的分泌物和污染物及时消毒处理，接触患儿应戴口罩。流行期间，婴幼儿勿去公共场所。

3）注意居室多开窗通风，保证空气流通。

4）诊断明确者以抗生素治疗。

三、婴幼儿常见寄生虫病及其防治

1. 蛔虫病

蛔虫病是感染蛔虫卵引起的婴幼儿常见肠道寄生虫病，以反复发作的脐周疼痛、饮食异常、大便下虫，或粪便镜检有蛔虫卵为主要特征。成虫寄生于人体小肠，可引起蛔虫病，幼虫能在人体内移行而引起内脏移行症。儿童由于食入感染期虫卵而被感染，轻者多无明显症状，异位寄生虫可导致胆道蛔虫病、肠梗阻等严重并发症，严重者可危及生命。3~10岁儿童感染率最高。一般认为蛔虫感染从4月末或5月初开始，可持续至10月份，以6~8月份感染最多。蛔虫病患者是主要的传染源，由于雌虫产卵量极大和虫卵对外界理化因素抵抗力强，虫卵可在泥土中生存数月，在5~10 ℃可生存2年仍有感染力，因此是构成蛔虫易于传播的重要因素。生吃未经洗净且附有虫卵的食物或用感染的手取食是主要的传染途径，虫卵亦可随飞扬的尘土被吸入咽下。

（1）症状

1）幼虫移行引起的症状。幼虫移行至肺可引起蛔幼性肺炎或蛔虫性嗜酸性粒细胞性肺炎，表现为咳嗽、胸闷、血丝痰或哮喘样症状。

幼虫可侵入脑、肝、脾、肾、甲状腺和眼，引起相应的临床表现，如惊厥、肝肿大、肝功能异常、视网膜炎、眼睑水肿及尿的改变等。

2）成虫引起的症状。成虫寄生于肠道，以肠腔内半消化食物为食。临床表现与蛔虫多少、寄生部位有关。轻者无任何症状，大量蛔虫感染可引起食欲不振或多食易饥，异食癖；常腹痛，位于脐周，反复发作脐周疼痛，腹部按之可有条索状物或团块，轻揉可散；部分患儿烦躁易惊或萎靡、磨牙；虫体的异种蛋白可引起荨麻疹、哮喘等过敏症状。感染严重者可造成营养不良，影响生长发育。

（2）防治

1）托幼机构应加强防治蛔虫病的知识宣教，普及卫生知识，注意饮食卫生和个人卫生。教育婴幼儿勤剪指甲，不吸吮手指，饭前便后洗手，不吃生菜及未洗净的瓜果，不饮用生水，以减少虫卵入口的机会。

2）妥善处理好粪便，不随地大小便。切断传染途径，保持水源及食物不受污染，减少感染机会。

3）诊断明确者及早驱虫治疗，控制传染源。在蛔虫感染率较高的地区或托幼机构（感染率在 50% 以上），应采取集体驱虫治疗。治疗时间应在感染高峰期后 2～3 个月，即每年的秋冬季节。蛔虫感染率在 5% 以下的托幼机构无须定期驱虫。

2. 蛲虫病

蛲虫病是由蛲虫寄生在人体小肠末端、盲肠和结肠所引起的一种常见寄生虫病，尤以幼儿期多见，以肛门及会阴部附近瘙痒或见到蛲虫为主要特征。蛲虫的成虫细小，呈乳白色线头状。雄虫长 0.2～0.5 cm，雌虫长 0.8～1.3 cm。虫卵为不对称椭圆形。成虫寄生于人体的盲肠、结肠及回肠下段，在人体内存活 2～4 周，一般不超过 2 个月。雌虫向肠腔下段移行，当患儿入睡时，肛门括约肌较松弛，雌虫从肛门爬出，受温度、湿度改变和空气的刺激大量排卵，然后大多数死亡。少数雌虫可再进入肛门、阴道、尿道等处，引起异位损害。虫卵在肛周约 6 h 发育成为感染卵。当虫卵污染患儿手指，可再经口食入而导致自身感染。感染卵抵抗力强，在室内一般可存活 3 周，虫卵可散落在衣裤、被褥或玩具、食物上，经吞食或空气吸入等方式传播。蛲虫患者是唯一的传染源，经粪—口传播，人群普遍易感。在托幼机构或者家庭中，容易造成反复互相传播。

（1）症状

蛲虫感染可引起局部和全身症状，最常见的症状是肛周和会阴皮肤强烈瘙痒和睡眠不安。局部皮肤可因搔抓损伤而发生皮炎和继发感染。全身症状有胃肠激惹现象，如恶心、呕吐、腹痛、腹泻、食欲不振，还可见焦虑不安、失眠、夜惊、易激动、注意力不集中等精神症状。偶可见异位寄生其他器官和侵入邻近器官引起阑尾炎、阴道炎、盆腔炎和腹膜炎等。

（2）防治

1）托幼机构应加强卫生宣教，普及预防蛲虫病的知识，改善卫生环境，切断传播途径。采用湿法打扫室内卫生，玩具、衣被、用具和餐具定期消毒，或在阳光下暴晒 6 ~ 8 h，以杀灭虫卵。

2）注意个人卫生，培养及监督婴幼儿养成良好卫生习惯，不用手抓取食物，不吮吸手指，勤剪指甲，饭前便后洗手。

3）如已感染蛲虫，在早晨起床后，立即让患儿用肥皂水洗手，轻轻地将患儿的床单、内衣裤放入盆内浸泡、清洗或煮沸消毒，以杀灭虫卵，避免重复感染。

4）患儿每天清洗肛门，防止用手搔抓肛门。

5）诊断明确者进行驱虫治疗。为避免交叉重复感染，对密切接触而未被感染的婴幼儿、工作人员和家庭中其他成员也应进行驱虫治疗。

3. 钩虫病

钩虫病是由于钩虫寄生于人体内引起的寄生虫病。轻者无临床表现，仅在粪便中发现虫卵，称为钩虫感染，典型的临床表现主要为贫血、营养不良、胃肠功能失调，严重者可出现心功能不全和生长发育障碍。钩虫病患者为主要传染源，皮肤接触污染的土壤是主要感染途径。钩虫成虫寄生于人体小肠内产卵，虫卵随粪便排出，若粪便未经处理而施入田中，虫卵可进入泥土，孵出幼虫。进食污染感染期蚴的食物是感染途径之一；婴幼儿可因尿布、衣服晾晒在或落在沾有钩蚴的土地上，或因坐地、爬玩，幼虫侵入皮肤而感染。

（1）症状

1）钩蚴引起的症状

①钩蚴皮炎。钩蚴入侵的皮肤多见于足趾或手指间皮肤较薄处及其他部位暴露的皮肤，可出现红色点状丘疹或小疱疹，有烧灼、针刺感，奇痒，数日内消失。搔抓破溃后常继发感染，形成脓疱，并可引起发热和淋巴结炎。

②呼吸道感染。感染后 3～7 天，幼虫移行至肺部可引起喉咙发痒、咳嗽、发热、气急和哮喘，痰中带血丝，甚至大咯血。

2）成虫引起的症状

①贫血。失血性贫血是主要症状。表现为不同程度的贫血、皮肤黏膜苍白、乏力、眩晕，影响婴幼儿体格和智力发育。

②消化道症状。初期表现为贪食、多食易饥，但体重下降。后期食欲下降、胃肠功能紊乱、腹胀不适、腹泻、便秘、异食癖、营养不良等，严重者可出现便血。

（2）防治

1）钩虫病流行地区需普查、普治，加强卫生宣教，注意饮食卫生，不随地大便，加强粪便无害化管理，杀灭粪便中的钩虫卵。

2）托幼机构加强卫生宣教，指导、监督婴幼儿做好个人防护，不吃生冷食物，不赤脚着地，勿露臀触地。

3）诊断明确者进行驱虫治疗，加强营养，治疗贫血。

职业模块 八 婴幼儿安全知识

培训项目 1

托幼机构中婴幼儿安全知识

培训重点

1. 了解托幼机构中意外伤害的类型。
2. 熟悉托幼机构中意外伤害的特点。
3. 掌握托幼机构中常见意外伤害事故发生的原因。

【案例 8-1】2017 年 5 月，广西一家幼儿园门口，一辆长时间在烈日下暴晒的校车上，三岁半男童棋棋（化名）被发现倒在车内。

婴幼儿时期是人的一生快速生长发育的重要时期，也是一个需要成人精心照顾、保护，高度关注其安全的时期。《发育行为儿科学》中讲到：婴幼儿时期，一方面，大肌肉的迅速发展使其具有活泼好动的特性；另一方面，神经系统发育不完善使其思维和行为活动带有明显的随意性，控制、调节自己心理活动和行为的能力差；再一方面，婴幼儿对周围事物具有强烈的好奇心，善于对周围环境主动探究，又相对缺乏各种经验，在探究中识别和判断周围环境潜在的不安全因素的能力差。因此，婴幼儿时期最易发生安全意外和事故。尤其在新时代背景下，伴随着社会经济的快速发展，现代化程度不断提高，社会环境和家庭环境也发生着巨大的变化，新型安全隐患更为突出，托幼机构不安全因素的类型也有所增加或者发生着变化。所以，关爱生命、关注婴幼儿的安全日益被当今的人们所重视。

《幼儿园教育指导纲要（试行）》第二部分指导要点中明确指出：幼儿园必须把保护幼儿的生命和促进幼儿的健康放在工作的首位。之所以将安全问题放在幼儿园工作的首位，有两方面的原因：一是生命是人发展之本，没有生命或生命质量差就不可能落实《3～6岁儿童学习与发展指南》中的“为后继学习和终身发展奠定良好素质基础”的目标；二是近年来各类安全事件频频发生，意外伤害已成为威胁和影响婴幼儿健康成长的首要原因。保育员在婴幼儿的日常生活中承担着促进婴幼儿健康发展、确保婴幼儿安全的重要职责。

一、托幼机构中婴幼儿常见意外伤害的类型

托幼机构中婴幼儿意外伤害，是指在托幼机构注册的婴幼儿在托幼机构中或在其组织的机构外集体活动中，突然发生的对婴幼儿肉体或精神上的伤害。它主要是指婴幼儿在托幼机构中发生的人身伤害，也包括婴幼儿虽不在托幼机构但属于托幼机构组织的园外社区或者社会实践活动（如走进消防大队、图书馆、敬老院，春游、秋游、远足等）中的人身伤害，由物理、化学和生物等多种因素造成。

托幼机构意外伤害发生的范围、种类极其复杂，有的与托幼机构建筑、设备、设施有关，有的与保育、教育活动以及保教人员自身有关，也有的直接与婴幼儿自身有关。托幼机构最常见的几种伤害类型如下。

1. 建筑、设施、设备伤害

由托幼机构建筑、设施、设备引起的伤害，包括托幼机构建筑设计不规范，设施、设备存在安全隐患甚至是建筑物倒塌、发生火灾等多种原因造成的婴幼儿人身伤害。

（1）建筑设计不规范引起的伤害

【案例 8–2】2012年秋季开学第一天，新入园的小虎因情绪不稳定哭闹不止，在老师不注意的情况下，爬上班级活动室窗台后，又钻过防护栏，发生坠楼事件而丧失了生命。

《托儿所、幼儿园建筑设计规范》（JGJ 39—2016）（以下简称《规范》）对托幼机构的建筑设计包括基地、总平面、生活用房、服务管理用房、供应用房以及采光、噪声控制、供暖通风等都有明确的要求，凡是托幼机构建筑不符合设计规范要求的都有可能引起婴幼儿伤害事故的发生。例如，《规范》中要求：托儿所、幼儿园中的幼儿生活用房不应设置在地下室或半地下室，且不应布置在四层及以上，托儿所部分应布置在一层。当窗台面距楼地面高度低于0.90 m时，应采取防护措施，防护高度由楼地面起计算不应低于0.90 m；活动室、寝室、多功能活动室的门均应向人员疏散方向开启，开启的门扇不应妨碍走道疏散通行；托儿所、幼儿园的外廊、室内回廊、内天井、阳台、平台、看台及室外楼梯等应设置防护栏

杆，栏杆应以坚固、耐久的材料制作，防护栏杆水平承载能力应符合《建筑结构荷载规范》（GB 50009）的规定。防护栏杆的高度应从地面计算，且净高不应小于 1.10 m。防护栏杆必须采用防止幼儿攀登和穿过的构造，当采用垂直杆件做栏杆时，其杆件净距离不应大于 0.11 m。

（2）设施、设备引起的伤害

【案例 8–3】2019 年 8 月，某幼儿园上午户外活动结束前，老师提醒本班幼儿将玩具归位，此时，豆豆骑着三轮车不小心撞到该老师的右脚。就在老师低头查看自己右脚的时候，班级的另两个孩子在收足球标志杆的过程中，无意碰到其中一个孩子右上眼角的眼睑，后诊断为“右上眼睑皮肤挫裂伤”，给予缝合治疗。经检查发现，足球标志杆顶端的塑料防护帽脱落，顶端尖利。

托幼机构的设施、设备存在安全隐患，设备的材料坚硬、有毒，结构不符合婴幼儿的年龄特点，以及设备陈旧、老化未及时发现等，都可能直接导致婴幼儿伤害的发生。例如，户外大型玩具未定期检修，铁钉外露、螺钉松动或者脱落，户外中小型塑料和木质玩具破损处呈现尖棱，攀爬网和绳梯老化等，均可造成婴幼儿伤害事故的发生。

另外，托幼机构中设施、设备本身可能没有问题，但其结构特殊，在摆放位置、方式上如对可能发生的意外没有预见性，就可能在婴幼儿活动时成为间接伤害因素，对婴幼儿造成伤害。例如，活动室中桌椅的材料、结构都符合安全要求，但因为其摆放的方式不正确——摆成了直排，中间有通畅的过道等，为幼儿的奔跑提供了条件，这样可能引发幼儿的奔跑行为，造成幼儿之间或幼儿与物体之间的碰撞，进而造成对幼儿的伤害。

2. 保育、教育活动中的伤害

在保育、教育过程中由于婴幼儿安全意识不强、自我保护能力不足，或者保教人员安全措施保障不力、未能提前预见，甚至是存在侥幸心理，使婴幼儿脱离自己的视线，以及语言、行为不当，造成婴幼儿身心伤害等。

（1）保教活动中的自身伤害

【案例 8–4】在某幼儿园户外活动的自由活动环节，托班的幼儿在老师有序的引导下，依次走平衡木，一名幼儿因体重过重、身体平衡协调和控制力差，不慎从标准的塑料平衡木上倾斜，右肘着地后身体压在关节上，致右肘关节头骨裂缝，后住院经外科手术治愈。

首先，婴幼儿身心处于明显的未成熟阶段，神经系统发育不完善，运动水平和动作、身体的协调性差。其次，婴幼儿具有较强的好奇心，对周围事物和环境表现出很强的探究兴趣，他们往往乐于到处乱跑，到处试探和触摸。最后，婴幼儿因年龄小，缺乏安全知识、自我保护经验和自我保护能力，对接触到的危险事物常常意识不到其危险性。以上三方面的原因，决定了婴幼儿时期尤其是集体生活的托幼机构中，经常会发生婴幼儿伤害事故。特别是当下，社会上普遍存在的家庭过度保护、托幼机构及家长高度关注孩子的安全，使托幼机构的户外活动运动量不足、质量不高、缺乏挑战性，造成婴幼儿运动能力发展不良，身体的协调和控制力发展不足，运动潜力得到遏制，因而又加剧了婴幼儿自我伤害事故的发生。

（2）保教活动中误伤别人

这种情况一般都是因意外引起的，即便保教人员在现场，婴幼儿间的伤害也是不可避免的。

由于缺乏生活和安全经验，婴幼儿对自身的行为将会产生的后果没有任何预见，如有的孩子在滑梯上推其他小朋友，有的孩子不顾跷跷板另一端的小朋友而自己突然走开等，加之婴幼儿在活动、玩耍中，其大脑对身体动作的变化不能做出灵活的反应，导致很难对自己的行为进行有效的控制，所以相互之间的碰撞以及其他伤害就不可避免。如在奔跑过程中遇到其他小朋友迎面而来却不知躲闪，导致误伤事故；在排球锻炼中，面对迎面而来的球不知躲闪而砸伤鼻子等。

（3）保教活动中突发疾病

【案例 8–5】2012 年 6 月，一小班幼儿在下午起床吃午点环节，同其他幼儿一样，喝了一袋冰冻的酸牛奶后，自己跟老师说不舒服，后经本班保育老师测量体温为正常，带到保健室经保健医进一步诊治也没有发现异常，就安排其在班内躺在床上休息并观察。后来孩子精神越来越不好，紧急通知家长并送往医院，当天晚上 10 点孩子不幸离世，后经医院确诊为心脏猝死。

托幼机构在保教人员正常组织婴幼儿活动时，婴幼儿可能会因自身健康问题而突发急性疾病造成伤害，如癫痫发作导致摔伤、心脏病发作导致死亡等。此类意外伤害也应该引起重视。托幼机构在办理入托手续时，除了复查入园健康检查结果的同时，应该对婴幼儿的健康状况、既往病史、特殊疾病史以及过敏史等进行全面摸底统计，把特殊婴幼儿纳入班级重点、常态化的观察和管理中。

3. 托幼机构管理不到位引发的安全问题

（1）走失

婴幼儿走失属托幼机构的严重责任事故。婴幼儿走失说明托幼机构班级和门卫均在管理上存在问题，是保教以及安保人员未尽好看护之职。

婴幼儿在托幼机构期间是指其从早上踏入托幼机构大门到晚上离开托幼机构这一段时间。在这段时间内，保教人员在组织婴幼儿各种活动时都需把其组织在视线之内，应该像家长一样看管好婴幼儿。在组织婴幼儿开展活动前、活动结束后以及调换活动场地时都应该清点人数。婴幼儿离开托幼机构必须经过保教人员的同意，由家长本人或者家庭其他看护人履行托幼机构的接送手续后方可离开机构。

1）逃离机构。婴幼儿在保教人员不知道的情况下自行离开托幼机构。多数情况是婴幼儿初入托幼机构时产生情绪焦虑，渴望见到父母，为逃避集体生活，趁人不备独自离开托幼机构回家，或是感觉在托幼机构受了委屈和挫折而独自出走，或者只是为了满足某方面的需求而逃离。

【案例 8–6】3 岁的浩浩上幼儿园的第一天中午，带着刚刚结识的一位好朋友一起从班级溜走，他们从幼儿园伸缩大门底部的间隙爬出，径直跑到幼儿园对面的社区回到自己的家。家长见状急忙问：“浩浩，你怎么回家来了？”浩浩天真地说：“我带他来我们家玩我的玩具。”事后，幼儿园领导和当班老师以及门卫共同反思，梳理此次事件中的管理漏洞，共同分析可能发生的安全问题。

2）婴幼儿被误接、代接。婴幼儿被他人误接走，可能是出于某种原因，如拐卖儿童、经济纠纷、孩子父母离异反目成仇等，目的是敲诈勒索，致使婴幼儿处于危险的、不安全境地。有的托幼机构只认接送卡不认人，外来人员拿着拾到的或偷来的接送卡混入托幼机构；有别有用心的亲戚或熟人以代接孩子为由，使保教人员放松警惕，进入托幼机构。凡此种种都会对婴幼儿造成直接或者间接的伤害。

【案例 8–7】某幼儿园大班幼儿秦某父母离异，监护人不是父亲，但是父亲悄悄将秦某接走送到农村老家。其母数天找不到孩子，又与其父联系不上，就直接到幼儿园讨要说法。后在幼儿园领导和老师的共同努力下才领回孩子。孩子也因此受到严重惊吓。

【案例 8–8】某幼儿园小班幼儿，下午被其母亲认识并经常在其开的麻将馆内打麻将的老板娘（多次替该幼儿母亲接孩子）接走后，在前往麻将馆的路上，该幼儿到小河边洗手，不慎掉入河中溺水身亡。麻将馆老板娘随即失踪，该幼儿母亲将幼儿园告上法庭。最后，法院判决因幼儿园接送幼儿管理上存在漏洞而赔偿家长 40 万元。

3）托幼机构外活动丢失婴幼儿。走出托幼机构，开展丰富多样的社会实践活动，是当下托幼机构的常态化工作，但也存在许多安全隐患，最为严重的应该是丢失婴幼儿。外出活动时，婴幼儿因为接触的环境、人和活动内容都是新鲜的，所以很容易兴奋。如果再加上组织不够严密，管理人员配备不足，保教人员思想上麻痹大意，就很容易发生安全意外事故，包括婴幼儿丢失等。

（2）不良人员的侵入

尽管各级各类托幼机构均从人防、物防、技防上高度重视园所的安全管理，例如，与社区结合，在接送环节增加安全协管员等，但因为社会的复杂性，托幼机构的安全管理存在很大挑战性。托幼机构自身在接送孩子和门卫管理上仍存在不少隐患，表现在：雇佣未接受正规安保培训的临时工作人员，对可能发生的安全危害预见不足或存在侥幸、麻痹心理，执行门卫制度不认真。社会上精神有问题、有报复倾向的不良人员，往往把托幼机构视为报复的重点场所，趁家长接送孩子时混进托幼机构内或直接闯入托幼机构。

（3）机构内保教人员直接伤害婴幼儿

保教队伍专业背景和受教育程度参差不齐，由于管理不善、保教人员心理不健康等各种原因，虐童、投药等伤害婴幼儿的事件屡屡被曝光，此类伤害事件必须引起重视。

【案例 8–9】北京某幼儿园传达室临时工徐某持刀将 15 名在园幼儿和 3 名教师砍伤。其中，1 名幼儿经抢救无效死亡，2 名幼儿和 1 名教师重伤。

【案例 8–10】2017 年 5 月，广东东莞一幼儿园中班保育员因抱怨工资不高，为了给幼儿园施加压力将治疗精神病的氯氮平片投入本班幼儿的八宝粥中。

（4）校车安全事件

随着社会和经济的发展，配备校车成为许多托幼机构方便和服务家长的措施之一。由于校车、司机以及校车上配备的接送人员素质不高，校车接送管理制度不完善，制度落实不认真等原因，经常出现各种校车安全事件，校车安全问题已经成为当下托幼机构内最严重的安全问题之一。

【案例 8–11】2018 年 5 月 24 日，湖北省武汉市江夏区一名 4 岁半的儿童欣欣（化名），因上幼儿园被遗忘在校车内，不幸失去了生命。事发后，园长、司机等人被警方控制并传唤至派出所。武汉市公安局江夏分局立案侦查。江夏区委区政府负责人等连夜召集相关部门，处理善后事宜。

二、新时代托幼机构意外伤害的特点

（1）从儿童意外伤害发生的性别构成看，男孩明显较女孩容易发生意外伤害。原因在于男孩天性顽皮好动、探究欲强、易冲动，所以发生意外伤害的概率明显高于女孩。

（2）儿童意外伤害的类型以皮肤挫裂伤、脱臼和骨折为多。以骨折为例，活泼好动、充满好奇心是婴幼儿的特点，这样的性格特征更容易使他们在活动中忽视周围的环境因素，追逐奔跑、嬉笑玩闹时稍不留意，就极易摔倒、碰伤，导致骨折。

（3）儿童意外伤害较多发生在春季。春季天气转暖，自然环境优美，儿童活动量增大，易冲动暴躁，容易导致自控性、动作准确性降低。加之冬季着装厚重，户外活动时间和运动量相对不足，身体的平衡和协调性因天气变暖减掉棉衣后而处于暂时的失衡状态。因此，托幼机构尤其是学前教育机构，春季意外事件的发生率明显高于其他季节。

（4）儿童意外伤害较多发生的时间段是10：00～14：30。此时，多为户外活动、进餐和睡眠等生活活动时间，保教人员的思想状态往往也由紧张转为放松，对儿童的安全监护开始有所松懈，而孩子们也从兴奋期进入疲劳期，体力和自控能力明显下降，因此，这一时间段是意外伤害发生的高峰期。

（5）儿童意外伤害较多发生在户外活动和玩大型玩具时。受到多种社会因素和环境的影响，如计划生育政策的影响（家庭内几个成人看护一个孩子）、社区的群居性、交通工具的多样性，均人为限制、控制了婴幼儿活动和运动形式，导致婴幼儿运动能力普遍下降；托幼机构也普遍存在活动场地小、因高度关注婴幼儿安全而人为限制、控制婴幼儿活动的情况，再加上托幼机构内的大型玩具造型新颖、色彩鲜艳、玩法有趣，儿童活动时容易过度兴奋，使得缺乏自我保护能力的他们极易发生意外伤害。

三、新时代托幼机构常见意外伤害发生的原因

托幼机构中儿童意外伤害事故发生的原因复杂，既有客观方面的，也有主观方面的，主要归纳为以下几个方面。

1. 儿童自身问题

（1）儿童生长发育的特点决定

婴幼儿时期，身心处于明显的未成熟阶段。从生理角度讲，首先，婴幼儿的神经系统发育还不完善，视觉、听觉、触觉及动作的综合协调能力较差，再加上儿童的判断能力、应变能力远不及成人，对突如其来的意外事故往往不能准确地做出反应。其次，婴幼儿的肌肉组织发育也不完善，手脚的力量较小，身体的控制和协调能力不足，在玩一些大型游乐设施或从高处往下跳时，也常会因为运动的惯性和力不从心而发生意外伤害。再加上婴幼儿小脑平衡功能较差，在奔跑、行走时也会出现摔跤、碰撞现象。从心理学角度讲，婴幼儿具有好动、好模仿、好表现的特点。在活动过程中，他们可能会模仿一些成人的动作，或玩出一些新花样，以满足自己感官的刺激。而婴幼儿本身对各种游戏的危险因素缺乏足够的认识，再加上随着婴幼儿自我意识的发展，独立性逐渐增强，不愿让大人跟着自己，怕他们阻碍自己做想做的事情，这样也很容易导致意外伤害的发生。

（2）婴幼儿的安全意识淡薄，安全知识贫乏，安全救助技能欠缺

婴幼儿对接触到的危险事物常常意识不到其危险性，对自己行为将会产生的后果也常常无法预见，在他们头脑中没有“危险”“伤害”这些概念，所以很容易发生意外伤害，走路摔倒、弄伤自己是常有的事。在滑梯上推小朋友、不顾跷跷板另一端的小朋友自己突然走开等，都是他们不知自己的行为可能出现什么后果的表现。有时即使对伤害有所预见，也会因为救助技能的欠缺而无法避免伤害的发生。例如，有的幼儿在奔跑过程中遇到其他小朋友迎面而来却躲闪不及，遇到皮球朝自己砸来而不能及时躲闪等。

（3）婴幼儿体质特殊或者疾病突发

有些事故是由于婴幼儿的体质特殊或者疾病突发引起的，如先天性心脏病复发、高热引起的惊厥等。还有一些事故是由于婴幼儿心理承受能力极差造成的，如竞赛中因过度紧张而晕厥等。这样的伤害都是意外事件，是托幼机构不可预见的。

2. 托幼机构特殊性质问题

（1）集体教养环境复杂

托幼机构是集体教养机构，与家庭教育（一对一或多个成人对一个孩子）相比，保教人员相对偏少，一个保教人员要面对许多婴幼儿（优质教育资源的幼儿园这一现象更为突出），再加上托幼机构的活动空间和活动形式多样，集体生活中婴幼儿之间的交往又多，这些都使他们面临着更加复杂、多样的环境和挑战，很

容易发生意外伤害。

（2）保育与教育相结合，增加了安全隐患

托幼机构与其他教育机构不同，保教结合是婴幼儿教育中必须坚持的首要原则。立足于促进婴幼儿发展和早期启蒙教育，在婴幼儿一日活动中，坚持游戏为基本活动形式，对其实施科学的保育和教育，使婴幼儿在托幼机构中的生活活动变得丰富多彩，但也平添了许多安全隐患，吃、住、行中稍有不慎，就可能对婴幼儿造成伤害。

3. 托幼机构的安全管理问题

《幼儿园工作规程》第十二条规定：幼儿园应当严格执行国家和地方幼儿园安全管理的相关规定，建立健全门卫、房屋、设备、消防、交通、食品、药物、幼儿接送交接、活动组织和幼儿就寝值守等安全防护和检查制度，建立安全责任制，制定应急预案。但很多托幼机构由于各种原因，存在一些安全管理问题，比较普遍的问题如下。

（1）安全管理制度不完备或无针对性

建立健全托幼机构安全管理制度，是保障婴幼儿安全的重要举措。但是有的托幼机构根本没有制定或者没有针对本机构制定安全管理制度，使得安全管理无章可循，制度形同虚设。如没有严格的门卫制度、饮食卫生制度、保教人员值班制度、晨午晚检制度、安全防护制度等，使管理出现漏洞，造成严重后果。

（2）安全管理制度执行不严格

有些托幼机构虽然有比较完备的制度，但只流于形式，将制度挂在墙上、停在口头，而不去认真执行，很容易造成不良的后果。俗话说："无规矩不成方圆"，而有制度不执行、有章不循，比没制度还要可怕。例如，有的托幼机构不认真执行食品卫生安全以及索票索证制度，为了追求利润最大化，无视国家法律和婴幼儿身心健康，购进质量低劣、超过保质期限或者"三无"食材，从而造成婴幼儿食物中毒。有的托幼机构按照相关部门要求，也制定了园长陪餐制度和家长陪餐制度，但却从来不执行和落实等。

（3）没有认真落实安全工作首责制和主要责任制

托幼机构的法人代表或者园（所）长是机构安全的第一责任人。落实安全工作责任制是确保机构安全的重要措施。安全工作层层负责的制度，是安全工作管理制度的核心。如果托幼机构没有认真落实安全工作责任制，就会使安全工作不能做到各负其责、协调一致，造成事事无人管、层层无人负责的局面，长此以往，必然会发生安全意外。

4. 托幼机构中的安全问题

（1）环境中存在安全隐患

《幼儿园工作规程》第十三条规定：幼儿园的园舍应当符合国家和地方的建设标准，以及相关安全、卫生等方面的规范，定期检查维护，以保障安全。幼儿园不得设置在污染区和危险区，不得使用危房。幼儿园的设备设施、装修装饰材料、用品用具和玩/教具材料等，应当符合国家相关的安全质量标准和环保要求。

但是，目前托幼机构中由于环境问题造成的悲剧却屡见不鲜。究其原因，一是托幼机构为了追求物质环境的高档化，过度装饰、装修，使用不符合国家相关规定甚至有毒的塑胶和装修装饰材料；二是不注重创设安全的物质环境，主要表现在设施陈旧、结构不合理、材料不安全等方面。如大型户外玩具放置不规范（如将大型玩具安置在水泥地上），或年久失修（如出现螺钉松动脱落、裂缝等）；活动场地凹凸不平；建筑物、物品、玩具或桌椅有锋利的棱角或所用材料不安全；电源插座过低、电线老化；消防设施不齐全；楼层护栏过低或间隔过宽等。这些隐患如不解决都会造成事故的发生。在这类事故中，托幼机构有直接责任。因此，托幼机构一定要把环境安全放在首要位置，所有环境创设材料一定要符合国家相关的安全质量标准和环保要求，同时应考虑自然、生态环境的营造。

（2）个别保育员素质不高、责任心不强

1）职业道德缺失。个别保教人员因自身心理问题，或对保育员职业道德的认知、理解存在偏差，自我情绪控制、调整能力不高等多种原因，致使其在组织婴幼儿活动中，出现过激甚至是暴力虐待、投药等伤害婴幼儿事件。

2）责任心不强，侥幸心理过重。有的保教人员安全意识淡薄，责任心差，做事马虎，对保护婴幼儿安全的重要性认识不足。同时，有的保教人员指导思想不端正，麻痹大意，在侥幸心理驱使下，感觉以前这样做没有发生事故或危险，现在也不会这么巧就会发生事故，于是漫不经心、求方便、多应付，久而久之必然造成事故的发生。

3）安全教育不到位。不重视婴幼儿安全教育，或者主观上重视而安全教育的形式单一，多采用说教式开展安全教育，没有把科学有效的、系统的、持续性的安全教育渗透到婴幼儿一日活动的过程中，对婴幼儿的一些不安全行为不及时纠正，更不能抓住时机对婴幼儿进行有效的随机教育，从而造成各类事故的发生。

4）角色定位不准确。有的保育员自身定位不准确，只是片面地认为保育员的首要任务是负责班级卫生、照料婴幼儿生活和管理班级物品等，没有参与教育、教学活动的意识，更不会发挥自身岗位的优势，主动地参与到对婴幼儿的安全教育之中，也不会积极对婴幼儿进行随机、有效的安全教育，从而提高婴幼儿的安全防护能力。

（3）班级中存在安全隐患

班级是托幼机构完成保教任务的基本单位。对于婴幼儿而言，班级是托幼机构中最具体的生活环境，在园的一日生活大部分是在班级中度过的，因此班级环境及活动的安全直接关系到婴幼儿的健康成长。

1）活动室环境的安全隐患。班级环境是婴幼儿在托幼机构内生活的主要空间，一定要注意消除环境中的安全隐患，如电源插座直接外露，取暖设备直接让婴幼儿触碰到，消毒和其他药物放在婴幼儿能拿到的地方，桌椅的摆放不利于婴幼儿的行动等。

2）玩具、材料的安全隐患。玩具、材料是婴幼儿最喜欢的游戏对象，伴随着婴幼儿的成长，能给婴幼儿带来无穷的快乐。但是，玩具、材料的安全隐患也随处可见，如使用危害婴幼儿安全的玩具和材料，包括边缘锋利的玩具、容易破损或断裂的玩具、用有毒材料或涂料制成的玩具等；提供体积较小（如豆类）的玩具；没有教会婴幼儿玩玩具、安全使用材料的方法，尤其是户外大型玩具；没有进行玩具的维修，未定期给玩具消毒，残旧的玩具没有及时修理或丢弃，致使某些尖锐物体刺伤婴幼儿的手指等。

3）班级活动中的安全隐患。首先是使用工具的安全隐患。例如，婴幼儿在不掌握操作要领的情况下使用剪刀等危险性工具；将剪刀交给别人时，没有意识到需将剪刀的尖端握在手掌心，将剪刀柄递出去；拿着剪刀乱跑。其次是室内活动的安全隐患。如由于保教人员的疏忽，个别儿童玩弄电源插座、插头、电线，玩弄火柴、打火机等；吞食不可食的东西，如钱币、玻璃球等；把头伸到阳台、窗台、护栏外面，攀爬楼梯护栏；玩带刺或有尖角的物品。最后是室外活动的安全隐患。如上下楼梯时小朋友与同伴相互推、拉、挤；使用户外活动器械不遵循正确的操作方法，做其他危险的动作；走路奔跑时不注意四周，猛跑、猛停，造成与同伴碰撞。

4）着装安全隐患。首先，有的儿童穿太长的裙子、太大的衣服，易将自己绊倒而发生意外。其次，保教人员穿过短、过紧或过长的裙子，以及鞋跟过高的高跟鞋，当婴幼儿发生意外时，影响其及时采取保护措施。

5）防火安全隐患。如未在每个班级醒目位置张贴图文并茂的安全疏散通道示意图；未组织保教人员学习疏散、逃生通道及消防和紧急事故电话；没有制定紧急状况疏散预案，并使之常态化，未定期组织婴幼儿进行逃生、防火疏散演练。

6）晨检、午检的安全隐患。婴幼儿每天入园时，保健医生和早班保教人员未严格进行晨间检查。检查内容应包括：一摸——摸额头、手心，排查婴幼儿有无发热现象；二看——看婴幼儿精神状态、面色，看咽部、皮肤有无皮疹以及传染病的早期表现等；三问——问个别婴幼儿饮食、睡眠和大小便情况；四查——查婴幼儿有无携带不安全的物品，发现问题迅速处理。

每天中午婴幼儿入睡前，值班保教人员未严格进行午间检查。午检内容应包括：观察婴幼儿精神状态、面色及有无发热现象；让孩子自己先把衣兜里的玩具或其他物品以及女孩扎头的发卡等全部取下并放在规定的地方，检查他们有无携带其他不安全的物品。

（4）门卫管理的安全隐患

外来侵犯是托幼机构意外伤害中伤害面大、程度严重、影响恶劣的意外事故，保教人员应时刻警惕，否则稍有疏忽就可能造成事故。常见安全隐患：未严格实行接送卡制度，没有做到由固定接送人持卡、刷卡接送，以致孩子被冒领；未按照规定委托有资质的专业保安公司，配备经过安全保卫技能培训的保安人员，未严格执行门卫制度，使可疑人员进入；门卫室未按照要求配备固定的防卫器械，如电警、防刺服、辣椒水、木棍、钢叉等。

培训项目 2 婴幼儿意外伤害的防范与紧急处理

培训重点

1. 了解婴幼儿意外伤害的防范措施。
2. 能够对婴幼儿常见意外伤害做出正确的判断。
3. 掌握常见婴幼儿意外伤害的应急处理。

一、婴幼儿意外伤害的防范

婴幼儿是祖国的未来，对婴幼儿的教育和保护有赖于社会各方的重视，而托幼机构对婴幼儿的教育和保护则起主导作用。托幼机构在履行保教职责时，首先应保障婴幼儿的安全。具体措施主要有：

1. 完善安全管理组织和制度，加强安全教育

（1）建立健全安全管理组织和制度，消除各种安全隐患

第一，建立健全安全管理组织、制度，是托幼机构实行依法治园（所）的主要内容之一，是托幼机构管理的基本依据。因此，应成立安全管理组织，在落实安全首责制和主要负责人制度的同时，不断制定和完善安全工作的各项规章制度。例如，托幼机构安全保卫制度，安全检查制度，建筑设施检查维护制度，火源、电源、易燃、易爆物品管理制度，事故报告处理制度，食品卫生制度，厨房安全制度，卫生消毒隔离制度，婴幼儿接送卡制度，发现安全隐患报告制度等。以严格执行接送卡制度为例，早晚入园和离园环节，家长或其他看护人必须履行刷卡和一人一卡、专人专用制度。同时，为了防止家长不慎遗失接送卡、婴幼儿被冒领的情况发生，婴幼儿最好由专人接送，如果有特殊情况让同事、邻居代接婴幼

儿，必须事前通知保教人员，并凭该接送卡来接孩子。通过建立各种制度，使安全工作融入托幼机构工作的各个环节，使保教人员的行为受到规章制度的约束，从而做到有章可循、有制可依。

第二，健全托幼机构安全工作责任制。安全管理不能是纸上谈兵，必须狠抓落实，并落到实处。保证规章制度得以贯彻执行的力量就是认真落实托幼机构安全工作责任制，实行目标责任管理，明确职责分工，责任到人，层层落实责任。如与上级主管部门签订“托幼机构安全工作目标责任书”，落实“谁主管，谁负责”的原则，同时与每个职工签订“安全承诺书”，使每个职工都清楚自己的岗位职责，形成安全工作人人有责、人人知责、人人尽责的安全管理机制；园（所）长是托幼机构安全工作的第一负责人，凡失职、渎职造成婴幼儿伤害或财产损失的，都应依法追究有关领导和人员的责任。

（2）加强检查监督工作，认真落实安全防范措施

首先，检查监督是推动制度、计划落实的重要措施，也是执行制度的重要保证。通过对制度执行情况进行定期检查和经常性督促指导，可以及早发现事故隐患，认真分析查找原因，采取对策及时处理，避免意外发生。如定期检查托幼机构的房屋、围墙、护栏等建筑物和大型运动器械等设施，对电路、消防设施进行全面检查，排除各种火灾隐患等，从而防微杜渐，把安全隐患消除在萌芽之中。

其次，通过将安全日常考核纳入绩效考核核心内容，使考核机制发挥作用。通过每日和阶段性的定期检查，发现违规行为，要落实到当事人，按安全工作责任书要求，对照考核指标兑现奖惩，从而确保各项工作符合规章制度标准的要求，使安全工作真正处在“全员、全过程、全方位、全天候”的监督之中。使职工做到“六不”，即规则使其不能，教育使其不违，监督使其不易，严惩使其不敢，明赏使其不怠，信息使其不误。

最后，认真落实人防、物防和技防的“三防”安全防范措施。要对托幼机构可能发生安全事故的外部条件、内部因素、常见事故类型以及防范措施，进行全面整体的分析、研究、归纳，找出规律性，提前采取强有力的防范措施，本着“宁可有备无患，不可无备有患”的原则做好预案。同时开展群防群治，树立“安全第一”的思想，针对可能或容易发生的安全事故，制定相应的安全防范措施，把“预防为主”的原则从严从细落实到日常安全管理工作中的每一个环节、每一个岗位、每一个部位和每一项活动中，使防范措施真正落到实处。如认真开展日常安全教育与管理工作，履行大型活动申报审批程序，制定活动安全、灭火抢险、

地震逃生疏散预案，并针对各种预案进行培训，使每个保教人员都明白自己在预案中承担的职责，从而提高托幼机构安全工作的预警能力和管理水平。托幼机构还要高度重视厨房饮食卫生，防止食物中毒的发生。

（3）加强安全教育，增强婴幼儿自身的安全意识和能力

首先，加强安全教育，增强婴幼儿自我保护意识。婴幼儿年龄小，活泼好动，喜爱玩耍，对于许多事情都具有较强的好奇心，但他们的能力及体力都十分有限，动作的灵敏性及协调性都较差，再加上缺乏生活经验，他们不懂得什么事情有危险，不会考虑做事的后果，所以保教人员应对婴幼儿进行安全教育，帮他们树立自我保护意识。安全教育应主要培养婴幼儿良好的安全意识、生命意识和自我防护意识，并由意识逐步转化为个人的认知，形成相应的观念、态度，并且在各项活动中表现出自我保护能力的不断提升。安全知识最终要转化为安全行为才是教育的根本，是最有现实意义的，是提高婴幼儿的自我保护能力的关键。常言道："授人以鱼，不如授之以渔"，千般呵护，不如自护。因此，在婴幼儿一日生活和教育教学活动中，要开展丰富多样的游戏、学习、体验等活动来加强对婴幼儿的安全教育，帮助其树立安全意识。例如，在集体教育活动中，要有计划地结合婴幼儿的年龄特点，采用讲故事、说儿歌、看图画、看电视或录像等多种形式，让他们认识到如果不注意安全将产生的危险后果，使他们真实体验安全的重要，养成守纪律、守规则的良好习惯；结合"全国消防日"等开展一系列安全主题教育活动，带领婴幼儿到马路上体验安全通过十字路口，学会看红绿灯，学会遵守交通规则，认识交通标志。也可以举行安全知识竞答、安全情景角色表演，让婴幼儿学会正确拨打安全求救的特殊电话号码，如"110""119""120"等；结合发生在婴幼儿身边的意外事故，抓住时机，开展生动的、随机的安全教育。还可以通过做一些小实验让婴幼儿认识水、电、火和煤气等危险物品，甚至可以让他们亲身去体验一下装满热水的杯子烫手、打火机可使纸燃烧等，在引导婴幼儿了解各种物品的用处时，让他们知道这些物体可能带来的危险。制订安全疏散演习计划，画出各班安全疏散线路图让孩子们熟悉逃生通道，并定期举行全园安全演习等。通过各种行之有效的方法，强化婴幼儿的安全意识，教会婴幼儿防触电、防溺水、防火、防摔伤、防走失、防拐骗等自我保护的技能，避免各种意外伤害事故的发生。

【案例 8–12】某年 11 月 9 日，某幼儿园结合"全国消防日"开展了"户外生存体验主题活动"。活动是这样开展的：全园幼儿在主管部门报备后，集体乘有资质的

大巴前往一基地，老师们有序地组织幼儿分别挖红薯、捡拾柴火、点火、加柴、烤红薯、吃烤红薯。在点火、生火的过程中，老师们让孩子们慢慢地亲近火，感受火的温度，了解火的危害；在烤红薯、吃烤红薯的过程中，又让孩子们懂得火的用途，这是一堂生动的体验式的安全教育课。

其次，加强婴幼儿体能锻炼，增强其自我保护能力。婴幼儿动作的协调能力、反应速度以及手和腿部肌肉的力量，是影响婴幼儿自护能力，乃至造成事故的重要因素。事实证明，在紧急情况发生时，能迅速脱险的幼儿通常是那些手疾眼快的“机灵鬼”，原因在于他们反应速度快，动作协调能力强。所以家长和教师应从提高婴幼儿自护能力的新角度重视婴幼儿的体能锻炼，鼓励婴幼儿多走路、少坐车，自己上下楼梯，经常组织他们开展丰富多样、适合其年龄特点的各种身体活动，如走平衡、跑、跳、钻、爬、攀等，开展排球、跳绳、远足等运动，在增强婴幼儿体质的同时，提高其自我保护能力。

最后，保障婴幼儿的健康和安全，培养其应变能力是日常生活中一项重要的教育内容。这些应变能力具体表现在：一是适应周围环境变化的能力，如知道随季节和早晚增减衣服；二是对突发事件的灵活处理能力。婴幼儿有时候知道要注意安全，但不一定有能力去处理一些较危险的事情，这就需要成人平时有意识地注重婴幼儿自救技能的培养，如玩耍时不小心擦破皮肤，应马上请求他人的帮助；在超市和父母走散了，懂得寻求他人或警察的帮忙等。

2. 履行托幼机构安全保护义务

（1）定期检查教育活动场所、设施，提供安全、卫生的学习环境

《幼儿园工作规程》第三章“幼儿园安全”中明确指出：幼儿园的园舍应当符合国家和地方的建设标准，以及相关安全、卫生等方面的规范，定期检查维护，保障安全。幼儿园不得设置在污染区和危险区，不得使用危房。幼儿园的设备设施、装修装饰材料、用品用具和玩/教具材料等，应当符合国家相关的安全质量标准和环保要求。托幼机构要保证婴幼儿的水、饮食卫生，防止食物中毒，预防各种疾病在机构内传播、流行。保育员发现设施存在安全隐患时，要及时汇报，让婴幼儿远离危险设施，避免婴幼儿在危险的情况下活动。托幼机构的房舍、设备及大型玩具要做到定期安全检查，确保活动场地安全。如可在大型玩具下铺设环保安全的塑胶地垫，这样婴幼儿在意外摔倒时，就会减轻伤害；在楼梯口、操场、拐弯处等地方贴上醒目的图文并茂的安全标志，时刻提醒婴幼儿注意安全；支架、木框、墙上的镜框等都要放置平稳、牢固；水龙头、窗户等容易碰到婴幼儿

头的地方要设法改装，凡有棱角的地方都要改成圆形，凡突出部分都要磨平；电路线路要定期检查，开水壶、药品、电源插头应设置在婴幼儿不容易触摸到的地方；戏水池的深度不能超过0.30 m；等等。总之，要为婴幼儿创建一个绝对安全的环境。

（2）配备称职的工作人员并加强管理

保教人员患有不适宜从事保教工作的疾病，应采取必要措施以免传给婴幼儿或调离岗位。保教人员在履行职责时应遵守法律法规，不得体罚或者变相体罚幼儿（如超强度地罚站、罚打扫卫生、罚跑步，教育婴幼儿时态度粗暴，使用侮辱性字眼，给婴幼儿身心造成伤害）；不得违反工作要求、操作规程、职业道德或者其他有关规定，安排教育教学内容；选择教育教学方法时，不得违背婴幼儿教育规律，组织有损于婴幼儿身心健康的活动（如给幼儿讲授小学的课程，其强度和难度都超过幼儿的承受能力，容易造成幼儿不堪重负，妨碍其身心的全面发展）。对于保教人员因故意行为造成婴幼儿伤害的，法律也有相应的责任规定。《未成年人保护法》明确规定：学校、幼儿园、托儿所侵害未成年人合法权益的，由教育行政部门或者其他有关部门责令改正；情节严重的，对直接负责的主管人员和其他直接责任人员依法给予处分。

（3）开展反家庭暴力教育

托幼机构应当结合婴幼儿年龄特点和接受能力，开展反家庭暴力教育，发现婴幼儿遭受或者疑似遭受家庭暴力的，应当依法及时向公安机关报案。

（4）安全组织园内外活动

保教人员是全面负责婴幼儿安全的人，应确保婴幼儿在园一日生活的安全。保育员每天要严把晨检第一关，发现婴幼儿带有小刀、纽扣、大头针等危险物品时，要及时收回；对于婴幼儿的药品应进行登记，注意用法及用量；在日常活动中要善于开展生活化的随机安全教育，如洗手不要把水弄到地上，以防滑倒；玩玩具、做事时，不要争抢、拥挤，要按顺序进行；教育幼儿不玩火，不将异物塞入耳鼻中；开展美工活动时，应指导婴幼儿合理、安全地使用工具，使用完毕应及时收好；户外和体育活动时，应首先向婴幼儿提出活动要求和注意事项，检查婴幼儿的着装是否安全、是否有利于婴幼儿进行体育活动，并严格要求遵守游戏规则，不体罚及变相体罚婴幼儿。

托幼机构组织外出活动的时候，一定要履行申报手续，保证活动安全。组织者要制定详细的活动方案，确定具体的责任人，明确职责，配备足够的保教人员。

活动中应时刻注意观察婴幼儿的情况，确保婴幼儿在保教人员的视线范围内，并注意对婴幼儿进行交通安全教育等。

3. 加强班级中的安全管理

（1）根据婴幼儿体质合理安排一日生活及教育教学活动

保教人员应熟悉婴幼儿健康档案，了解婴幼儿健康状况，执行婴幼儿健康检查制度，以防意外事故的发生。在活动中，要根据婴幼儿的身体状况进行合理安排，对体质特殊或有疾病的婴幼儿给予适当的照顾。对于有特异体质或者特定疾病，不宜参加劳动、体育运动或者其他活动的婴幼儿，保教人员应给予高度关注，防止发生危险。不得组织或者安排婴幼儿从事不宜其参加的劳动、体育运动或者其他活动。

（2）事故发生后及时采取补救措施并及时通知监护人

婴幼儿对于自己身体健康状况不具有充分的判断能力，为了防止婴幼儿在发生事故后因疏于照料所致的损害扩大或恶化，保教人员应该在事故发生后对婴幼儿进行必要的照顾、保护，要第一时间向保健医生、园所领导汇报，即刻通知家长或监护人，认真听取意见和建议，取得各方支持和配合，这既是保教人员职业道德规范的要求，也是教育法律的规定。在托幼机构的管理中，应将婴幼儿走失、被他人接走、患病及受伤等情况及时通知家长或者监护人，未及时通知家长或监护人，导致婴幼儿因脱离监护人的保护而发生伤害的，当事人和托幼机构应承担责任。

二、常见婴幼儿意外伤害的预防和应急处理

在托幼机构的一日活动中，保教人员要密切注意婴幼儿的安全。若发生常见急症、轻微外伤，应在第一时间采取急救措施，科学有效地处理伤情，并做好预防工作，把伤害降到最低甚至零。

1. 轻微外伤

皮肤擦伤原因：玩耍摔倒、与物体发生碰撞而被擦伤表皮。

症状：擦破表皮，伤口渗血。

预防措施：园所物品摆放适当；教育婴幼儿注意安全。

2. 刀割伤

原因：使用剪刀或者被玻璃片划伤等。

症状：伤口较深，有出血。

预防措施：把锐利的器具放置在婴幼儿拿不到的地方；指导婴幼儿正确使用

剪刀。

3. 挫伤

原因：在玩耍中被摔倒，或者身体某一部位碰撞到物体。

症状：皮肤无伤口，但伤处红肿，剧烈疼痛。

处理程序：立即冷敷（忌搓揉）以防止内出血；24 h 后用热毛巾或热水袋敷患处，改善伤处的血液循环，减轻肿胀。

预防措施：教育婴幼儿走路要看脚下，不要快速奔跑，托幼机构物品摆放应注意安全。

4. 扭伤

原因：从高处跳下，上下楼梯脚踩空而扭伤踝部。

症状：伤处疼痛、肿胀，活动受限。

处理程序：首先在疼痛肿胀部位进行冷敷，再到医院检查是否骨折、脱臼；其次，24 h 后再热敷，活动关节、推拿患部，可达到舒筋、活血、止痛的效果。

预防措施：教育婴幼儿走路、上下楼梯要小心，不要快速奔跑。

5. 烧、(烫)伤

原因：在生活中婴幼儿因开水、热粥、热汤等烫伤者占首位；火焰烧伤次之；化学烧伤，如酸、碱烧伤、石灰烧伤、电击伤也有发生。

烧（烫）伤伤情分度：一度烧（烫）伤仅表皮受损，局部皮肤发红，感到灼痛，没有水疱；二度烧（烫）伤损伤深层及真皮，局部红肿有水疱，疼痛剧烈；三度烧（烫）伤损伤皮肤全层，累及肌肉和骨骼。

处理程序：

（1）一度、二度烧（烫）伤，皮肤未破者，应立即远离现场，用凉水边冲洗，边擦去身上物质，或直接浸泡在凉水中，防止热度往皮下组织深层渗透而加重伤情。若无感染，经及时治疗一般可在一周左右好转，一般不留瘢痕。

（2）三度烧（烫）伤，立即用生理盐水或凉开水倒在创面降温，再把洁净的毛巾、床单等用支架覆盖在上面，且不能贴近皮肤，更不可在创面上涂其他药膏，尽量平稳、迅速拨打“120”急救电话。请注意，将伤者送往医院的途中注意观察伤者呼吸情况，伤者口渴时，可多次少量地饮用淡盐水。

预防措施：

（1）教育婴幼儿不要玩火。

（2）热水瓶、热粥、热锅等不要放在婴幼儿伸手能摸到的地方。

（3）给婴幼儿洗澡时应先倒凉水，后加入热水，用手试温度适宜后方可让孩子洗澡，避免烫伤。

6. 鼻出血

原因：鼻部外伤，如碰伤、挖鼻孔损伤鼻黏膜等；上呼吸道感染，发热且干燥以致鼻黏膜充血、水肿，血管脆性增加，擦鼻涕、打喷嚏等亦可增加鼻内血管破裂的概率；婴幼儿偏食，如不爱吃蔬菜，缺乏维生素 C、缺钙等，易发生鼻腔出血；鼻内塞入异物等。

处理程序：

（1）安慰婴幼儿不要紧张，安静坐下，头略向前倾。

（2）前额、鼻部用湿毛巾冷敷。

（3）捏住鼻翼，一般压住 10 min 左右即可止血。

（4）止血后，2 ~ 3 h 内不做剧烈活动，避免再出血。

（5）婴幼儿若有频繁的吞咽动作，一定让他把“水”吐出来，若吐出的是鲜血，说明仍在继续出血，应尽快送医院处理。

（6）患儿若常发生鼻出血，且皮肤常有出血点，小伤口出血时不易凝固，应去医院做全面检查，以诊断是否有其他系统疾病。

预防措施：注意安全，避免外伤；积极锻炼，预防感冒；科学营养，避免偏食；教育婴幼儿不要把异物放入鼻腔、不能乱挖鼻孔等。

7. 一氧化碳中毒（煤气中毒）

原因：在冬季室内用煤炉取暖，室内通风不良、烟囱漏气、风倒灌等；液化气灶忘记关闭，常可发生中毒。

症状：轻者感到头痛、头晕、耳鸣、眼花、恶心、四肢无力，重者呼吸困难、陷入昏迷。中毒者的嘴唇、指（趾）甲、面部等呈桃红色。一氧化碳与血红蛋白结合后，形成一氧化碳中毒的面容颜色，应与其他疾病引起的相同症状作区别。

处理程序：立即开窗通风，尽快把中毒者抬离现场，让其尽快呼吸到新鲜空气；注意保暖，将中毒严重者送医院急救。

预防措施：注意室内通风，保持空气新鲜；北方生煤火的园所，要注意勤检查烟囱通风情况；液化气灶用完后要立即关闭。

8. 局部冻伤

原因：处于寒冷、潮湿的环境中，运动少，婴幼儿皮肤薄嫩，容易发生冻伤。

症状：轻度冻伤，多发生在脸颊、耳郭、鼻、手、足等部位，仅皮肤浅层某些部位红肿，自觉灼痒、疼痛；重度冻伤，皮肤全层甚至皮下组织、肌肉均受损伤，皮肤肿胀、水疱或局部皮肤呈紫黑色。

处理程序：

（1）轻度冻伤可用白酒轻轻涂擦冻伤部位，再涂冻疮药膏。伤愈后一般不留瘢痕。

（2）重度冻伤要保暖，给伤者热饮料，送医院治疗。冻伤局部不要用热水烫、火烤，也不要用冰雪揉擦，不得捶打伤处或弄破水泡，避免感染。

预防措施：在冬季做好防寒保暖工作。随气温变化增添衣服，佩戴帽子、手套、口罩等；在盥洗后要立即擦干，涂护肤脂；注意保暖，多活动等。

9. 食物中毒

原因：摄入有毒的食物。常见的有毒食品，如未煮熟的豆浆、毒蕈、苦杏仁、发芽的马铃薯、未腌透的雪里蕻、未烧熟透的四季豆等。一年四季均可发生。

症状：潜伏期短，可集体发病，起病急，常有恶心、呕吐、腹痛、腹泻等主要症状，严重者可伴有高热、脱水、酸中毒甚至休克。

例如，腌菜中的亚硝酸盐中毒，以口唇、舌、指甲青紫为主要表现；毒蕈中毒时常影响肾脏；杏仁类中毒，因其物质在体内可分解出氢氰酸，从而迅速发生头晕、乏力、牙关紧闭、四肢抽搐、神志昏迷，很快死亡，由于此病来势迅猛，严重威胁生命，故应迅速送往医院抢救。

处理程序：

（1）立即催吐，用淡盐水漱口，安慰患儿情绪。

（2）内容物留样，送有关部门检验。

（3）严重者应迅速拨打“120”急救电话送医院急救。

预防措施：

（1）加强食品卫生管理，采购新鲜无公害的食品，防止食品变质。

（2）生、熟食物及刀、板、盥洗池应分开，避免交叉感染。食物（尤其是肉类食品）烧熟食用。禁止食用剩菜、剩饭等。

（3）购买的熟食、罐头制品，应加温后再吃。

10. 眼外伤

（1）眯眼

眯眼是被灰尘、沙粒、小飞虫等进入眼内而受伤，眼睛极端不适，有摩擦感，有流泪等。

处理程序：首先，安慰患儿不要紧张，安静坐下，告诉大人眯眼的不适感；然后，翻眼皮。操作者洗净双手，让患儿坐在椅子上，头向后仰，眼往向下看，操作者食指在其眉毛下沿轻压，拇指向上轻快地翻开上眼睑，发现异物用消毒纱布或湿棉签轻柔快速地取出异物。必要时点眼药水，让患儿坐在椅子上，头向后仰，眼往上看，操作者用拇指翻开其下眼睑，在下眼睑的穹窿部位点一滴消炎眼药水，预防感染。若异物嵌在角膜上则不能揉擦，更不要自行处理，应速到医院处理。

（2）眼部钝挫伤

眼部钝挫伤多因被石块、木棒、弹弓等直接击打眼部引起，眼部红肿有出血等。

处理程序：立即用消毒纱布润湿生理盐水冷敷，轻压受伤的眼睛，以减少眼内出血。同时，拨打“120”急救电话，或迅速送往医院处理。

（3）眼部穿通伤

眼部穿通伤常因锐利器物直接刺伤眼球，或被鞭炮炸伤，眼睛剧烈疼痛，有出血等。

处理程序：用消毒纱布润湿生理盐水敷盖眼睛，轻轻地包扎（不能挤压眼球，防止眼内组织从伤口挤出），以免加重伤势增加感染概率。同时，拨打“120”急救电话，或迅速送往医院处理。在转送途中应尽量减少颠簸和震动。

（4）眼部酸、碱烧伤

眼部酸、碱烧伤是在使用酸、碱时不慎溅入眼内而致伤，造成眼睛疼痛。

处理程序：立即用大量清水冲洗或将眼睛浸入清水盆，睁大眼睛来回摆动头部，如果酸、碱烧伤而不能及时现场急救冲洗伤眼，只顾送医院，则会失去第一时间抢救的机会（在送往医院的途中酸、碱等继续腐蚀眼睛而加重伤情，造成更严重的伤害）。

（5）眼部石灰伤

眼部石灰伤是在使用石灰时不慎溅入眼内等，眼睛立即有灼疼感。

处理程序：先用干布尽快清除残留在眼内的石灰粒，再用大量温净水冲洗，然后送往医院做进一步处理。

11. 异物入体

（1）鼻腔异物

鼻腔异物是婴幼儿无意中将小物件塞进鼻孔。异物中以纸团、小珠子、豆粒、花生米、果核等为多见。

症状：异物可引起鼻塞，日久可流出很臭的带血的鼻涕。

处理程序：若发现婴幼儿将异物塞进鼻孔，可立即帮助其用手按紧无异物的鼻孔，用力擤鼻涕，将异物排出。无效时，拨打“120”急救电话，或迅速送往医院处理。切勿自行用镊子夹圆形异物，以免夹不出反而使其滑入深处，造成更大的危险。

（2）外耳道异物

外耳道异物是婴幼儿将豆粒、小圆球、草棍等放入耳内，多见于婴幼儿玩耍时放入。昆虫类异物多在婴幼儿睡眠时进入外耳道。水的进入多为洗澡、洗头时不慎导致。

症状：外耳道异物常引起耳鸣、耳痛。植物性异物遇水膨胀后，可继发感染而引起外耳道炎；昆虫类异物在外耳道内爬动可引起剧痛，较大的异物可引起听力障碍及反射性咳嗽；水进入耳内有极不舒服感。

处理程序：洗头水进入耳后，可嘱孩子头偏向异物侧，单脚跳，异物即可被排出；昆虫入耳，用灯光对着外耳道口照射，引诱昆虫爬出；若有颗粒状物体或者耳耵聍等难以排出的异物，应去医院处理，切勿自行处理，以免损伤外耳道和鼓膜。

12. 咬伤、蜇伤

黄蜂蜇伤：黄蜂毒液呈碱性，应立即在伤口处涂弱酸性液体，如食醋。

蜜蜂蜇伤：蜜蜂的毒液呈酸性，应立即在伤口处涂弱碱性液体，如淡碱水、肥皂水等。

蚊虫叮伤：立即用湿肥皂涂叮咬处，效果极佳，也可用清凉油涂擦，肿胀者可用消炎膏局部涂抹。

洋辣子刺伤：用氨水、碱水、肥皂水清洗，以中和其酸性毒液，再用胶布将小刺粘出。

蝎子蜇伤：蝎子毒液呈酸性，局部涂抹碱水、肥皂水洗会有一定疗效。

职业模块 九

婴幼儿教育学知识

培训项目 1 婴幼儿保教的儿童观

培训重点

1. 了解儿童观的概念以及儿童观与教育观念和行为的关系。
2. 熟悉儿童观演变的阶段，以及每个阶段的特点。
3. 掌握自己的儿童观以及儿童观对自己教育行为的影响。

一、儿童观的含义

儿童观就是对儿童的认识和看法。保教人员如何看待儿童就会如何对待他们，也就会有不同的保教行为。如果觉得孩子还小什么也不懂必须听你的，那么，“孩子还小什么也不懂”就是你的儿童观，正是这样的儿童观才会引发“必须听你的”这种保教行为。例如，在电视剧《虎妈猫爸》第八集中，妈妈坚持让女儿茜茜吃有机蔬菜，可是女儿就是不吃，于是妈妈不由分说地夹起青菜往女儿嘴里塞。这种做法看起来是教育方法问题，根源则是儿童观的问题。因为妈妈觉得女儿还小不懂事，必须听她的才能健康长大，所以才武断粗暴地对待女儿。如果她认为女儿也是独立的人，有自己决定的权利，就会听取女儿的想法，然后，首先以身作则，再通过游戏、讲故事等间接的方法让女儿爱上青菜。

二、儿童观的演变

对儿童的认识和看法与人们对于儿童的研究和经验有关，也与社会发展的阶段有关。儿童观的发展大概可以划分为三个阶段。

1. 古代的儿童观

古代的儿童观中外略有不同，大概有这样几种观念："小大人""有罪的""白板""未来的资源"和"花草树木"。在原始社会，人们对儿童的认识是极度缺乏的，只把儿童视为"缩小的成人"，三四岁的儿童就开始从事成人的简单劳动，像成人那样"干活"。在黑暗的中世纪，人们把儿童视为"有罪的"，是带着罪恶来到人世间的，所以，必须受到惩罚和训斥，儿童只能顺从。在中国的封建社会，主张"棍棒下面出孝子"，也有类似的看法。17 世纪英国唯物主义哲学家洛克认为，人生来是一块没有任何印记和观念的"白板"，人的发展是后天经验的结果。今天看来这是很偏激的，但在当时却是一种进步，把"儿童生来有罪"的认识修正为"白板"，是对儿童的一种解放。"儿童是未来资源"也是古人的一种普遍认识。认为儿童是未来的资源，可以建设国家保卫国家，可以延续家庭的香火，传宗接代，养儿防老。随着社会的发展，人们对儿童观察和研究成果的逐渐积累，人们认识到儿童与成人不同，并且每个儿童都有自己的特点，就像花草树木一样，有的喜阳有的喜阴，有的喜水有的喜干，成人要像培育花草树木一样教养儿童，因此，教师就被称为"园丁"。

古代的儿童观具有以下特点：

（1）对儿童的了解匮乏，习惯从成人的视角认识儿童。

（2）对儿童的认识不客观，倾向于轻视儿童。

（3）对儿童潜力的认识是表面的且低估的。

（4）以男性为中心，轻视女童。

2. 近代的儿童观

随着资本主义社会的兴起，人们对儿童研究成果的丰富，"发现儿童""解放儿童""童年的价值"成为这个时期儿童观的主旋律。其儿童观主要有：儿童是自然的，具有丰富的天性和巨大的天赋，儿童是有个性的；女童与男童具有相同的特点。这个时期的代表人物卢梭曾说："大自然希望儿童在成人以前就要像儿童的样子，儿童是有他独有的看法、见解和感情的，如果想用我们的看法、见解和感情去替代他们，简直是愚不可及。"教育学家蒙台梭利运用教育学、心理学、生态学、哲学等多个学科对儿童进行了全面深入的研究，认为儿童具有心灵的胚胎、吸收性心智、爱的智慧，天生喜欢工作，是发展的敏感期，儿童的发展具有连续性也有阶段性。7 岁以前是一生中发展最关键的时期。陈鹤琴先生通过对儿子长时间的系统观察，指出儿童并不是成人的缩影，而是具有独特的生理、心理特点的独立的人；儿童有七个基本特点：好动、好模仿、易受暗示、好奇、好游戏、喜欢成功、喜欢合群；童年期对人的一生具有重要的价值。

近代儿童观的特点是：

（1）真正将儿童视为值得珍视的人来看待。

（2）珍视儿童的天赋和天性。

（3）尊重儿童期的特点和价值。

（4）关注儿童的个性和男女儿童的平等。

由于对儿童的发现和珍视，这一时期的教育开始从以前的“成人中心”转为“儿童中心”，强调尊重儿童、研究儿童、促进儿童自由、个性的发展。

3. 现代儿童观

随着对儿童认识的加深、社会的发展，对人的尊重尤其是对儿童的尊重已经成为社会进步的象征。对儿童的认识和看法越来越科学，具体表现在以下几个方面。

（1）儿童是人，具有与成人一样的人的一切基本权益，具有独立的人格。这一时期的儿童观强调儿童的权利和人格独立，要求成人赋予儿童平等地位，不要居高临下地训斥儿童，允许他们发表自己的看法，按照自己的方式行动和发展。

（2）儿童是一个全方位不断发展的整体的人，应尊重并满足儿童各方面发展的需要。儿童期是人生的奠基期，全面发展是非常重要的，保教工作不能顾此失彼，以牺牲儿童的全面发展来进行单方面发展，例如，过早进行专业训练而不顾其全面发展等。

（3）儿童发展的过程和结果都存在个体差异性。儿童的发展是各不相同的。要尊重儿童的个别差异，以积极的心态看待儿童的优势，对儿童的发展要进行纵向评价而不是横向评价。也就是说，倡导儿童自身进步的比较，而不是同伴间的横向比较。

（4）儿童具有巨大的发展潜能，在适当的环境和教育的条件下，应最大限度地发展儿童的潜力。首先，保育员要尊重和敬畏儿童的潜力，努力研究儿童，与儿童对话和互动以便读懂他们；其次，保育员虽然不能创造儿童的发展，但是可以通过提供能够激发潜力发展的环境和教育促进儿童潜力的发展。

（5）儿童具有主观能动性，在其发展过程中，起着积极主动的作用。儿童不是一个被动的人，他们有自己的主体性，他们对世界的好奇好问是自然的。因为他们热爱这个世界，天性希望自己变得更能干、更会交往、更自信。所以，要发挥儿童的主动性，让他们主动发展。

（6）男女平等，不同性别的儿童应享有均等的机会和相同的权益，受到平等的对待。从古代轻视女童到近代开始重视女童，现代社会对女童的认识越来越客观公正。在现代社会，我们也要防止学前教育中的另外一种倾向：进行适合女孩的教育却压抑了男孩潜力的发展。这是由于幼儿园的保教人员基本为女性的特点所决定的，如强调安全安静而忽视挑战性和运动量，强调纪律忽视自由等。

三、儿童观与保教工作

保育员在开展保育为主的保教工作时，工作的成效与儿童观息息相关。科学的儿童观可以更好地促进保育员的专业发展。

首先，科学的儿童观使保育员愿意了解婴幼儿，有针对性地开展保育工作。科学的儿童观使保育员深知婴幼儿具有巨大的潜力和独特性，所以，做好保育工作必须观察了解婴幼儿，发现他们的年龄特征和个人特点，有的放矢地进行保育。比如，大班幼儿喜欢在卫生间里玩，很容易造成磕磕碰碰。该怎么解决这个问题呢？如果没有科学的儿童观，保育员很可能就是训斥、批评和厌烦。但是，假如具有科学的儿童观，保育员就会这样想：孩子们有自己的想法，他们在卫生间里玩也是探索，说不定是我们管理太多让他们压力很大，只有在卫生间才能自由自在一些。保育员要了解他们的想法，与他们一起考虑解决办法。只有发挥他们的主观能动性才能真正解决问题。

其次，科学的儿童观可以融洽保育员与婴幼儿之间的关系。由于持有科学的儿童观，保育员就会更尊重、倾听婴幼儿的真实想法，对孩子的态度就会比较亲切和蔼，这样，就容易与婴幼儿建立良好的关系，这是保育工作取得良好效果的基础。

最后，科学的儿童观可以帮助保育员评判和反思自己的保育行为。保育工作的质量和专业性往往与我们所持有的儿童观息息相关，如果保育员经常在出现问题时反思自己的儿童观，以科学的儿童观改进保育工作，养成反思的习惯，假以时日，就一定能够提高自己的保育水平。

培训项目 2 学前教育的目标和原则

培训重点

1. 熟悉学前教育各领域目标和教育的重点。
2. 熟悉学前教育的基本原则。
3. 能根据学前教育的目标和原则反思保育实践并进行改进。

一、学前教育的目标

学前教育的目标是进行学前教育保教工作的指南针和方向盘，每一位保教工作人员都应该掌握。目标不明确，做得越多也许错得越多。《3～6岁儿童学习与发展指南》(以下简称《指南》)为我们明确目标提供了很大的帮助。参考《指南》，将学前教育的目标分述如下。

1. 健康领域的目标

健康领域是其他领域发展的基础，也是保育员的工作职责所在。《指南》将健康领域分为身心状况、动作发展和生活习惯与生活能力三个子领域。

(1) 身心状况目标

在身心状况方面，主要有三个目标：具有健康的体态，情绪安定愉快，具有一定的适应能力。

1) 具有健康的体态主要表现为身高、体重适宜，身体姿势正确。这三个指标不仅是健康的表现，也是通向健康的保证，反映了营养、运动、生活制度、睡眠、健康检查等健康要素的状况。

2) 情绪安定愉快是心理健康的衡量指标。情绪安定愉快的幼儿会有良好的心境和心态，有利于良好性格的养成。幼儿的情绪安定在不同年龄有不同的表现，小班幼儿有比较强烈的情绪时可以在成人的安抚下平静；中班幼儿经常能够保持愉快的情绪，有强烈情绪时在成人提醒下能够平静；大班幼儿不仅能够经常保持愉快的情绪，还可以主动管理自己的情绪不乱发脾气。

3）具有一定的适应能力，包括物理环境的适应（如冷热的适应等）、生活环境的适应（如饮食和睡眠的适应等）和集体环境的适应。

身心状况的目标为晨、午、晚检、一日观察、健康检查提供了参考的指标，保育员可以通过幼儿的身高、体重、体姿、情绪、各种适应能力判断幼儿的健康状况，发现问题及时通过科学的保育以及与教师的保教结合促进幼儿的发展。同时也能够明确保育的重点，关注幼儿情绪管理和适应能力的培养。

（2）动作发展目标

动作发展有三个目标：具有一定的平衡能力，动作协调、灵敏；具有一定的力量和耐力；手的动作灵活协调。

1）平衡能力是各种动作的基础，也是生命活动必备的一种能力，动作协调、灵敏反映了大肌肉的发展和神经系统对于运动系统的调节能力。幼儿神经系统和大肌肉发展比较早，为动作的协调、灵敏发展和平衡能力的发展奠定了基础，但仍需要保教工作者在生活中、游戏中发展他们的这些能力，奠定生存和动作发展的基础，也在发展动作协调、灵敏的同时发展大脑等神经系统的功能。

2）力量和耐力是学前健康教育领域一直比较忽略的能力。力量的练习可以发展幼儿上肢肌肉，耐力的培养可以加强心肺功能的发展，同时两者的教育也对幼儿意志力、坚持性、独立性和自信心的发展具有积极的作用。保育员要鼓励幼儿自己的事情自己做，比如自己的背包自己背，多走路少坐车，愿意运动不怕辛苦等。

3）手的动作灵活协调反映了小肌肉、手眼协调和大脑的发展水平，“心灵手巧”“智慧在指尖上”都说明了手的动作的重要性。幼儿小手动作的发展是在绘画、建构游戏等教育活动中，也在叠被子、自己盛饭、盥洗等这些保育活动中，保育员要提供幼儿锻炼小手的机会。

（3）生活习惯和生活能力目标

良好的生活习惯和生活能力培养是学前教育的重要目标，也是保育工作的重点。该方面要实现三个目标：具有良好的生活与卫生习惯，具有基本的生活自理能力，具备基本的安全知识和自我保护能力。

具有良好的生活与卫生习惯是幼儿健康生活必须养成的习惯，包括按时睡眠起床的习惯、体育活动的习惯、饮食习惯、饮水习惯、用眼习惯和刷牙习惯等。良好的生活与卫生习惯既是教育的结果，也是健康的保障，还是其他领域发展的基础。基本的生活自理能力能够保证幼儿自我服务，满足自己的生理和心理需要，发展独立性和自信心，如自己穿脱衣服、鞋袜，把玩具和图书回归原位。基本的安全知识和自我保护能力是在强调成人对于幼儿保护的同时，加强安全教育，使幼儿掌握自我保护的基本能力，减少安全事故的发生，严防走失等危及生命的事故发生。保育员在进行保育过程中，要注意对这些方面能力的培养，努力把幼儿培养成有良好生活习惯和生活能力，有基本的自我能力和基本的自我保护意识的人。

2. 语言领域的目标

幼儿语言的发展是思维发展的产物，也是人际交往和各领域发展不可或缺的工具。幼儿园语言领域的发展包含两个子领域：一是倾听与表达，二是阅读与书写准备。

（1）倾听与表达目标

倾听与表达有三个目标：认真听并能听懂常用语言，愿意讲话并能清楚地表达，具有文明的语言习惯。

语言是人们交流的工具，倾听和表达是交流的两个要素。在人际交往中，倾听比表达的作用还要大。所以，要注意培养幼儿的倾听能力，在保育过程中，与幼儿进行交流，首先要做好倾听的示范，努力倾听他们的想法，用清晰、和蔼、悦耳的声音与他们进行交流，充满耐心和信心，必要时还要用儿语等幼儿听得懂的语言进行交流。在表达方面，用自己倾听的态度对幼儿表达，努力捕捉幼儿表达的含义，进行平等的对话，鼓励幼儿用文明的语言进行交流，并养成习惯。

（2）阅读与书写准备目标

阅读与书写准备有三个目标：喜欢听故事和看图书，具有初步的阅读理解能力，具有书面表达的愿望与初步技能。

对于书本的兴趣和爱好应从小培养。尽管幼儿对于故事和图书有着天生的兴趣，但在电子媒体高度发展的今天，手机和 iPad 对绘本和图书带来了不小的挑战。因此，如何让幼儿喜欢听故事、看图书是非常重要的一个培训重点，这一目标与具有初步的阅读理解能力相互结合可以更好地培养幼儿的阅读兴趣。这不仅需要教师的努力，还需要保育员和家长的共同参与，在一日生活中抽空给孩子讲故事，与他们一起看绘本，感受故事和绘本带来的乐趣，并与幼儿讨论。具有书面表达的愿望和初步技能并不是让幼儿学会写字，而是让幼儿萌发书面表达的意愿，学会初级的书面表达。可以通过涂鸦、绘画、写自己的名字，表达自己的心情、记录天气、植物的生长状况等训练，培养幼儿书面表达的意愿和基本能力。

总之，语言领域的目标不是识字、学拼音、写字，而是学会倾听和表达。在倾听和表达的过程中，表达自己的情绪、感受和思想，感受语言表达的乐趣，运用语言工具发展大脑的思维，与他人建立良好的关系。从口头语言表达进入书面语言的交流和欣赏，喜欢图书和阅读，具有阅读的基本能力，对书写具有浓厚的兴趣，并可以用不同书写方法记录和表达。

3. 社会领域的目标

社会领域的学习与发展，既是幼儿社会性不断完善的过程，也是幼儿健全人格发展的过程。社会领域的目标包含人际交往和社会适应两个方面。

（1）人际交往目标

人际交往方面有四个目标：愿意与人交往，能与同伴友好相处，具有自尊、自信、自主的表现，关心尊重他人。

这四个目标是依次递进的，首先，要愿意与人交往，有交往的意愿和兴趣；其次，要能够与人友好相处，有交往的基本能力；再次，在交往过程中形成自尊、自信、自主的性格；最后，由己推人，学会关心尊重他人。身教重于言教，希望幼儿在这四个方面得到发展，保育员首先要做到愿意与幼儿和其他人交往，具有较好的交往能力，在保育过程中自尊、自信、自主，尊重幼儿也关心幼儿。

（2）社会适应目标

社会适应方面有三个目标：喜欢并适应群体生活，遵守基本的行为规范，具有初步的归属感。这也是递进的三个目标。

首先，要喜欢并适应群体生活，在群体生活当中，能够逐步遵守基本的行为规范，有一定的自律能力，然后，在集体中具有归属感和安全感。喜欢并适应群体生活对小班幼儿是一种挑战，他们会有不同程度的分离焦虑，需要保教人员共同营造良好的心理氛围，以关爱之心接纳他们，帮助他们克服分离焦虑。

在幼儿基本行为规范的培养过程中，一定要发挥幼儿的主体性，避免简单、粗暴的教育方法，使幼儿从他律变成自律。比如，一日生活常规对建立良好的保教工作秩序是非常重要的，但不能一味地让幼儿遵守规章制度。对于小班幼儿，要逐步建立一日生活常规，在幼儿违背常规时提醒他们遵守规则；对于中班幼儿，要让他们理解生活常规，主动遵守规则；对于大班幼儿，不仅要让他们能够理解规则的意义，而且要让他们能够与同伴协商制定游戏和活动规则。

大量研究表明，保教人员在幼儿规则建立时往往以成人为中心，因而与幼儿的关系是控制与服从的关系。例如，王老师和李老师都非常重视一日生活制度，班级常规都做得非常好。一天，两位老师都请假了，在李老师班里，孩子们听说李老师不在马上欢呼雀跃，他们感觉终于自由了，所有的纪律和常规都不用遵守了。而在王老师班里，孩子们一听说王老师没来，都有点失望，还担心她身体不舒服，当得知王老师没有问题时，孩子们依然秩序井然地遵守一日生活常规。所以，常规的培养不能简单粗暴，必须以儿童为本，讲究教育艺术。在王老师班里，孩子们很有归属感，与王老师的关系和谐温馨。

4. 科学领域的目标

科学领域的学习对于幼儿的认知能力、创造能力和解决问题能力的发展具有重要的作用。科学分为科学探究和数学认知两个方面。

（1）科学探究目标

科学探究方面有三个目标：亲近自然，喜欢探究；具有初步的探究能力；在探究中认识周围事物和现象。

儿童是自然之子，热爱自然、亲近自然是他们的天性，但是由于电子媒体的影响、城市化的阻碍，儿童的自然天性受到压抑，只有让他们感受自然、亲近自然，才能唤起他们自然的天性和探究的能力，让他们在探究的过程中，发展好奇心、观察力、思考能力和解决问题的能力，成为热爱自然、喜欢探究、善于思考、不怕困难、具有科学精神的学习者。通过探究和学习，不断了解周围世界，解释他们感兴趣的自然现象和社会现象。

（2）数学认知目标

数学认知方面有三个目标：初步感知生活中数学的有用和有趣，感知和理解数、量及数量关系，感知形状与空间关系。

数学是抽象的也是有用的。让幼儿理解抽象的数学，最好的方法是生活中的教育，水果的个数、花朵的大小、人数的多少、小伙伴的长幼、房子的高低、物体的形状等都是非常有趣的数学问题。数学不是背诵乘法口诀、计算枯燥的加减乘除，而是解决生活中的数学问题。在感知数学的有趣和有用的基础上，理解数、量及数量关系，感知形状与空间的关系。保育员在保育过程当中应引导幼儿对数、量、形、空间等方面的感知，通过一定的任务，让他们解决数学问题。比如，让幼儿分发碗筷、水果和食物等。

5. 艺术领域的目标

《指南》指出：艺术是人类感受美、表现美和创造美的重要形式，也是表达自己对周围世界的认识和情绪态度的独特方式。审美能力的培养和情绪的表达是艺术领域教育的重要目标。艺术领域包含感受与欣赏、表现与创造两个方面。

（1）感受与欣赏的目标

感受与欣赏方面有两个目标：喜欢自然界与生活中美的事物，喜欢欣赏多种多样的艺术形式和作品。

首先，幼儿要能够喜欢和欣赏周围世界的美好事物。保育员要鼓励幼儿从周围的世界当中获得审美体验，太阳、月亮、星空、花朵、风声、雨声都充满了美感，是对幼儿进行审美教育的最好素材和环境。生活中的美也是审美教育的重要来源，美的语言、礼貌的举止、对幼儿的爱、微笑的表情都是美好的事物，让幼儿去体验和感受就会获得审美的教育。幼儿欣赏自然和生活当中的美，也应看到并欣赏和喜欢多种多样的艺术形式和作品，如不同风格的绘画艺术、雕塑、手工、歌唱、舞蹈，丰富审美体验，为艺术的表现和创造奠定基础。

（2）表现与创造的目标

表现与创造方面有两个目标：喜欢进行艺术活动并大胆表现，有初步的艺术表现与创造能力。

儿童是天生的艺术家，看到美好的事物，只要有表达的工具，他们就会自然地表达自己的想法和情绪，所以，保育员要创设艺术表达的环境，宽松、自由的心理氛围，鼓励他们进行艺术活动，大胆地表现自己的情绪和体验。鼓励幼儿进行创造性的艺术表现，不用美不美、像不像来禁锢幼儿的创造性和表达的多样性。

保育员要增加自己的审美情趣，在着装、语言、态度等方面做出美好的榜样，对幼儿的作品进行具体的评价，鼓励他们大胆创作，积极表现。

二、学前教育的基本原则

学前教育的基本原则是在学前教育中保教人员应该坚持的基本准则，是理论到实践的桥梁。是否坚持学前教育的基本原则，决定了学前教育的方向与质量。

1. 儿童为本

儿童为本是一切工作的基础，要从幼儿出发，将幼儿的感受和可持续发展作为工作的中心。因此，保育员要了解幼儿的天性和需要，了解幼儿的学习特点和个性差异，尊重幼儿身心发展规律，努力成为幼儿的朋友、支持者、合作者和引导者。对于保育员而言，“儿童为本”可体现在三个方面：一要关爱孩子，让孩子体会到你的爱；二是要亲近孩子，亲切而和蔼；三是要与孩子建立良好的关系，让孩子有归属感。此外，还要在保育的各个方面体现儿童为本。例如，就餐环境的准备、睡眠环境的准备、盥洗间的卫生等都要考虑幼儿的感受、年龄特点和可持续发展。

2. 生活化

幼儿的年龄特点和发展需要，决定了生活即教育，教育即生活。首先，对于幼儿来讲，许多生活技能需要在生活中学习，吃喝拉撒睡，洗脸、洗手、刷牙、穿衣、叠被等都需要学习；其次，幼儿的兴趣也来自生活，生存、交往、认识周围世界都是他们的兴趣所在；最后，幼儿的思维是具体形象的，他们难以理解书本上的间接经验和知识，需要通过自己的直接体验理解事物。例如，幼儿的数学知识不是通过计算题获得的，而是通过生活中的数学理解数学、应用数学。一日生活皆教育，将教育渗透在一日生活是学前教育的重要特点。

3. 启蒙性

幼儿期是人发展的关键期，人的重要素质和能力都在这个时期萌发并得到初步的发展。如果环境和教育得当，幼儿的天性和潜力就可以得到理想的发展。否则，不仅会失去重要的发展契机，还会为他们的未来播下不幸的种子。正如弗洛伊德指出的那样：一个人到了成年期得了精神病，基本源自他们的童年创伤，正是一个人的童年创伤，决定了一个人的心理健康水平和个性特点。梁启超先生也说过：人生百年，始于幼学。因此，学前教育是非常重要的，在进行保育和教育的过程中，必须考虑幼儿的心理感受和未来的可持续性发展，不要简单粗暴地解决一个问题，却带来更多、更严重的问题。学前教育的启蒙性要求保育员发展自己的专业能力，了解幼儿及幼儿的发展，控制好自己的情绪，把握幼儿发展的契机，使幼儿得到健康、可持续的发展。

4. 积极正面

幼儿期是自我意识发展的重要时期。自我意识的发展对幼儿的心理健康、个性发展及全面发展具有重要的意义，因此，必须在保教工作中关注幼儿积极自我意识的培养。首先，保教工作人员要对孩子充满爱心，关爱孩子，尊重每一位孩子；其次，在教育活动中，激发孩子的兴趣，发挥孩子的主动性，使他们快乐自主地游戏、学习和生活；再次，对孩子进行正面的激励性的评价，化解孩子的危机，鼓励他们进步，帮助他们树立自信心；最后，谨慎使用批评和惩罚，避免对幼儿进行训斥、讽刺、挖苦以及说反语等消极的教育。

5. 游戏化

游戏是幼儿的天性。在游戏当中进行的教育是最为有效的教育，游戏创造了幼儿的最近发展区，使幼儿在快乐的游戏中不知不觉地获得全面发展。因此，学前教育必须坚持游戏化原则。首先，为孩子创设丰富的活动区，方便孩子开展区域游戏，获得个性化发展；其次，将游戏渗透在教育活动当中，让孩子在快乐和自主的氛围中完成学习任务；最后，保证游戏成为孩子的基本活动，为孩子提供游戏的空间、时间、氛围和积极评价。保育员在组织保育活动时，要尽量做到在游戏中教育，在游戏中学习，在游戏中生活。

培训项目 3

婴幼儿的学习特点与教育

培训重点

1. 熟悉 0～3 岁儿童学习特点。
2. 了解 0～3 岁儿童教育的要点。
3. 熟悉 3～6 岁儿童学习特点。
4. 掌握 3～6 岁儿童教育的要点。

一、0～3 岁儿童的学习特点及教育

1. 0～3 岁儿童的学习特点

（1）学习内容具有其内在规律性

从学习内容来看，0～3 岁儿童的学习内容是根据自己的大纲进行的，所谓自己的大纲就是儿童内在的规律性，是人类进化过程中儿童既定的发展程序。婴儿动作的发展，呈现“二抬四翻六会坐，七滚八爬周会走”的规律，即 2 个月抬头，4 个月翻身，6 个月会坐，7 个月会滚，8 个月会爬，周岁会走。这个发展规律虽然有个体差异，但规律基本上是不可改变的。美国心理学家格塞尔曾做过一个著名的实验：他选了一对 48 周大的同卵双生子进行爬楼梯实验。先让哥哥每天进行 10 min 的爬梯训练，弟弟不进行此种训练。6 周后，哥哥爬 5 级楼梯只需 26 s，而弟弟爬同样的楼梯却需 45 s。从第 7 周开始，格赛尔对这对双胞胎均进行相同的爬楼梯训练，持续两周。结果出人意料，弟弟反而超过了哥哥，只要 10 s 就爬上了 5 级楼梯。这个实验告诉我们，婴儿的发展，是由其成熟的规律所决定的，而不是由成人的训练和教育所决定的。孩子年龄越小，受内在发展规律的影响越大，

教育和训练必须遵循儿童的发展规律进行。拔苗助长有时候还会损害儿童的健康和发展。

（2）在行动中学习

0～3 岁儿童正处于感知运动思维阶段，这个时期的儿童是在活动和动作中思考、发展自己、认识周围世界的。他们在爬行和行走等动作发展中掌握动作，在咿呀学语、鹦鹉学舌中学会语言、观察、思考，在敲敲打打、爬行、走路、跳跃和奔跑中认识花花草草、各种小动物以及周围的各种人和事。

（3）学习是无意识的也是主动的

0～3 岁儿童的学习是无意识的，他们不知道自己是在学习，也不会因为成人希望他们学习就服从成人的意愿。尽管有些妈妈教孩子背诵英语单词、识字，孩子也会鹦鹉学舌，简单模仿，但他们并不认为这是在学习，反而因觉得无聊而反抗。相反，他们喜欢四处爬，四处探索，这是重要的学习过程，尽管是一种无意识的学习过程。我们会发现，每当这个时候，妈妈往往忍无可忍，阻止他们这么做，但往往很不奏效。因为孩子的发展和对世界的探索是一种本能、一种不可遏制的天性、一种趋向发展的天赋力量，所以从这个角度而言，他们又是主动的，他们主动学习语言，主动爬行探索世界，又主动地直立行走掌控自己。当他们能说会走之后，又希望做更多的事情，他们希望自己穿衣服、自己吃饭、自己穿鞋，表现出强大的主动性。然而，由于他们的能力所限，往往受到成人的打击，或不给他们主动探索的机会，或直接说出他们的能力不足。

2. 0～3 岁儿童教育要点

（1）了解 0～3 岁儿童发展的内在规律

了解儿童的内在发展规律，是 0～3 岁儿童教育的基础。对于婴儿而言，安全型依恋的建立，学会抓握、爬行、走路、说话是非常重要的。

安全型依恋的建立需要母亲（或其他成人）及时回应婴儿的微笑、啼哭和招呼动作，及时满足他们的需要。当孩子根据他的内在需要进行抓握、爬行、走路、说话时，要创设相应的环境，给予积极的反馈。例如，当发现孩子不断地扔东西时，要准备各种不同形状、软硬、质地的东西，让他们抓握、探索；当孩子开始蹒跚学步时，可以准备一块不怕摔跤也不会影响孩子走路的垫子，拿着玩具在不远处诱导他们走过去。对于孩子的成功，应报以微笑和鼓励。

1～3 岁的儿童，要特别关注他们生活自理能力和良好习惯的培养。在生活自理能力培养方面，让孩子做力所能及的事情，比如用勺吃饭，用杯子喝水，会自己洗手、自己大小便、自己睡觉等。一旦能够具有生活自理能力，孩子的自信心和独立性就会大大提升，他们愿意尝试更多的事情，这样他们就会变成越来越能干的孩子。在良好习惯的培养方面要注意：大小便习惯的培养，有规律地大小便，自己穿脱裤子、擦屁股；睡眠习惯的培养，早睡早起，逐渐养成独立睡觉的习惯；饮食习惯的培养，吃饭不剩饭、不撒饭、不挑食，专心吃饭，不一边看电视一边吃饭。

（2）让孩子在游戏和活动中发展

由于 0 ~ 3 岁儿童学习的无意识性和感觉运动性思维，应在游戏和活动中进行教育以促进儿童发展。适合 0 ~ 3 岁儿童的游戏和活动很多，如藏猫猫游戏，成人和儿童在藏猫猫游戏中获得快乐，也帮助儿童形成客体永久性的思维；扔球、滚球、接球的练习型游戏，能够发展儿童的手眼协调能力和动作能力；辨别五官的练习性游戏，使儿童对自己鼻子、眼睛、耳朵、嘴的了解更加清晰，还锻炼他们灵敏的反应能力；走、跑、跳、钻爬、投掷等运动游戏，可以促进儿童动作的发展。

（3）正确对待儿童的反抗行为

1 岁半到 3 岁是儿童的第一个反抗期，这个时候的反抗是以争取独立自主为中心的。这时期也正是儿童独立性和自主性发展的关键期，成人应该理解并支持儿童的独立愿望和自主行为。可以根据儿童尝试行为的危险与否采取不同的教育行为。对于吃饭、穿衣、穿鞋这些并不危险的行为，可以给孩子足够的时间，并通过提供易于穿脱的衣服、鞋帽，方便取放的餐具，减少任务的难度。对于危险的事情，如玩火、吃不该吃的东西，就要做到及早防范，让孩子在安全的区域探索，并把危险的东西放到他们不能触碰和够到的地方。

总之，对待孩子的反抗行为，不能直接否定，以“你这不能做”“那不行”“真不是个乖孩子”“不听话”来对待、评价和阻止孩子，而是要表现出耐心和欣赏，给予孩子足够的时间、空间，并辅以积极的帮助和鼓励，让孩子感受到独立和自主的快乐，并在独立和自主的探索过程中发展自己。对于危险行为，要事先预防，可以通过绘本故事进行安全教育，要细心处理有可能带来危险的东西。

二、3 ~ 6 岁儿童的学习特点及教育

1. 3 ~ 6 岁儿童的学习特点

（1）直接经验学习

人的学习方式主要有两种：直接经验学习和间接经验学习。直接经验的学习

就是通过直接感受、亲身体验进行的学习；间接经验的学习就是通过书本、语言进行的学习。幼儿的学习方式主要是直接经验的学习。这种学习方式不仅适合他们，更可以帮助幼儿获得丰硕的学习成果。可以说，0～6岁是人一生当中学习能力最强的阶段。幼儿可以在游戏、生活、运动、探究等活动当中不知不觉地学到丰富的知识和经验。蒙台梭利认为，0～6岁儿童具有吸收性心智，他们就像海绵吸水一样吸取周围世界的知识，可以不费力气地了解自我和世界，掌握生存必备的基本技能。因此，保育员要注意个人修养，加强专业能力，营造良好的保教环境，具有较强的保教智慧，让幼儿在直接经验的学习中获得理想的发展。

（2）在游戏中学习

幼儿的学习是无意识的，他们在游戏和玩耍中习得知识、技能。游戏是幼儿的基本需要，也是幼儿的基本活动，因此，要将教育内容和保育任务渗透在游戏中，润物细无声地进行健康教育和其他教育。

（3）在生活中学习

幼儿的学习是广泛的，生活中的点点滴滴、周围世界中的花花草草、环境中的人和事都是幼儿学习的内容，正所谓“一日生活皆教育”。所以，保育员不能因为主要负责保育而忽视了学习，一日生活中的教育具有重大价值。幼儿的情绪情感、人际交往、生活自理能力、良好的生活习惯、自我意识以及健康的个性都是在一日生活中学习并发展的。生活中的学习，不仅决定了幼儿的快乐感和幸福感，而且决定了幼儿发展的方向和效果。因此，保育员在教育中大有用武之地。保育员又称为生活老师，这不仅仅是一种尊称，更是责任和现实。

（4）在操作中学习

幼儿擅长发现学习而不是接受学习。对幼儿而言，直接的讲授和简单的说理教育都是收效甚微的。蒙台梭利曾说过：听过的会忘记，看过的会记得，做过的才会真正懂得。所以，幼儿必须通过“工作”才能发展。这里所说的“工作”主要是通过持续不断的操作和尝试、探究和实验获得经验，发现新知。

2. 3～6岁儿童教育要点

（1）全面发展

在3～6岁为人生打基础的阶段，全面发展非常重要。因此，不能早期定向，或者偏重某些方面的发展而忽视全面发展。在全面发展中，健康是第一位的。保育员应能判断幼儿身心发展状况，通过保育工作促进幼儿身体和心理的健康发展。在日常生活中，培养幼儿的生活习惯、卫生习惯和生活自理能力，协助教师促进幼儿的动作发展，在安全意识和能力教育、饮食习惯教育、个人卫生教育的同时进行健康教育。以此为基础，与幼儿建立良好的关系，关爱他们，倾听他们，主动与他们交流，寻求他们的帮助，如请幼儿帮忙叠被子、发放碗筷、打扫卫生，发展幼儿的语言能力和社会能力。同时，利用保育的各种契机发展幼儿的数学能力，如分发碗筷、水果；进行餐前活动，通过绘本介绍各种食物的营养价值，组织幼儿进行讨论，增加幼儿对食物的探究兴趣；还可以通过创设优美的保育环境等方式，如优美的睡眠环境、优美的餐饮环境，发展幼儿的审美能力。

（2）培养积极的自我意识

自我意识的发展对幼儿个性、学习品质及各领域的发展都有着非常重要意义，幼儿期也是形成乐观性格的关键期，这都需要保育员特别关注幼儿积极自我意识的培养。自我意识包括自我评价、自我体验和自我调控三个方面。

自我评价是基础，积极的自我评价往往带来自尊、自爱的自我体验。幼儿的自我评价具有情绪化和依赖成人评价的特点，所以，要发展幼儿积极的自我评价，成人要进行正面的教育，以激励为主。让幼儿拥有自信，就需要他们能够对自己进行积极的评价。这主要从四个方面入手：首先，让幼儿做力所能及的事情，积累成功体验；其次，对幼儿的成功给予积极鼓励；再次，帮助幼儿形成积极的解释风格，把失败归因于不够努力，把成功归因于努力，这样能够帮助幼儿形成成长性的思维方式；最后，当幼儿陷入发展危机，如焦虑、不自信、退缩时，要善于从积极的方面化解幼儿的危机。幼儿一旦形成积极的评价，自尊、自爱、自我感觉良好的积极自我体验就会油然而生，他们会更愿意尝试新事物，不断挑战自己的能力局限，这样就会获得更多的成功，形成积极自我评价的良性循环。

愿意尝试和挑战是自我调控的重要内容，自我调控既包括一个人的自律行为，也包括积极主动努力实现个人愿望的自主行为。保育员在保教过程中，应努力培养幼儿积极的自我意识。例如，让幼儿做力所能及的事情，经常鼓励他们，当幼儿陷入自卑时启发他们向积极的方面思考，在一日生活常规中，尽量听取幼儿的意见，发展幼儿的自律性。

（3）发展幼儿的感知觉

幼儿期也是感知觉发展的关键期。视觉、嗅觉、听觉、味觉、温觉这些感觉通道是幼儿认知发展的基础，“耳聪目明”“聪明伶俐”都说明幼儿感知觉发展的重要性。同时，感知觉的发展也是幼儿情绪发展和心理需求满足的途径。如果6岁以前发展幼儿的感知觉，不仅会收到事半功倍的效果，还会激发幼儿的潜能和天性，达到小学以后难以达到的成效。因此，保育员要努力发展幼儿的各种感觉和知觉。

首先，发展幼儿的观察力，如通过食物的色、香、味、形等吸引幼儿，发展无意观察能力，通过餐前食物的介绍，发展幼儿的有意观察能力；其次，发展幼儿的听觉能力，通过倾听老师的示范锻炼幼儿的倾听能力，通过安静游戏等发展幼儿的听力；再次，发展幼儿的味觉能力，提供味道丰富的食物进行品尝、交流和讨论，让幼儿有一定的饥饿感，激发味蕾，发展味觉的辨别能力；最后，发展幼儿的温觉能力。幼儿具有强大的适应外界温度变化的能力，如果忽略了这方面能力的培养，幼儿适应能力的潜力将会被阻碍，他们将变成温室里的花朵，罹患各种疾病。“春捂秋冻”“要想小儿安，三分饥和寒”是很有道理的。所以，保育员应多鼓励幼儿在盛夏和寒冬中锻炼自己，适当让幼儿热一热、冷一冷，不要气温一变就开空调。

（4）发展幼儿的情感和交往能力

发展幼儿的情感可从两个方面入手：一是幼儿的同情心，二是幼儿的感恩之心。同情心是人类共同生活的感情基础，如不打人、不骂人、不欺负人，关心同伴，互相帮助，尊老爱幼，同情残疾人，尽力去帮助他们，不摧残动植物等。感恩之心就是对他人的关爱、支持、帮助等善良心理和行为充满感谢、积极反馈的心理过程，其实质就是对他人关爱的懂得和回报。人人爱我，我爱人人，每个人都需要别人的关爱，当然也需要关爱他人，“投桃报李”“吃水不忘挖井人”“感谢父母的养育之恩”“关爱父母”等都是感恩的心理和行为。感恩教育必须由己推人，幼儿处于个人中心思维发展阶段，也许并不能接受感恩教育，但是，幼儿阶段是个性发展的关键期，懂得他人的关爱，付出自己的关爱，必须从小养成习惯，只要教育得当，同样可以收到良好的效果。首先，成人要做好感恩的示范，对别人的关爱和善意表示感谢，给予反馈；其次，通过绘本和故事进行潜移默化的教育；最后，通过视频和角色游戏让幼儿了解父母、教师和保育员的关爱，学会感恩。

在交往能力的培养方面，保育员可根据《指南》的目标，从人际交往四个目标入手培养幼儿的交往能力，让幼儿喜欢交往，具有交往技能，愿意关心帮助他人，并形成健康积极的个性，同时与教师一起营造良好的心理和交往氛围，关爱每一位幼儿，让他们有归属感。

（5）做好幼小衔接

幼小衔接又称为入学准备，是为幼儿更好地适应小学学习和生活做的一系列准备工作。幼小衔接有两个主要误区：一是窄化幼小衔接的时间，认为幼小衔接是入学前几个月甚至前一个月的准备；二是偏离应该准备的内容，将幼小衔接视为读写算、遵守纪律等方面的准备。做好幼小衔接，应从如下几个方面进行。

首先，明确幼小衔接与学前教育的关系。学前教育不等于幼小衔接，不能把幼小衔接的好坏作为衡量学前教育质量的主要指标。学前教育的主要目标是为孩子一生的健康发展、美好生活做准备，而不仅仅是为入小学做准备。

其次，培养幼儿生活自理能力和良好的生活习惯。良好的生活习惯和较强的生活自理能力不仅是适应幼儿园生活所必需的，更是适应小学生活所必需的。独立自主、自力更生是小学生活必须具备的条件。如早睡早起、自己刷牙、饭后漱口、不吃零食等生活习惯，有规律地大小便、自己穿衣服、打扫卫生等生活自理能力，都非常有利于幼儿更好地适应小学生活。这些能力和习惯的培养不是几个月完成的，而是贯穿整个幼儿阶段。

再次，发展幼儿的学习品质。学习品质是幼儿在学习过程当中所表现出来的积极态度和良好的行为倾向，是终身学习和发展所必需的宝贵品质。不是幼儿所掌握的知识和技能决定其进入小学后的学习效果，而是他们的学习品质决定了进入小学的学习状态、效果和可持续性发展。幼儿的学习品质主要包括积极主动、认真专注、不怕困难、敢于探究和尝试、乐于想象和创造。保育员与教师应该在游戏活动、生活活动、学习活动等一日生活活动中贯穿幼儿学习品质的培养。

最后，发展交往能力。从幼儿园到小学，儿童的交往范围扩大，对于友谊的渴望也越来越强烈，因此，应该发展幼儿的交往能力。保育员可根据《指南》的指引，让幼儿喜欢交往，获得交往技能，如倾听、合作、协商、轮流、交流等，并逐渐理解他人，尊重、关爱、帮助他人。在交往的过程中，形成积极的自我意识，遵守基本的行为规范，最终获得归属感。

职业模块 十
托幼机构保育环境知识

培训项目 1 托幼机构保育环境概述

培训重点

1. 了解托幼机构保育环境的重要性。
2. 熟悉托幼机构保育环境的主要内容和保育环境与婴幼儿发展之间的关系。
3. 掌握托幼机构保育环境的创设方法和发展趋势。

一、托幼机构保育环境的概念及特点

1. 托幼机构保育环境的概念

托幼机构是促进婴幼儿身心发展的重要场所之一，对婴幼儿成长具有特殊的意义，托幼机构的保育环境对促进婴幼儿生活习惯、发育行为、心理健康起到积极的不可替代的作用。《幼儿园教育指导纲要》中明确指出："环境是重要的教育资源，应通过环境的创设和利用，有效促进幼儿的发展。"《3～6岁儿童学习与发展指南》中提出："充分尊重和保护其好奇心和学习兴趣，创设丰富的教育环境，合理安排一日生活，最大限度地支持和满足幼儿通过直接感知、实际操作和亲身体验获取经验的需要。"

托幼机构保育环境的概念有广义和狭义之分，广义的托幼机构保育环境是指社区、家庭、社会、自然环境等一切可能促进婴幼儿身心发展条件的总和；狭义的托幼机构保育环境，是指托幼机构中对婴幼儿保育产生影响的内部环境，包括物质环境和精神环境两个方面。本书主要讨论的是狭义的托幼机构保育环境。

2. 托幼机构保育环境的特点

（1）环境的教育性

托幼机构作为专门的婴幼儿教育场所，其环境的创设与其他非教育机构的环境创设有明显的差别。托幼机构的保育环境是根据其保育教育的方针、目标以及婴幼儿的身心发展特点，有目的、有计划、有组织创设的。其环境创设不仅仅是为了美化的需要，也是实现保育目的的重要途径，把教育目的隐含在环境中，在科学的保育环境中培养婴幼儿的卫生习惯、生活习惯、健康习惯，在环境中让婴幼儿去探究、体验和内化与健康相关的认知及习惯养成。

（2）环境的生态性

托幼机构保育环境的创设要秉承生态属性和环保理念，强调材料使用的自然特性，让婴幼儿在自然的生态保育环境中去感知与发现，并在探究与感知过程中发展婴幼儿的心理需求。

（3）环境的控制性

托幼机构的保育环境与外界环境相比具有控制性，主要是指托幼机构保育环境的创设，是在保教人员的控制之下进行的。具体可表现为两个方面：一方面是材料使用的综合影响，环境创设物品在进入托幼机构前必须经过严格的甄别，以其最终能有利于幼儿的身心发展为选择标准；另一方面，保教人员根据婴幼儿生长发育指标及发展特点，有效地调控环境中的各种要素，维护不同年龄、不同季节等环境的动态平衡，使之始终处在最适合婴幼儿的发展状态中。

托幼机构保育环境的教育性、生态性与控制性之间是互相联系的。环境的教育性，要求以生态性为基础，同时决定了环境的控制性，三者之间互相依存、互相制约。

二、托幼机构保育环境的作用

良好的托幼机构保育环境有利于促进婴幼儿情绪、情感、行为的健康发展。婴幼儿的情绪、情感正处于不稳定的初级发展时期，保育员应主动创设符合婴幼儿发展需要的保育环境，培养婴幼儿的生活技能，乐观、开朗、合作、积极向上的情绪、情感，良好的卫生、生活习惯。

良好的保育环境有助于婴幼儿的全面发展。保育环境是托幼机构中环境教育的重要组成部分，在生活教育、卫生教育、健康教育、辅助教育活动等方面起到积极的作用，是促进其全面发展必不可少的重要环节。

良好的托幼机构保育环境有助于激发婴幼儿的学习兴趣与动机。让环境成为不说话的教师，好的保育环境不仅是婴幼儿参照的对象，也是指导婴幼儿建立良好行为模式的基础。兴趣和动机是在具体的环境中激发和发展起来的，托幼机构中的各种环境因素，尤其是精神环境是影响幼儿学习兴趣和动机的诱因，托幼机构中的人际关系、保教人员的期望等都是引发幼儿学习动机的因素，所以要为婴幼儿创设好的学习和生活环境，使他们从小就培养起浓厚的学习兴趣和正确的学习动机。

三、创设保育环境的原则与要求

1. 安全性原则

安全是环境创设的基本前提。在保育环境的创设过程中，保育员要主动地消除保育环境中可能存在的安全隐患，物品管理、饮水装置、地面墙面材料选择都要以安全第一为前提。北方的托幼教育机构，暖气片应外装防护装置，保育员要认真做好安全检查。

2. 经济性原则

经济性原则是指创设环境过程中应考虑到不同地区、不同托育机构的具体经济情况，因地制宜，就地取材。著名教育家陶行知、陈鹤琴就曾经对当时我国教育中存在的“富贵病”和花钱行为提出尖锐的批评，现阶段我国经济空前发展，但同样要避免不符合婴幼儿发展需要的环境创设。在遵循卫生、环保、适宜、适时、适龄的前提下，充分利用自然材料来创设托幼机构的保育环境，不仅可以节约成本，更重要的是能培育婴幼儿亲近自然、喜爱自然、保护环境的意识。对于农村地区的托幼机构，可利用当地丰富的自然材料和绘本等现代教育元素相结合进行保育环境创设。

3. 互动性原则

要秉承婴幼儿是环境的主人的保育思想。保育环境是为促进婴幼儿发展设立的，婴幼儿看似是被动的，但他们往往在环境中是积极主动的探索者、学习者。因此，创设环境时在内容选择、主题设定、内容生成等多方面都要考虑婴幼儿的发展需要，使创设的保育环境主题符合该年龄段婴幼儿的发育特点。同时，投放可让婴幼儿自主选择的环境创设材料和体验操作性的材料及用品，促使婴幼儿在环境中主动探究、愿意探究，并在操作过程中享受乐趣、形成认知，在保育员的引导下形成婴幼儿、以婴幼儿为中心的环境、保育员三位一体的师生互动的保育环境。

4. 差异性原则

在内容和选材上保育环境要区别于教育环境。保育环境是服务于婴幼儿生活技能培养、卫生管理、身心发展、健康发展需要创设的，核心是让婴幼儿身临其境，在适宜的环境氛围中提高对生活、生命的认知，养成良好的行为习惯，避免等同于教育环境。

5. 发展适应性原则

托幼机构的保育环境创设要符合婴幼儿的年龄特征及其身心、健康发展的规律，促进不同阶段婴幼儿的全面和谐发展。

6. 教育性原则

要把保育教育目标及要求落实到月计划、周计划以及每项具体的活动中，与实际的教学内容相结合，创设具有启发性的保育环境。例如，在大班开展的健康教育主题活动中，可以把教育目标和教育理念渗透到环境布置中，在班级墙上设置一个讨论的板块儿，让每个孩子都来表达自己的看法。如小明牙痛了，小明为什么牙痛，小明怎么做才不会牙痛？保教人员把孩子们讨论的结果整理、展示出来，并配上图片或蛀牙模型，让孩子们在交流和讨论中发现自己、了解自己。这样就体现了环境的教育性，有助于婴幼儿在环境中感知、学习，促进身心全面发展。

7. 适应当地的文化背景与经济发展条件

保育环境的创设要考虑其所在地区的文化背景和经济发展条件，考虑当地的文化特点，有意识地将社区中婴幼儿熟悉的社会环境融入其中，同时充分利用当地的人文景观，让婴幼儿从小记住家乡的味道、家乡的声音，了解自己的家乡文化，培养从小热爱家乡的情感。

培训项目 2 托育机构的保育物质环境创设

培训重点

1. 了解托育机构保育环境对 0 ~ 3 岁婴儿发展的重要作用。
2. 了解托育机构保育环境的主要内容和保育环境创设的基本原则。
3. 掌握托育机构保育环境的创设方法和发展趋势。

托育机构保育物质环境创设是为 0 ~ 3 岁婴儿的生存、发展创设有利的环境，营造生活照护、促进身体发展和辅助教育活动的基本物质条件。

0 ~ 3 岁婴儿保育观，从“安全保护与喂养”发展到“实施教育过程中的生理、心理和社会保健”，从“早期教养”发展到“科学培育”，因此，对托育机构的物质环境提出了更高的要求。

一、托育机构室内保育物质环境创设

1. 物质环境的创设原则

（1）安全性原则

物质环境是安全的，没有危险源，即便成人不在的情况下，孩子依然可以安全地自主地探索，包括地面安全、墙面安全、玩具安全、用品安全等。

地面安全，即选用防滑、无缝隙、无污染材料，符合国家建材标准。

墙面安全，即选用符合婴儿发育特点的可抓、握、捏、插的操作性材料，可按、粘贴、发声等活动性材料。

玩具安全，即根据不同月龄的婴儿配备不同的口唇敏感期咬合性玩具、推拉性玩具、锻炼行走的小楼梯等，保证材料卫生、安全，不会出现吞咽、误食等危险。

用品安全，即婴儿进餐用具、饮水用具、盥洗用品、睡眠用具等生活用品要符合国家标准。

（2）安静原则

托育保育机构要符合《托儿所、幼儿园建筑设计规范》和《托育机构设置标准（试行）》等要求，远离噪声或喧哗场所，保证婴儿睡眠、进餐、教育有一个良好的安静环境。安静的保育环境不仅有利于促进婴儿身体的健康成长，也有助于婴儿独立操作和探索时不受干扰，提升他们的注意力和专注力。

2. 保育环境创设的内容

（1）营养环境

营养环境主要是指为婴儿进食创设的物质环境和精神环境。《托育机构管理规范（试行）》第十九条指出，托育机构应当顺应喂养，科学制定食谱，保证婴儿膳食平衡，有特殊喂养需求的，婴儿监护人应当提供书面说明。

顺应喂养照料的过程是非常个性化的教育教学过程，通过与婴儿的互动，比如肢体接触、语言和语音语调、眼神交流以及具体地回应孩子的需求或关注点，体现保育教育的精髓和照护者内化的、示范的影响。

（2）睡眠环境

1）睡眠环境因素。睡眠环境首先要有适宜的温度、湿度。婴儿的睡眠环境以温度 24 ~ 25 ℃、湿度 50% 左右为宜。其次，要有舒适的声光环境。要为婴儿创造一个相对比较安静的睡眠环境，室内的光线不宜过强。最后，控制噪声，大多数婴儿都能习惯普通的谈话声、笑声以及适当的自然界声音，在婴儿睡眠时不必屏声敛气，但要避免大声喧哗。因为经常处于嘈杂声中，婴儿特别容易烦躁不安，影响睡眠质量。

2）睡眠照护原则。在照护婴儿睡眠时，保育员与其站立的位置也有讲究，基本原则如下：

①视线平行原则。婴儿躺着，保育员半蹲，二者的视线几乎处于平行状态，可以保持平行的眼神交流。

②提前告知原则。保育员在进行下一步动作之前，需要提前告知孩子，让孩子有所准备，避免惊恐。

（3）卫生环境

卫生环境狭义上主要指进餐环境、盥洗环境、起居环境等。进餐环境创设除了桌面、餐具清洁消毒外，还包括播放适宜的音乐、提醒婴儿洗手、准备当餐制作食物的食材模型或实物，让婴儿感知、认知食物的特性与营养。盥洗环境包括洗手台的高低、洗手液或香皂等洗护用品的排放位置及高低、毛巾挂放的位置及地面的湿滑状况等。起居环境创设包括在睡前、睡后开窗通风，正确使用助眠和唤醒音乐，及时进行寝具消毒等。

在卫生环境创设时应注意：及时原则——及时发现问题及时处理；预防原则——预测可能会出现的结果，规避问题的发生。

（4）课程环境

托育机构应当以游戏为主要活动形式，促进婴儿在身体发育、动作、语言、认知、情感与社会性等方面的全面发展。游戏活动应当重视婴儿的情感变化，注重与婴儿面对面、一对一的交流互动，动静交替，合理搭配多种游戏类型。托育机构应当提供适宜的刺激，以丰富婴儿的直接经验，支持婴儿主动探索、操作体验、互动交流和表达表现，发挥婴儿的自主性，保护婴儿的好奇心。

托育机构设有课程区域：运动区、视觉区、触摸区、娃娃家区、生活自理区、音乐区、球区等。

二、托育机构室外保育环境创设

1. 运动环境

托育机构应当保证婴儿每日户外活动不少于 2 h，寒冷、炎热季节或特殊天气情况下可酌情调整。户外运动环境要适宜 3 岁以下婴儿活动的特点，避免大龄户外游戏设施小龄化使用，强调安全第一原则。

2. 自然环境

婴幼儿喜欢探索，在户外活动时，保育员要熟悉区域环境中的植物、井盖、坑洼、水池等自然环境状况，避免发生误伤等意外事故。

培训项目 3 学前教育机构保育物质环境创设

培训重点

1. 了解学前教育机构保育环境创设的准备过程。
2. 熟悉学前教育机构保育环境的主要内容和保育环境创设过程。
3. 掌握学前教育机构保育环境的分区原则及发展趋势。

学前教育机构的物质环境是指学前教育机构中对幼儿发展有影响作用的各种物质要素的总和，包括场地、园舍、设备、材料、空间结构、环境布置、玩具、科学活动室等，它是保教人员与幼儿活动的物质基础，影响和制约着保育教育质量。

一、学前教育机构物质环境创设要求

1. 保育环境要体现教育性

学前教育机构物质环境的准备，应着眼于丰富幼儿的经验，增长幼儿的能力，激发幼儿的好奇心和求知欲。保教人员可依据幼儿的教育目标及年龄特点、认知发展水平，创设不同的保育主题墙面。如小明为什么肚子痛？我们为什么要刷牙？小胖的烦恼是什么？如何保护视力？丰富的主题内容往往容易引起幼儿的关注，使幼儿潜移默化受到教育。也可以让幼儿参与布置主题墙面，进而获得认知和语言能力的发展、动手能力的提高。孩子们在环境和材料的相互作用中学习、探究，从而更能激发他们的学习兴趣和求知欲望。

2. 保育环境要符合幼儿审美

以幼儿为中心的保育环境可以培养幼儿感受美、欣赏美、表现美的情趣和能力。保教人员要尊重幼儿的审美兴趣，满足他们的审美需要。在物质环境布置中，除了用丰富的主题内容来教育启发幼儿外，也需要努力创设出具有造型美、色彩美、艺术美和富有童趣的氛围来感染幼儿。例如，可在走廊、墙壁上挂上不同季节的蔬菜实物或模型、种子等，介绍不同食材的营养特点或生长特点，让孩子们在体验真实美的同时，获得更多的认知。

可以创设增强幼儿对环境的了解，培养幼儿热爱自然、美化环境、保护环境情感的物质环境。如在室内或室外走廊里创设自然角和动物角，放置动物和植物，如小鱼、乌龟、蝌蚪、含羞草等，让孩子们轮流照顾，观察动植物，这样可使他们掌握有关动植物的知识，并在老师的带领下学会给植物浇水、除草、松土，学会饲养小动物等劳动技能。种植和饲养的活动不仅可以培养幼儿的动手能力，也可以培养他们从小热爱自然的美好情感。同时，保教人员还可以利用自然材料教会孩子进行手工制作来装扮幼儿园，让幼儿进一步感受到大自然的丰富多彩。

3. 保育物质环境要体现差异性

由于个性的表现和发展各不相同，所以保育环境既要考虑到全班幼儿的特点，也要顾及个别幼儿的特点。如在桌椅的配置上，要根据幼儿身高的实际情况调整桌椅高低，以适应不同坐高幼儿的需要。

4. 保育物质环境要服务于保育工作的需要

随着现代保育观念的不断发展，保育的内涵随之扩大，对幼儿园的保育工作也提出了更高的要求，这就必须为保育人员提出规范、有序操作所必备的物质条件和操作环境，保育员要熟悉各种保育环境与相配套的物质环境。

二、学前教育机构物质环境准备的误区

1. 一味追求视觉美观的物质环境设计

优越的物质环境可以陶冶幼儿的性情，培养幼儿的审美能力和审美情趣，激发幼儿的学习兴趣和创造力，环境中美的因素也能唤起幼儿对生活的积极反应，促进他们感官的发展，因此，学前教育机构注重物质环境美感与审美效果是有必要的。但是许多学前教育机构往往会过分追求色彩的刺激和精致的装饰效果，一切以是否美观来衡量物质环境创设的效果，对于幼儿来说则并不合适。学习、生活、游戏的环境，不仅要有美的体验，更重要的是能够促进儿童身心的健康发展，

能够给儿童以教育和启发，对其以后的发展产生影响。

2. 过多的文字信息占据物质环境的空间

有的学前教育机构在物质环境中过于注重文字信息的呈现。保教人员和家长用文字记录幼儿学习成长的过程本身具有积极的互动意义，这些记录有利于保教人员和家长清楚地了解幼儿个体当前的学习情况，或以后学习的需要与方向。但大面积呈现在物质环境中的文字，侵占了孩子表达感受与接收信息的空间。孩子学习成果分享的对象应该是孩子，因此，其呈现方式应以直观感性的符号、绘画语言为主，尽量贴近孩子喜欢、习惯的表达方式。评价学前教育机构物质环境呈现方式的主要标准，就是观察孩子是否想看、会看、爱看，是否想玩、爱玩、会玩。自由环境中只有充满应有的生活气息，才能确保孩子真正成为环境的主人，而环境也才能不断地说着孩子能懂的话。对于记录婴幼儿学习成长过程的大量文字信息，可以保存到保教人员的工作文档中，或陈列在面向家长的宣传栏里，这些文字才具有表达的价值。

三、学前教育机构物质环境创设的准备过程

1. 规划阶段

学前教育机构物质环境的主体应该是人——幼儿，他们可以在保教人员的引导下适度参与，但这并不影响他们成为物质环境创设的主体。只有在自由和科学合理规划的基础上创设出来的物质环境，才能更好地促进幼儿的发展。

物质环境规划可以从以下三个角度来构想：

一是时间。保教人员应根据当前课程实施内容的周期来考虑物质环境存续时间的长短，将持续的物质环境与阶段性的物质环境相结合，既要考虑到全班幼儿的特点，也要兼顾个别幼儿的特点。

二是内容。一般由主题与辅助两个部分构成。主题的内容要考虑前面的主题、现在的主题以及以后主题之间的承接关系与价值区分；辅助的内容则应该考虑主题以外有关学习、生活、游戏等多方面的内容，虽然不强调内容的全面，但必须体现存在的必要性。主题与辅助的内容基本上以预设为主，但也要为可能生成的内容预留出一些再规划的空间。

三是空间。物质环境创设的空间规划，要处理好四对关系：显性与隐性的关系，立体与平面的关系，整体与个别的关系，固定与变化的关系。这四对关系的核心是联系。要努力增强不同形式的物质环境元素之间的联系，不断提高物质环

境对幼儿多维度发展及整体性的教育影响。

2. 创设阶段

物质环境的创设既要体现安全、自然、美观等特点，还要因地制宜，根据不同的活动要求适度变化，主要有以下几个创设方式。

（1）主题创设

根据某阶段学习的主题进行物质环境的创设，保证在此主题中幼儿能够更加有效地学习与生活。

（2）暂时性创设

即将某次活动或活动的成果暂时呈现出来，作为阶段性的活动和小结。

（3）持续性创设

该类创设是在创设物质环境时先完成一部分内容，随着教育活动的不断发展，逐步完善、创造出全部内容，形成一个完整的主题环境。这样的创设可用于反映幼儿生成性的学习过程。

（4）根据活动组织形式创设

根据活动组织形式创设是根据学习活动的形式，以集体小组的方式呈现他们的活动内容。

3. 评价与反思阶段

物质环境创设效果的评估，应着眼于幼儿与环境的互动性，发挥诊断、调节的作用。以过程评价为主，采取系统观察记录的评价方法，抓住幼儿保育环境三要素，确立评价重点，具体可以从以下几个方面进行考虑。

（1）幼儿的参与程度、活动受益情况。

（2）保育环境的安全性、自然性、自主性、审美性、社会性。

（3）保育环境内容的针对性、实施的开放性、目标的达成度。

这三个方面的评价项目在观察与评价的过程中是同步进行的，通过三者的比较，发现物质环境创设的差异性，以利于保教人员在动态的调试与控制中做出更趋理想的决策。

四、学前教育机构室内物质环境的创设

1. 营养环境

营养环境是指幼儿饮食及营养促进环境，这里更多的指食育环境。食育环境由餐前准备，当餐食材的特征、功能、与身体健康的促进关系，以及自我健康认

知与管理组成。

（1）餐前准备

餐前准备包括餐具的认识、使用方法和饮食礼仪。饮食礼仪是食育中培养幼儿饮食良好习惯的主要内容之一，目的是让幼儿掌握一些基本的进餐礼仪，如进餐时不大声喧哗，在餐盘中不挑拣食物，一手扶碗一手拿筷子，进餐时坐姿挺直，离开时跟同桌人打招呼，整理坐前桌面，把餐具送到指定位置及擦嘴巴、漱口和清洁。

（2）食材认知

食材认知是通过感官教育法，让幼儿知道每天吃的食物的名称及主要使用的食材。餐前展示食材的形状特征、食材的名称字卡与图卡，介绍食材的营养功能、生长环境、烹制方法，有条件的幼儿园可以开辟种植园或种植区 / 角，让幼儿参与体验食材种植、养护、收获的全过程。可根据小、中、大班幼儿年龄特点及不同季节植物的生长环境、外形特征、营养价值开展食育主题活动，有条件的幼儿园也可开设幼儿餐厅或厨房，让幼儿初步掌握食材清洗、加工、制作的过程，初步了解并体验常见的蒸、煮、烤、炖、凉拌等烹饪方式，产生对食物制作的兴趣并愿意参与到食物制作的活动中。

（3）食材的营养功能与身体健康促进

让幼儿初步知道不同食材的营养元素，比如宏量营养素（蛋白质、脂肪、碳水化合物），矿物质家族（钙、镁、锌、碘、钠、钾、铁、磷等），维生素 A、维生素 B、维生素 C、维生素 D、维生素 E、维生素 K 及其他膳食纤维、水等，知道吃什么食物对身体的某种器官或功能有健康促进作用，从小识别对身体有危害的食品及饮食行为，建立良好的自我身体健康管理意识。

2. 盥洗环境

盥洗环境的创设包括物质准备和操作流程指导。要充分利用墙壁、洗手台、地面等空间进行装饰，以保育教学为主线，在墙壁上以“我会洗手”“我会漱口和刷牙”“小便、大便我会自理”等幼儿喜闻乐见的图片或手绘画的形式呈现，让幼儿参照与模仿。有条件的幼儿园也可通过 iPad、感应语音提醒等电子媒体播放七步洗手法、幼儿大小便清洁步骤、洗脸流程等视频或动画片，让幼儿掌握盥洗技能，养成良好的卫生习惯。

根据不同的地区状况采用水冲立式小便器或者水槽式小便池，小便池的高度要适合幼儿平均的身高，水槽式小便池的台阶高度适宜。

洗手池的高度符合《托幼机构建筑标准》；洗手液或香皂等清洁物品放在幼儿手取方便的位置，一般是水龙头的前方位置；毛巾架放在洗手台的右侧，以便于幼儿洗完手及时擦干；毛巾及口杯等个人物品标注幼儿姓名及照片以便于识别。毛巾及口杯架高度要随幼儿的身高进行调整。

消毒、卫生清洁物品，如拖把、扫帚、手套、消毒液等放置在专门区域。

在盥洗室环境营造时应布局合理，墙面装饰以指导、示范性图片为主，主题保育墙面根据月或学期的保育教育目标设立，以提高幼儿的保育质量为核心，避免画面过于杂乱和花哨。

3. 睡眠环境

睡眠环境包括物质环境和睡眠氛围。物质环境营造要根据寝室的大小和幼儿人数，合理安排床位，一般要求床位固定，采用移动床位的幼儿园也尽可能在一定阶段固定位置，这不仅便于保育员或值班人员清点人数，也便于幼儿衣服等物品的管理，同时兼顾幼儿在不同阶段秩序感的发展需要。

寝室每天开窗通风并做到清洁卫生，保持室内空气新鲜和环境舒适干净。在流行病高发季节，一定要做到勤消毒，以确保室内环境卫生。注意空调或风扇的合理使用，在幼儿进入寝室前 20 ~ 30 min 打开空调，创造一个温度适宜、舒适放松的睡眠环境，以利于幼儿更好更快地入睡。

睡眠氛围营造是指在幼儿入睡前使室内光线柔和，播放舒缓的音乐或者催眠曲，也可以组织散步或伴读内容舒缓的故事绘本，使幼儿养成听到特定的音乐或声音入睡的习惯。针对入睡特别困难的幼儿给予适当关照，在不影响其他幼儿睡眠的前提下允许其由喜爱的玩具陪伴，并逐步养成能够自行入睡的习惯。

4. 其他保育环境

围绕幼儿的疾病预防、健康管理、心理发展等保育发展需要，在室内可设置不同的功能区。

（1）活动空间的规划

有条件的学前教育机构可以把空间进行小型分割，根据活动的性质和功能进行区域划分，如可分为医院、医药超市、小厨房、健康小屋、心理沙盘等区域。不具备条件的学前教育机构可综合利用室内的空间，也可将活动室与寝室交替使用，或用移动的床，收起来时可将寝室用作活动室。

（2）墙面的设计

墙面设计应富有童趣，版面给人以亲切温馨的感觉，同时要根据季节、主题等要求定期更换，鼓励让幼儿和家长共同参与设计。

（3）楼梯的设计

楼梯的设计要充分合理地利用墙面和地面，可在楼梯台阶上贴上靠右行走的脚印贴图。为保证幼儿上下楼梯的安全及尽量减少在楼梯上停留的时间，不提倡在楼梯台阶或墙面展示或粘贴会吸引幼儿学习的数字小标志、幼儿的作品等。

（4）走廊的设计

走廊的光线要充足，可以主题为单元准备相关的内容。比如设置种子长廊，展示不同物种的种子；摆放绿植、鲜花，让幼儿观察其外形、颜色、大小，但是要注意摆放的安全性。

五、学前教育机构户外物质环境的创设

室外物质环境创设以促进幼儿的运动能力为核心，发展幼儿的感觉统合能力，通过户外玩水区、玩沙区、攀爬区、种植区等功能区域的划分及器械的合理使用，提升幼儿的触觉、前庭觉、本体觉、平衡觉等运动能力及感知觉能力。

总体场地布局要合理，可设置平地缓坡、土坑、阶梯树丛，让幼儿在多变的场地上活动，可获得均衡的发展。幼儿喜欢用沙、鹅卵石和原木等建造土丘、隧道、斜坡等，所以户外的地面要尽可能包括沙地、水泥地和草地，放置轮胎、塑料管、水管等各种废旧材料，以此发展幼儿的想象力、丰富幼儿的经验，满足他们身心全面发展的需要。

总之，不管是室内还是室外的物质环境创设，保教人员都要充分意识到其对幼儿的教育价值。教育既要适应未来社会持续发展的需要，还要符合人的发展规律，要根据各年龄段幼儿的特点与教育任务创设、利用必要的环境，让幼儿主动地与人、事、物交互作用，增强幼儿的主体意识。

培训项目 4

托幼机构保育精神环境创设

培训重点

1. 了解托幼机构保育精神环境的作用与意义。
2. 熟悉托幼机构保育精神环境创设的主要内容。

精神坏境也是保育环境创设的主要内容之一。托幼机构的精神环境是指托幼机构对婴幼儿发展产生影响的一切精神要素的总和，包括保教人员的教育观念和行为，托幼机构中的人际关系。其中托幼机构中的人际关系包括教职工的关系、家长的关系、婴幼儿之间的关系和托幼机构的文化氛围。托幼机构的精神环境影响和制约着婴幼儿活动的主动性、积极性、认同感与归属感。

一、托幼机构精神环境创设的意义

1. 使人有愉悦的心情，更踏实地工作和学习

精神环境是人们依据各自的体验，亲身感受到的一种特殊的环境，虽然它看不见、摸不着，但是却时刻存在着，围绕在人们的周围，并影响着人们的内心情感体验。人具有能动性，要积极主动地创设适合其工作、生活的精神环境，因为和谐的精神环境能使人有好的精神，体验好的心情，有助于培养人们积极进取、努力向上的品质，也有利于形成和谐的人际关系，使人们更加踏实开心地从事自己的工作和学习。相反，不好的、混乱的精神环境会使人感到压抑，没有心情努力工作、学习和生活。托幼机构要充分认识到精神环境的重要性，两类环境一起抓、一起建设，给教职工和婴幼儿以美好的精神享受，从而更加高效地工作与

学习。

2. 给人以愉悦的精神情感体验，促进幼儿健康心理的形成

现代社会，一个健康的个体不仅要有健康的身体，更要有健康的心理。心理是否健康往往影响个体其他方面发展的好坏，当一个人有不利于健康的心理存在，其健康的身体也会逐步垮掉。婴幼儿时期是个体身体和心理发展的重要阶段，尤其是对于个体心理品质的形成有很大的决定作用，只有生活在健康和谐的精神环境中，婴幼儿才能形成积极乐观的心理。所以，在托幼机构中，成人要有意识地为婴幼儿创设愉快的精神环境，为人师表，做好榜样示范，使婴幼儿在托幼机构中有好的情绪情感体验，进而形成健康的心理。

二、托幼机构精神环境创设的内容

托幼机构精神环境的创设，主要包括教师和保育员等成人之间的关系、保教人员与婴幼儿之间的关系、婴幼儿之间的关系建设三个方面。

1. 保教人员要率先示范，建立和谐的人际交往关系

教师和保育员等成人在教育婴幼儿要互相关心、互相帮助时，如果自己事先做到，孩子就更容易接受，并产生这些效仿行为。相反，如果成人之间相处不融洽，互相漠不关心，那么无论怎么强调培养孩子的爱心、同情心，其效果也会大打折扣。

同时，保教人员间的关系，也涉及托幼机构中是否具有良好的心理环境。如果成人间互相关心、互相理解，就会给托幼机构带来一种轻松温馨的气氛，容易激发出积极的社会性行为，婴幼儿耳濡目染，不仅学会体察别人的情绪情感，也会学会正确适宜的行为方式。所以，在创设精神环境时，要注意小到一个班的带班教师与保育员之间，大到整个机构的保教人员之间的人际交往，都应成为婴幼儿良好社会性发展的榜样。

2. 保教人员要热爱幼儿，建立良好的师生交往关系

成人应对婴幼儿表现出支持、尊重、接受的情感态度和行为，这是建立师生间积极关系的基础，也是进一步培养婴幼儿良好社会性行为的基本条件。保教人员要善于理解婴幼儿的各种情绪、情感需要，不要对自己不喜欢的孩子产生偏见，要相信孩子，尤其要相信孩子有自我判断、做出正确选择的能力，要善于对孩子做出积极的行为反应。

同时，保教人员应当以民主的态度来对待每一个孩子，善于疏导而不压制，

允许他们表达自己的想法和建议，而不以权威的命令要求他们，这样才能使婴幼儿具有较强的社会适应能力，能够积极、主动、大胆自信，使自我接纳和自我控制能力得到发展。

在成人与婴幼儿的交往中，要尽量采用多种适宜的动作语言，如微笑、点头、抚摸等，以表达自己对他们的关心、鼓励或者提醒。

3. 婴幼儿之间建立良好的同伴交往关系

婴幼儿之间的交往态度、社会行为在很大程度上由婴幼儿群体的自身特征来确定，但保教人员也可以通过对婴幼儿的教导和自身示范，来为他们创设一个积极交往的背景，从而有效地影响他们的交往态度和社会行为。婴幼儿的社会经验不足，不能正确分辨是非，模仿能力特别强，保教人员的一言一行就是其以后人生发展的导向。婴幼儿会不知不觉地模仿并接受保教人员的做事方式和处事态度，所以托幼机构中的保教人员要时刻注意自己的形象，以身作则，同时应关心、平等对待每一个孩子，教育他们学会关心别人，懂得与别人分享，保教人员之间也要互相帮助、互相配合，共同创造一个美好和谐的精神环境，让婴幼儿在充满关爱的环境中健康快乐地成长。

职业模块 十一 相关法律、法规知识

培训项目 1 法律、法规中对儿童和保育员的保护

保教并重是《幼儿园教育指导纲要》中确立的原则，保育和教育同等重要。婴幼儿系无行为能力人，在某种程度上说，保育重于教育，以照顾婴幼儿生活起居为主要内容的保育本身就是教育，它应始终是幼儿园工作的核心，并贯穿于幼儿园整个教育阶段。

一、法律、法规对儿童的保护

1. 关于儿童的定义

关于儿童的定义，我国法律目前尚未作出严格规定。根据我国宪法和其他有关法律规定，已满 18 岁的为成年人，未满 18 岁的为未成年人，因此，已满 18 岁和未满 18 岁便成为我国成年公民与未成年公民的法律界限。《中华人民共和国未成年人保护法》(以下简称《未成年人保护法》) 第 2 条规定："本法所称未成年人是指未满 18 岁的公民。" 本书所称的儿童为在托儿所、幼儿园及其他学前教育机构中生活、学习的适龄婴幼儿，一般年龄在 1 ~ 6 周岁。

2. 法律、法规对儿童的保护

《未成年人保护法》明确了未成年人最应享有的四大权利，即生存权、发展权、受保护权、参与权。在法治国家，法律的保护通过设定权利、义务、法律责任来实现。权利和义务相对等，没有无权利的义务，也没有无义务的权利，一方的权利就是另一方的义务，侵害权利、违反义务的后果是承担法律责任。所以，本培训项目着重论述儿童的权利和侵害儿童权利应承担的责任。

(1) 法律保护儿童权利的宗旨

我国对儿童权利法律保护的根本宗旨，是全面保护儿童的人权，并使儿童得到全面发展，成为社会主义事业的接班人。《未成年人保护法》第 1 条规定了该法

的宗旨："为了保护未成年人的身心健康，保障未成年人的合法权益，促进未成年人在品德、智力、体质等方面全面发展，把他们培养成为有理想、有道德、有文化、有纪律的社会主义事业接班人，根据宪法，制定本法。"

（2）法律保护儿童权利的主要内容

我国对儿童权利法律保护的内容是多方面的。按儿童权利的性质特征区分，主要有以下几方面。

1）生存权，或生命权。儿童自出生之日起，即获得了作为自然人的生命权。儿童的生命和生存的权利受到国家法律的保护，任何人都不得非法剥夺儿童的生命，不得侵犯儿童生存的权利；同时，必须为保护儿童的生命，保障儿童的生存和发展提供最大的条件。如果非法侵害儿童的生命权和生存权，就要负法律责任。

《幼儿园工作规程》第三章专门规定了"幼儿园的安全"，其第 15 条规定：幼儿园教职工必须具有安全意识，掌握基本急救常识和防范、避险、逃生、自救的基本方法，在紧急情况下应当优先保护幼儿的人身安全。在第七章"幼儿园的教职工"中对幼儿园的教职工规定：幼儿园教职工患传染病期间暂停在幼儿园的工作。有犯罪、吸毒记录和精神病史者不得在幼儿园工作。

《幼儿园教师专业标准》将其基本理念定为"幼儿为本""师德为先""能力为要""终身学习"，其中"幼儿为本"就体现了珍惜幼儿的生命，尊重幼儿的价值，满足幼儿的需要，维护幼儿的权利，促进每一个幼儿的全面发展，这是幼儿为本原则的核心内涵。

教育部等十个部门联合出台的《中小学幼儿园安全管理办法》第 1 条规定的立法目的，就强调了要加强中小学、幼儿园安全管理，保障学校及其学生和教职工的人身、财产安全，维护中小学、幼儿园正常的教育教学秩序。整部规章从安全管理职责、校内安全管理制度、日常安全管理制度、安全教育、校园周边安全管理、安全事故处理等方面细化了教育行政部门、政府其他组成部门、各类教育机构等主体的权利、义务、责任，突出了对教育机构中受保教人员的生命权利的保护。

2）健康权。这是与生存权和生命权相联系的又一项重要的儿童权利。除了《宪法》规定的法律保护外，其他法律也做了相应的规定。《民法通则》第 98 条规定："公民享有生命健康权。"其中自然包括儿童在内。《未成年人保护法》第 16 条规定：学校不得使未成年学生在危及人身安全、健康的校舍和其他教育教学设施中活动。第 17 条规定：学校和幼儿园安排未成年学生和儿童参加集会、文化娱乐、社会实践等集体活动，应当有利于未成年人的健康成长，防止发生人身安全事故。第 27 条规定：任何人不得在中小学、幼儿园、托儿所的教室、寝室、活动室和其他未成年人集中活动的室内吸烟。第 32 条规定：卫生部门和学校应当为未成年人提供必要的卫生保健条件，做好预防疾病的工作。第 34 条规定：卫生部门应当对儿童实行预防接种证制度，积极防治儿童常见病、多发病，加强对传染病防治工作的监督管理和对托儿所、幼儿园卫生保健的业务指导。此外，《托儿所幼儿园卫生保健工作规范》也突出了这方面的规定。

可以说，凡是有利于儿童健康发展的、法律已规定的，都应当去做，凡不利于或危害儿童健康的，法律都不允许做，或严格加以禁止。如果法律规定的不做，法律规定不应该做的反而做了，即是违法，因为侵犯了儿童的健康权。

3）受教育权和身心健康全面发展权。儿童的受教育权属于发展权，虽然我国的义务教育不包括学前教育阶段，但是《幼儿园教育指导纲要》明确提出幼儿园教育是“终身教育的奠基阶段”，是为“幼儿一生的发展打好基础”的，从儿童发展权的角度来看，21 世纪的基础教育应把每名儿童潜能的开发、健康的个性的发展、为适应未来社会发展变化所必需的自我教育、终身学习的愿望和能力的初步形成作为最重要的任务，这与传统教育中把基础主要定位为基础知识、基本技能和技巧的训练有很大区别。在蕴藏巨大发展潜力和很强可塑性的幼儿阶段，进行“与儿童生命特性相适应的”学前教育，是符合儿童发展权需要的。

4）姓名权、肖像权。儿童和其他公民一样，享有姓名权。姓名权是公民特定化的标志，是人格权的一种。

《民法通则》第 99 条规定：公民享有姓名权，有权决定、使用和依照规定改变自己的姓名，禁止他人干涉、盗用、假冒。《民法通则》第 100 条规定：公民享有肖像权，未经本人同意，不得以营利为目的使用公民的肖像。儿童同样享有此权利，如果受到伤害，可以请求停止侵权并要求赔偿。

5）名誉权、荣誉权。《未成年人保护法》第 4 条将“尊重未成年人的人格尊严”规定为保护未成年人工作应当遵循的原则之一。该法第 15 条规定：学校、幼儿园的教职员应当尊重未成年人的人格尊严，不得对未成年学生和儿童实施体罚、变相体罚或者其他侮辱人格尊严的行为。现实生活中，常见到对儿童人格不尊重的现象，有的家长和教师甚至体罚、变相体罚儿童及侮辱儿童的人格。这不仅会严重地刺伤儿童的自尊心，更是违法行为，应严加制止。

荣誉权指公民依法享有的保持自己所得的嘉奖、光荣称号等荣誉，并不受非法剥夺的权利。《民法通则》规定，公民享有荣誉权，禁止非法剥夺公民的荣誉称号。这项规定同样适用于儿童。

6）其他权利。除上述权利之外，法律还保护儿童的隐私权、接受抚养权、继承遗产权、智力成果权等权利。

二、法律、法规对保育员的保护

1. 对保育员相关权利进行保护的必要性

《幼儿园教师专业标准》将“幼儿为本”定为其基本理念，但是，“幼儿为本”不是“幼儿唯一”，因为“幼儿为本”的实现需要多种条件来保证，否则“幼儿为本”就是一句空话，尤其需要对教育从业者的相关保护。许多实例表明，离开了成人的正确理解、引导和支持，儿童的良好发展是难以实现的。真正的“幼儿为本”是体现在以保教人员与幼儿的“关系质量”为中心的日常人际关系之中的，是体现在保教人员与儿童无数次反反复复的互动之中的。同时从影响“工作环境质量”的因素中也可以看到，保教人员的工作、生活状态、对工作的满意度、压力程度等都与幼儿教育质量息息相关。因此，重视幼儿教师工作条件的改善、待遇的提高、减轻他们的压力等是与落实“幼儿为本”的理念、促进幼儿的发展等不可分割地联系在一起的。孤立地强调“幼儿为本”而给教师过多过大的负担或压力，只让教师讲奉献、讲“一切为了幼儿”，而不顾及教师的工作环境质量，不改革幼儿园的管理并为教师创造一个适宜的工作条件，“幼儿为本”是不可能实现的。因此，对保育员进行法律上的保护非常有必要。

2. 保育员权利的主要内容

保育员是《劳动法》意义上的劳动者，依法享有以下权利：

（1）享有平等就业和选择职业的权利

劳动就业权是公民享有的各项权利的核心，是其生存的基本条件，劳动权不能实现，其他一切权利也就失去基础。《中华人民共和国劳动合同法》规定了劳动合同必须是书面形式的，书面劳动合同必须对劳动者的权利予以规定并保障，所以，保育员实现就业的表现形式就是与幼儿园订立了书面劳动合同。保障劳动就业权分为积极和消极两个方面，即劳动者既有定约自由，也有解约自由，保育员需提前30日书面通知幼儿园，才可以单方解除劳动合同[①]。

国家保障所有劳动者都有参加社会劳动并因此获得相应报酬的权利。劳动者在实现劳动权上都是平等的。劳动就业不因民族、种族、性别、家庭出身、财产状况、宗教信仰不同而受到歧视。保育员也有此平等就业和选择职业的权利。

（2）取得劳动报酬的权利

劳动者付出劳动，即有享受依照合同和国家有关法律取得劳动报酬的权利，用人单位必须履行及时足额向劳动者支付工资的义务。保育员有提供劳动后，依法获得报酬的权利，即便是病假期间，也有权利获得病假工资，病假工资一般不低于当地最低工资标准的80%。

（3）休息休假的权利

休息休假是实现劳动者休息权和进行劳动保护的主要方面。幼儿园应依法保护保育员的休息休假权，可在工作中实行轮换倒班休息制；同时应落实保育员的年休假制度，凡连续工作满一年的保育员都有权利享受年休假，年休假的天数按《职工带薪年休假条例执行》。值得一提的是，公立幼儿园已享受寒暑假的保育员，不得重复享受年休假。

（4）获得劳动安全卫生保护的权利

生命安全和身体健康是劳动者最直接最切身的权利，作为保育员的劳动者也有获得劳动安全卫生保护的权利，如单位提供的用于工作的统一工作服、发放的劳动保护用品等。

（5）接受职业技能培训的权利

该权利属于职工的发展权，保育员在幼儿园工作，承担着为终身教育体系助力的重大使命，理应拥有职业持续发展的权利。教育行政部门应建立完善的培训体系，提高保育员的业务素质和专业水平，使保育员做到科学育人，通过体系化的、分级分层的职后培训体系为保育员的职业发展助力护航，最终实现幼儿保育的科学化、现代化。

（6）享受社会保险和福利的权利

我国现行社会保险的险种分为基本养老保险（公立幼儿园为机关事业养老保险）、基本医疗保险、工伤保险、生育保险、失业保险。设立社会保险的目的是保

① 需要注意的是，如果保育员在公立幼儿园工作，属于事业单位编制且与幼儿园订立的是聘用合同，则保育员解除聘用合同的程序应依照聘用合同条款，不能直接适用《劳动合同法》。

障公民在年老、疾病或者丧失劳动能力的情况下，有从国家和社会获得物质帮助的权利。国家发展为公民享受这些权利所需要的社会保险、社会救济和医疗卫生事业。

依法为劳动者缴纳社会保险是用人单位的义务，保育员是劳动者，当然享受这些权利。

（7）提请劳动争议处理的权利

当保育员与幼儿园产生劳动纠纷时，有提请劳动争议处理的权利，劳动争议的处理包括协商、调解、仲裁、诉讼。其中，法院主持下的调解和仲裁、诉讼的结果具有强制力，当事双方必须执行。劳动争议案件为仲裁先决案件，必须先行仲裁，才能进入诉讼阶段[①]。

（8）其他法律法规规定的劳动权利

除了依法享有上述主要权利之外，保育员还依法享有《中华人民共和国劳动法》和其他法律法规等规定的权利，如劳动者有权依法参加和组织工会；对用人单位违章指挥，强令冒险作业有权拒绝执行；对危害生命安全和身体健康的行为，有权提出批评、检举和控告；等等。

① 如果保育员在公立幼儿园工作，且与幼儿园订立的是聘用合同，则双方的争议不属于劳动争议，为人事争议。且只有因辞职、辞退、履行聘用合同引发的争议才属于法院和仲裁机构的受案范围，其他的争议只能通过申诉或其他途径解决。

培训项目 2 保育员应知应会的主要法律、法规规定

一、《幼儿教师专业标准（试行）》

《幼儿教师专业标准（试行）》，以下简称《专业标准》。

1.《专业标准》的基本理念

贯穿《专业标准》的基本理念是：幼儿为本、师德为先、能力为重和终身学习。

“幼儿为本”要求幼儿园教师热爱幼儿，尊重幼儿的主体地位和个体差异，遵循幼儿身心发展规律，促进每个幼儿生动、活泼、主动地发展，全面健康地成长。“师德为先”是幼儿园教师最基本、最重要的职业准则和规范，每一位教师都必须做到热爱学前教育事业，关爱幼儿，尊重幼儿，为人师表，教书育人，担当起幼儿健康成长的启蒙者和促进者的责任。“能力为重”突出了幼儿园教师的教育教学和引导促进儿童健康成长的实践能力，强调幼儿园教师要能以“专业”的意识与行为进行保教工作，具有遵循幼儿成长规律进行教育的能力。“终身学习”的理念适应了国际教师专业发展与教育改革的趋势，同时也适应了教师需要不断学习、提高的职业特别要求，每一位教师都应具有终身学习与持续发展的意识和能力，通过不断的学习、研究与实践，不断提高专业素质。

2.《专业标准》的基本内容与特点

（1）《专业标准》的基本内容

本《专业标准》的基本内容构架包含专业理念与师德、专业知识和专业能力 3 个维度、14 个领域，框架结构与中、小学教师专业标准基本一致，但在具体内容上有所不同。尤其在专业能力方面，充分体现了幼儿园教育的突出特点和保教工作的基本任务，特别强调了幼儿园教师所必须具备的良好环境的创设与利用、幼

儿一日生活的合理组织与保育、游戏活动的支持与引导、教育活动的恰当计划与实施能力等。

在基本要求层面，更是充分反映了幼儿园教师必须具备的专业态度、知识与能力。例如，特别强调了幼儿园教师要将幼儿的生命安全和身心健康放在首位并具有相应的专业知识和能力；要掌握和尊重幼儿身心发展的年龄特点和个体特点，重视生活对幼儿健康成长的重要价值，重视环境和游戏对幼儿发展的独特作用，掌握幼儿园环境创设、一日生活安排、游戏与教育活动、班级管理的知识与方法，等等。

（2）《专业标准》的特点

《专业标准》具有以下五个突出特点。

第一，对幼儿园教师的师德与专业态度提出了特别要求。师德与专业态度是教师职业的基准线。尤其幼儿园教师的教育对象是身心发展迅速、可塑性大、同时易受伤害的幼儿，更需要师德高尚，具有良好的职业道德修养，富有爱心、责任心、耐心和细心，热爱幼儿，并给予幼儿精心的呵护和教育培养。

第二，要求幼儿园教师高度重视幼儿的生命与健康。充分考虑幼儿发展的身心特点和社会对幼儿安全与健康的热切关注，明确提出要高度重视幼儿的生命与健康，并从专业态度、知识和能力三个层面相互呼应，全面提出了具体要求。例如，教师要将保护幼儿生命安全放在首位；熟知幼儿园的安全应急预案，掌握意外事故和危险情况下幼儿安全防护与救助的基本方法；能有效保护幼儿，在危险情况下优先救护幼儿。

第三，充分体现幼儿园保教结合的基本特点。幼儿身心发展的特点和需要决定了保教结合是幼儿园教育的基本原则，也是对幼儿园教师的基本专业要求。《专业标准》明确提出要“注重保教结合”，不仅将一日生活的组织与保育作为重要的专项领域要求，而且对教师提出了多项具体要求，要能合理安排和组织一日生活的各个环节，科学照料幼儿的日常生活，将教育灵活地渗透到一日生活中；能充分利用一日生活中的各种教育契机，对幼儿进行随机教育，以将保教结合原则落到实处。

第四，强调幼儿园教师必须具备的教育教学实践能力。教育实践能力是教师对幼儿施以积极影响、引导幼儿发展的基础。《专业标准》对幼儿园教师必须具备的教育教学能力提出了明确要求，特别强调幼儿园教师要具有观察了解幼儿、掌握不同年龄幼儿身心发展特点和个体差异的能力；要具有环境的创设与利用、一日生活的组织与保育、游戏的支持与引导、教育活动的计划与实施、对儿童的激励与评价等基本专业能力；能根据幼儿的特点和需要，给予适宜的指导，并能引发和支持幼儿的主动活动，引导幼儿在游戏活动中获得多方面的发展。

第五，重视幼儿园教师的反思与自主专业发展能力。《专业标准》强调幼儿园教师要具有不断进行专业化学习、实践、反思和提高的意识与能力。这既是现代社会发展、教育改革对教师的必然要求，也是幼儿不断成长的必然要求。《专业标准》特别在基本理念和专业能力中均提出了对教师反思与自主发展的要求，明确指出幼儿园教师在教育工作中应主动收集分析相关信息，并不断进行反思，改进保教工作；同时，应制订个人专业发展规划，通过不断的学习、实践、反思，不断提高自身专业素质，从而为学前教育质量的提升和幼儿一生的健康发展打下良好的基础。

二、《托儿所、幼儿园卫生保健工作规范》

《托儿所、幼儿园卫生保健工作规范》（以下简称《规范》）是为贯彻《托儿所、幼儿园卫生保健管理办法》（以下简称《管理办法》）而制定的，以《管理办法》的基本内容为依据，目的是更好地适应现阶段托幼机构卫生保健工作的开展，规范全国托幼机构卫生保健技术服务和管理工作，指明今后托幼机构卫生保健工作发展的趋势和方向；使托幼机构卫生保健工作常规化、制度化，提高各级妇幼保健机构对托幼机构卫生保健工作的指导水平，保障儿童的身心健康，促进儿童全面发展。

1. 卫生保健工作内容与要求

（1）一日生活安排

1）托幼机构应当根据各年龄段儿童的生理、心理特点，结合本地区的季节变化和本托幼机构的实际情况，制定合理的生活制度。

2）合理安排儿童作息时间和睡眠、进餐、大小便、活动、游戏等各个生活环节的时间、顺序和次数，注意动静结合、集体活动与自由活动结合、室内活动与室外活动结合，不同形式的活动交替进行。

3）保证儿童每日充足的户外活动时间。全日制儿童每日不少于 2 h，寄宿制儿童不少于 3 h，寒冷、炎热季节可酌情调整。

4）根据儿童年龄特点和托幼机构服务形式，合理安排每日进餐和睡眠时间。制定餐、点数，儿童正餐间隔时间 3.5 ~ 4 h，每餐进餐时间 20 ~ 30 min，餐后安静活动或散步时间 10 ~ 15 min。3 ~ 6 岁儿童午睡时间根据季节以每天 2 ~ 2.5 h 为宜，3 岁以下儿童日间睡眠时间可适当延长。

5）严格执行一日生活制度，卫生保健人员应当每日巡视，观察班级执行情况，发现问题及时予以纠正，以保证儿童在托幼机构内生活的规律性和稳定性。

（2）儿童膳食

包括膳食管理、膳食营养两个方面，更加全面地涵盖儿童膳食的基本内容。

1）食堂应建立健全规章制度。

2）儿童膳食费应专款专用，账目每月公布，每学期收支盈亏不超过 2%。

3）膳食卫生必须严格执行《中华人民共和国食品安全法》等有关法律法规和规章的要求，取得餐饮服务许可证，建立健全各项食品安全管理制度。

4）严禁加工变质、有毒、不洁、超过保质期的食物，不得制作和提供冷荤凉菜。

5）以《中国居民膳食指南》为指导，参考“中国居民膳食营养素参考摄入量（DRIs）”和各类食物每日参考摄入量制订儿童膳食计划，定期更换带量食谱。

（3）体格锻炼

1）体格锻炼要根据儿童的年龄和生理特点开展，并掌握运动强度和运动量。

2）体格锻炼过程中要保证场地安全、做好安全准备，保证儿童运动安全。

3）保教人员要做好运动前、运动过程中和运动后的监测和效果评估。

4）对患病儿童的体格锻炼进行调整，并做好观察护理。

5）现阶段儿童入托幼机构基本是 1 岁以后。

（4）健康检查

这是幼儿园保育工作的重要内容，也是最容易引起安全事故和争议的方面。

1）儿童入园（所）前和入园后应定期进行健康检查。健康检查应当由具有专业资质的医疗卫生机构进行。体检单位要按照《管理办法》规定的体检项目进行检查，不得擅自更改。幼儿园接收新生需要其监护人出具相关证明。

2）体检后应当及时向家长反馈健康检查结果。

3）儿童离开园（所）3 个月以上需重新按照入园（所）检查项目进行健康检查。

4）幼儿园教师和保育人员应当进行晨、午检及全日健康观察。

5）幼儿园保教人员上岗前的健康检查和对工作人员健康要求规定：精神病患者或者有精神病史者不得在托幼机构工作。凡患有呼吸道传染性疾病、消化道传染性疾病、皮肤病等疾病的工作人员须离岗，治愈后须持县级以上人民政府卫生行政部门指定的医疗卫生机构出具的诊断证明，并取得《托幼机构工作人员健康合格证》后，方可回园（所）工作。

（5）卫生与消毒

1）规定托幼机构各类物品的消毒要求和方法。

2）做好预防性消毒，对儿童餐饮具、毛巾以及儿童易触摸的物体表面提出明确要求。工作人员不留长指甲。

3）消毒器械和消毒剂要符合国家标准或规定。

（6）传染病预防与控制

1）托幼机构要督促家长按免疫程序和要求完成儿童预防接种，同时配合疾病预防控制机构做好托幼机构儿童常规接种、群体性接种或应急接种工作。通过查验督促家长配合疾病预防控制机构按免疫程序和要求完成免疫接种工作。

2）建立传染病管理制度。发现传染病疫情或疑似病例后，应当立即向属地疾病预防控制机构（农村乡镇卫生院防保组）报告。

3）卫生保健人员应当定期对儿童及其家长开展预防接种和传染病防治知识的健康教育，提高其防护能力和意识。

4）患传染病的儿童隔离期满后，凭医疗卫生机构出具的痊愈证明方可返回园（所）。来自疫区或有传染病接触史的儿童，检疫期过后方可入园（所）。

5）加强对因病缺勤儿童的管理，以做到对传染病人的早发现。在发现可疑病例时，及时进行隔离控制，并对可能被污染的环境和物品实施随时性消毒与终末消毒。

（7）常见病预防与管理

1）对儿童常见病进行登记和专案管理，并做好五官保健的登记和管理，开展儿童心理卫生知识的宣传教育。

2）除对常见病进行登记和管理外，要督促家长进行治疗和复诊，加强日常健康观察和保育护理工作。

3）通过健康教育提高儿童健康水平，减少常见病发生。

（8）伤害预防

1）托幼机构的各项活动应以儿童安全为前提，建立定期安全排查制度，落实预防儿童伤害的各项措施。

2）托幼机构的房屋、场地、家具、玩/教具、生活设施等应符合国家相关安全标准和规定。

3）托幼机构应建立重大自然灾害、食物中毒、火灾、暴力等突发事件的应急预案，如果发生重大伤害事故时应当立即采取有效措施，并及时向上级有关部门报告。

4）托幼机构应加强对工作人员、儿童及监护人的安全教育和突发事件应急处理能力的培训，普及安全知识。

5）保教人员应当定期接受预防儿童伤害相关知识和急救技能的培训，做好儿童安全工作，消除安全隐患，预防软组织损伤、骨折、烧（烫）伤、中毒等伤害事故的发生。

（9）健康教育

1）卫生保健人员应当根据不同季节、疾病流行等情况制订全年健康教育工作计划，并组织实施。

2）规定了托幼机构卫生保健工作中健康教育的内容和形式。

3）做好健康教育记录，定期开展健康教育效果评估。不断调整健康教育的方式和内容是健康教育工作的重要环节。

2. 新设立托幼机构招生前卫生评价

（1）卫生评价流程

1）新设立的托幼机构，应当按照本《规范》卫生评价的要求进行设计和建设，招生前须向县级以上地方人民政府卫生行政部门指定的医疗卫生机构提交“托幼机构卫生评价申请书”。

2）由县级以上地方人民政府卫生行政部门指定的医疗卫生机构负责组织专业人员，根据《规范》中“新设立托幼机构招生前卫生评价表”的要求，在20个工作日内对提交申请的托幼机构进行卫生评价。根据检查结果出具“托幼机构卫生评价报告”。

3）凡取得卫生评价为“合格”的托幼机构，即可向教育部门申请注册；凡取得卫生评价报告为“不合格”的托幼机构，整改后可重新申请评价。

（2）卫生评价标准

根据招生前托幼机构卫生保健工作的重点，从环境卫生、个人卫生、食堂卫生、保健室或卫生室设置、卫生保健人员配备、工作人员健康检查及卫生保健制度共七个方面分别提出具体要求，并总结为“新设立托幼机构招生前卫生评价表”，以方便各级托幼机构及专业人员在工作中应用。评价表总分100分，明确要求申请园（所）总分达80分以上，并且“必达项目”全部通过才可评价为“合格”，并取得“合格”的“托幼机构卫生评价报告”。

三、《3～6岁儿童学习与发展指南》

《3～6岁儿童学习与发展指南》（以下简称《指南》）从健康、语言、社会、科学、艺术五个领域描述幼儿学习与发展，每个领域按照幼儿学习与发展最基本、最重要的内容划分为若干方面，每个方面分为两个部分。一是学习与发展目标，分别对3～4岁、4～5岁、5～6岁三个年龄段末期幼儿应该知道什么、能做什么、大致可以达到什么发展水平提出了合理期望，共32个目标；二是教育建议，根据幼儿的学习与发展目标，针对当前学前教育普遍存在的困惑和误区，列举了一些能够有效帮助和促进幼儿学习与发展的教育途径与方法，同时也指出了错误做法对幼儿终身发展的危害，为广大家长和幼儿园教师提供了具体、可操作的指导，共87条教育建议。

1. 健康领域

从幼儿身心状况、动作发展、生活习惯与生活能力三个方面，着重强调了三点。一是幼儿积极、健康的身心状况不仅是身体健康，也包括心理健康；二是身体动作和手的精细动作发展；三是具有良好的生活与卫生习惯、基本的生活自理能力和自我保护能力。建议要为幼儿提供合理均衡的营养、充足的睡眠、适宜的锻炼和有规律的生活，让幼儿充分感受到亲情和关爱，保持愉快的情绪，形成安全感和信赖感。反对成人过度保护和包办代替，以免养成幼儿过于依赖的不良习惯。

2. 语言领域

从倾听与表达、阅读与书写准备两个方面，提出6个目标。强调语言领域重点在于培养幼儿的口语交流能力，培养幼儿的阅读兴趣、习惯以及初步的阅读理解能力。在教育建议方面，强调要积极为幼儿提供与同伴和成人交流的机会，提供丰富、适宜的低幼读物，经常和幼儿一起看图书、讲故事。强调要在生活情境和阅读活动中萌发幼儿对文字的兴趣，反对通过机械记忆和强化训练过早识字。

3. 社会领域

从人际交往和社会适应两个方面，着重强调了三点。一是培养幼儿的交往愿望与交往能力；二是学习自尊、自主和自信；三是关心和尊重他人，逐步适应群体生活，遵守基本的行为规范。建议要为幼儿创设温暖、关爱和平等的家庭和集体生活氛围，建立良好的亲子关系、同伴关系和师生关系。强调幼儿的社会性是在日常生活和游戏中通过观察和模仿潜移默化地发展起来的，成人的榜样作用至关重要。

4. 科学领域

从科学探究和数学认知两个方面，提出6个目标。强调幼儿的科学学习应注重激发幼儿的探究兴趣，体验探究过程，培养初步的探究能力；幼儿的数学学习应注重在生活和游戏中感知数学的有用和有趣，初步理解数量关系、形状与空间关系，培养初步的逻辑思维能力。在教育建议方面，强调成人要善于发现和保护幼儿的好奇心、求知欲，注重探究过程，引导幼儿通过观察、比较、操作、实验等方法，发现问题、分析问题和解决问题。反对提前学习小学教育内容，反对强化训练某些知识和技能。

5. 艺术领域

从感受与欣赏、表现与创造两个方面，强调让幼儿学会发现和感受自然界与生活中美的事物，让幼儿欣赏多种艺术形式和作品，萌发对美的感受和体验；鼓励和支持幼儿自发的艺术表现和创造，培养初步的艺术表现能力与创造能力。在教育建议方面，着重强调要在日常生活中萌发幼儿对美的感受和体验；要充分理解和尊重幼儿的艺术想象、表现和创造，不用成人的审美标准评判幼儿，不追求技能训练。

注意：

（1）《指南》提供的幼儿学习与发展目标和典型表现是家长和教师观察了解幼儿的参照，但不是评价和衡量幼儿发展快与慢、好与差的“标尺”，不能简单地对照指标评判幼儿，更不能将《指南》作为分领域训练的“清单”，为追求“达标”而对幼儿进行强化训练。

（2）《指南》有助于帮助家长和教师根据每个幼儿的特点，确定适合其身心状况的合理发展目标，但《指南》中的各学习与发展目标不能简单、直接地用作幼儿园的具体教育活动目标和活动内容，应该根据幼儿的兴趣和需要，制定有针对性的活动目标，选择活动内容，提供丰富、适宜的玩／教具和游戏材料，并善于把握蕴含其中的教育契机，促进每个幼儿在原有水平上的发展。

（3）从促进幼儿全面发展的角度，理解和运用《指南》各领域的目标及要求，注重各领域之间和目标之间的相互渗透、整合，促进幼儿身心健康协调发展，绝不能片面强调和追求幼儿在某一方面或某几个方面的发展。

四、《幼儿园工作规程》

《幼儿园工作规程》于1996年开始施行，是我国第一部规范幼儿园内部管理的规章，施行20多年来对加强各级各类幼儿园的规范管理发挥了重要作用，经2015年修订，于2016年颁布施行。

现行的《幼儿园工作规程》共11章、66条内容，涉及幼儿园的入园和编班，幼儿园的安全，幼儿园的卫生保健，幼儿园的教育，幼儿园的园舍、设备，幼儿园的教职工，幼儿园的经费，幼儿园、家庭和社区，幼儿园的管理。

该规程主要在以下方面进行了规定：

1. 对保育人员师德师风以及工作方面的主要要求

幼儿园要坚持国家的教育方针，遵循幼儿身心发展特点和规律，实施德、智、体、美诸方面全面发展的教育，促进其身心和谐发展。幼儿园保育和教育的主要目标是：

（1）促进幼儿身体正常发育和机能的协调发展，增强体质，促进心理健康，培养良好的生活习惯、卫生习惯和参加体育活动的兴趣。

（2）发展幼儿智力，培养正确运用感官和语言交往的基本能力，增进对环境的认识，培养有益的兴趣和求知欲望，培养初步的动手探究能力。

（3）萌发幼儿爱祖国、爱家乡、爱集体、爱劳动、爱科学的情感，培养诚实、自信、友爱、勇敢、勤学、好问、爱护公物、克服困难、讲礼貌、守纪律等良好品德行为和习惯，以及活泼开朗的性格。

（4）培养幼儿初步感受美和表现美的情趣和能力。

2. 幼儿园的安全管理

幼儿园要建立健全设备设施、食品药品以及与幼儿活动相关的各项安全防护和检查制度，建立安全责任制和应急预案，并将安全教育融入一日生活中，结合保育、教育的不同职能将安全教育融入幼儿的生活中，避免简单的说教。幼儿园应结合幼儿的年龄特点和接受能力开展反家庭暴力教育，发现幼儿遭受或疑似遭受家庭暴力的，幼儿园应依法向公安机关报案。

幼儿一日生活作息制度的具体时间分配，正餐间隔时间为3.5 ~ 4 h。在正常情况下，幼儿户外活动时间（包括户外体育活动时间）每天不得少于2 h，寄宿制幼儿园不得少于3 h；高寒、高温地区可酌情增减。

每年体检一次，每半年测身高、视力一次，每季度量体重一次；注意幼儿口腔卫生，保护幼儿视力。将卫生消毒制度细化为消毒、晨检、午检制度和病儿隔离制度，并规定了幼儿园配合卫生保健部门的职责。

3. 办园行为

幼儿园规模应当有利于幼儿身心健康，便于管理，一般不超过 360 人。幼儿园每班幼儿人数一般为：小班（3 ~ 4 岁）25 人，中班（4 ~ 5 岁）30 人，大班（5 ~ 6 岁）35 人，混合班 30 人。寄宿制幼儿园每班幼儿人数酌减。幼儿园应依法接受对办园经费的监督检查并实行收费公示制度，不得收取与新生入园相挂钩的赞助费。

4. 幼儿园内部管理机制

幼儿园要进一步加强科学民主管理，强化家长委员会的职能作用，家长委员会应参与幼儿园重要决策和事关幼儿切身利益事项的管理。幼儿园应当建立教研制度，加强教育教学研究，研究解决教师在保教工作中遇到的实际问题。

培训项目 3

幼儿伤害案例解析

一、保育员工作违规失范造成意外伤害案例

【案例 11–1】某幼儿园中班的孩子正在午睡，值日保育员柳陶由于感觉很疲倦，就在寝室一张空的幼儿床上睡着了。幼儿江海想起床上厕所，但由于看不到保育员，就一直憋着不敢起来，后来实在憋不住了，只好自己从床上下来准备去厕所。结果一下子从床上摔下，被窗边的椅子碰破了头，又由于憋尿太久后摔倒在地，造成膀胱受损。保育员柳陶听到江海的跌倒声和哭声，立即起来，将江海送到医院救治。

两个月后，江海痊愈出院了，江海的家长同时将幼儿园和柳陶一并告上法庭。要求赔偿经济损失。

本案中到底谁应对这起幼儿伤害事故承担法律责任？应承担哪些法律责任？

1. 涉及的法律规范

（1）《侵权责任法》第三十八条：无民事行为能力人在幼儿园、学校或者其他教育机构学习、生活期间受到人身损害的，幼儿园、学校或者其他教育机构应当承担责任，但能够证明尽到教育、管理职责的，不承担责任。

（2）《中小学幼儿园安全管理办法》第二十五条：有寄宿生的学校应当建立住宿学生安全管理制度，配备专人负责住宿学生的生活管理和安全保卫工作。

学校应当对学生宿舍实行夜间巡查、值班制度，并针对女生宿舍安全工作的特点，加强对女生宿舍的安全管理。

（3）《学生伤害事故处理办法》第九条第（九）项：学校教师在履行职责过程中违反工作要求、操作规程、职业道德或者其他有关规定造成学生伤害事故的，

学校应承担相应的责任。

2. 案例解读

本案是在幼儿园发生的因保育员工作违规失范而造成幼儿人身损害的案例。按照我国《民法总则》的规定，不满十周岁的未成年人为无民事行为能力人，江海在幼儿园中班，属于无行为能力人。按照《侵权责任法》第三十八条的规定，江海受到的人身损害的归责应适用过错推定原则。即推定幼儿园有过错，如果幼儿园不能证明尽到教育、管理职责，就要承担法律责任。柳陶身为值班保育员，本应履行好看护、保育、管理的职责，却因违规失范，自己睡着，致使江海在想上厕所时不敢起床，一直憋尿，因匆忙下床受伤摔倒，造成人身损害。

《中小学幼儿园安全管理办法》第二十五条明确规定，学校应当对学生宿舍实行夜间巡查、值班制度，而幼儿园午睡仅有 2 ~ 2.5 h，由一名保育员值班或数名保育员轮换值班属正常，柳陶未尽到值班的职责，造成江海人身损害。

柳陶是幼儿园的职工，因此，江海受到的伤害应依据《学生伤害事故处理办法》第九条第（九）项的规定由幼儿园承担责任，不应由柳陶承担责任。值得一提的是，幼儿园如果追究柳陶的责任，可以视情况进行如下处理：

如果认为柳陶平时的工作还算满意，可以依据制定的规章制度对其进行警告或其他处理。

如果认为柳陶平时工作就稀松散漫，可以利用《中华人民共和国劳动合同法》第三十九条第三项，即严重失职、营私舞弊给用人单位造成重大损害的，用人单位可以单方解除劳动合同[①]。所谓严重失职、营私舞弊，给用人单位造成重大损害是指：劳动者在履行劳动合同期间，没有按照岗位职责履行自己的义务，违反其忠于职守、维护和增进用人单位利益的义务，有未尽职责的严重过失行为或利用职务之便谋取私利的故意行为，使用人单位有形财产、无形财产遭受重大损害，但不够刑罚处罚的程度。

二、保育员工作疏忽造成的意外伤亡案例

【案例 11-2】 某幼儿园张老师和王老师带着大一班的 12 名学生到前院进行室外活动，为了能活动开，老师先组织孩子们做了准备活动，又玩了名叫“三个字”

① 如果保育员是公立幼儿园在编职工，则依据聘用合同规定处理，我国各省、自治区、直辖市聘用合同规定不一，本处不予详细介绍。

的集体游戏。接着进入自由活动时间，让孩子们玩一种大型户外玩具。玩具是木质的，包括三个平衡类玩具和一个滚筒类玩具。自由活动前，老师先和孩子们共同制定规则，告诉他们不能推挤，不能争抢，要一个挨着一个地走，速度要放慢。孩子们自由活动时，张老师站在玩具的北侧，王老师站在玩具的东南侧，以保证所有孩子均在老师的视野范围内。15 时 40 分许，张老师发现小红在玩平衡玩具时摔倒了，便将她扶起，发现小红受伤，立即将她带到医务室进行了简单的包扎处理，并送往医院就诊。

经医院急诊外科检查和诊断，确定小红的伤情为左面部外伤，治疗期间的医药费 1 500 余元已由幼儿园垫付。小红的父母将幼儿园告上法庭，要求幼儿园承担后续医药费 598 元、后续治疗费 3 万元、精神损失费 2 万元、原告监护人的误工费（护理费）1 万元，共计 6 万余元。

案件审理时查明，小红是在过平衡木时摔倒的，摔倒时没有其他孩子和小红有身体接触，整个自由活动过程均未出现相互殴打、奔跑、推搡等行为。王老师亦出庭作证，称其看到了小红摔倒的过程，小红的脸部摔到平衡木上，其他摔倒过程的详情已记不清楚。王老师的其他证言与张老师的证言基本一致。经查，涉案的平衡组合玩具是木质玩具，包括滚筒、平衡木等设备，木质坚硬，外层未有防护装置或设施。

1. 涉及的法律规范

（1）《中小学幼儿园安全管理办法》第十八条：学校应当建立校内安全定期检查制度和危房报告制度，按照国家有关规定安排对学校建筑物、构筑物、设备、设施进行安全检查、检验；发现存在安全隐患的，应当停止使用、及时维修或者更换；维修、更换前应当采取必要的防护措施或者设置警示标志。学校无力解决或者无法排除的重大安全隐患，应当及时书面报告主管部门和其他相关部门。

学校应当在校内高地、水池、楼梯等易发生危险的地方设置警示标志或者采取防护设施。

（2）《中小学幼儿园安全管理办法》第二十八条：学校在日常的教育教学活动中应当遵循教学规范，落实安全管理要求，合理预见、积极防范可能发生的风险。

（3）《侵权责任法》第十六条：侵害他人造成人身损害的，应当赔偿医疗费、护理费、交通费等为治疗和康复支出的合理费用，以及因误工减少的收入。造成残疾的，还应当赔偿残疾生活辅助用具费和残疾赔偿金。造成死亡的，还应当赔偿丧葬费和死亡赔偿金。

（4）《人身损害赔偿标准司法解释》第七条：对未成年人依法负有教育、管理、保护义务的学校、幼儿园或者其他教育机构，未尽职责范围内的相关义务致使未成年人遭受人身损害，或者未成年人致他人人身损害的，应当承担与其过错相应的赔偿责任。

2. 案例解读

本案审理结果如下：一审法院仅支持了小红父母要求幼儿园承担医药费598元的诉讼请求，驳回了小红父母其他的诉讼请求。小红父母不服，上诉至二审法院，二审法院只认可了小红父母要求支付598元医药费的请求，驳回了小红父母的其他请求。

本案中，小红在幼儿园的游戏活动中受到人身损害，就审理时查明的事实来讲，小红摔倒时没有其他孩子和她有身体接触，整个自由活动过程未出现相互殴打、奔跑、推搡等行为，可以说，小红的摔倒行为是她自己不慎造成。并且，老师在游戏开始之前也和大家一起制定了规则，告诉孩子们不能推挤，不能争抢，要一个挨着一个地走，速度要放慢，老师的这一行为符合《中小学幼儿园安全管理办法》第二十八条的规定，积极防范了可能发生的风险。

但是，小红不仅摔倒而且还摔伤了，出现摔伤的结果是由于磕在了木质坚硬的玩具上面，且该玩具外层未有防护装置或设施，而《中小学幼儿园安全管理办法》第十八条第二款要求学校应当在校内高地、水池、楼梯等易发生危险的地方设置警示标志或者采取防护设施，幼儿园没有在木质坚硬的平衡木上添加防护设施，所以小红的摔伤和幼儿园怠于行使安全保障义务具有相当的因果关系，法院判决幼儿园承担小红的医药费是于法有据的。

法院之所以驳回小红父母的其他诉讼请求，原因如下：

（1）小红父母要求幼儿园承担的3万元后续治疗费尚未发生，损害赔偿的标的应为所受损失，而非所失利益。

（2）按照《人身损害赔偿标准司法解释》第七条规定，本案中，幼儿园教师既在活动前对幼儿进行了安全教育，又在人身损害发生后积极对幼儿进行了救治，支付了相关医药费，已经承担因未能采取安全措施所致的相应责任，以过错推定原则检视，幼儿园已经尽到了教育、管理职责。如果在判决幼儿园承担已发生的医药费之外，再判决幼儿园承担精神损失费 2 万元、原告监护人的误工费（护理费）1 万元的话，则超出了“承担与其过错相应的赔偿责任”的范畴。

（3）法院在判决最后写道：人皆以健康安好为愿，但无故加之或猝然临之的偶然事件间或发生。古人向学，尝曰苦其心志、劳其筋骨，今人求学虽不至此，磨砺挫折、拂乱所为亦不鲜见，然动心忍性，以寻常待之，定能曾益其志，于成长不无裨益。对于小红的摔倒受伤，本院予以同情并愿其健康痊愈，对于法定代理人的舐犊情深，本院予以理解并希望能不囿于此。

可以说，法院在判决最后认为，小红及其父母应积极看待摔伤所造成的损害，不宜过分渲染和夸大损害的后果，如果能通过此事培养孩子坚毅的性格和克服困难的勇气，那么，不仅是对孩子，包括对父母都是教育大于损害。

有学者指出：相对于中小学教育应对儿童独立性与合作性的发展提出更高的要求来说，幼儿园教育目标的特殊性就在于培养幼儿初步独立生活的勇气、精神与能力，培养幼儿在日常生活中与人大胆交往、与人友好合作的意识、精神与能力，其实质既是让幼儿学会生活，又初步懂得如何才能让自己生活得更好。从这一意义而言，幼儿园教育目标的特殊性决定了幼儿园教育就应是生活教育。保育作为教师深入介入和干预幼儿日常生活的直接途径，也就必然是教师实施此种生活教育的最好途径。

学者基于保教并重原则提出幼儿园在保育工作中应培养幼儿独立生活的勇气、精神与能力，本案的判决基于人生的坎坷提出家庭教育应培养孩子克服困难的勇气、精神与能力，学者的解读与司法实践的殊途同归，体现了法学与教育学目标的融合。

三、保育员人为故意伤害案例

【案例 11-3】自 2017 年 11 月 22 日晚开始，有十余名幼儿家长反映朝阳区管庄红黄蓝幼儿园（新天地分园）国际小二班的幼儿遭遇老师扎针、喂不明白色药片，并提供孩子身上多个针眼的照片。

2017 年 11 月 26 日晚，北京警方就该幼儿园幼儿疑似遭针扎、被喂药一事进行了通报，涉嫌虐童的幼儿园教师刘某某被刑拘。11 月 29 日，红黄蓝教育机构针对红黄蓝新天地幼儿园事件发布道歉信。2018 年 5 月，北京红黄蓝幼儿园虐童一案，检察机关向法院提起公诉。

2018 年 12 月 26 日上午，北京市朝阳区人民法院依法对被告人刘某某虐待被看护人案进行公开宣判，以虐待被看护人罪一审判处刘某某有期徒刑一年零六个月，同时禁止其自刑罚执行完毕之日或者假释之日起五年内从事未成年人看护教育工作。

2019 年 6 月 11 日，北京市第三中级人民法院对本案作出二审宣判，裁定驳回刘某某上诉，维持原判。

1. 涉及的法律规范

《中华人民共和国刑法》第二百六十条：虐待家庭成员，情节恶劣的，处二年以下有期徒刑、拘役或者管制。对未成年人、老年人、患病的人、残疾人等负有监护、看护职责的人虐待被监护、看护的人，情节恶劣的，处三年以下有期徒刑或者拘役。

2. 案例解读

本案中，刘某某为涉案幼儿园国际小二班的教师，经查明，2017 年 11 月间，刘某某在所任职的班级内，使用针状物先后扎 4 名幼童，经刑事科学技术鉴定，上述幼童所受损伤均不构成轻微伤。

法院认为，幼儿是祖国的未来、民族的希望，是需要特殊保护的群体，其合法权益不容侵犯。刘某某身为幼儿教师，本应对其看护的幼儿进行看管、照料、保护、教育，却违背职业道德和看护职责要求，使用针状物对多名幼儿进行伤害，情节恶劣，其行为严重损害了未成年人的身心健康，已构成虐待被看护人罪，依法应予惩处。根据其犯罪情况和预防再犯罪的需要，依法应当适用从业禁止。

2018 年 12 月 28 日，朝阳法院作出一审判决，以虐待被看护人罪，判处刘某某有期徒刑一年零六个月，同时禁止其自刑罚执行完毕之日或者假释之日起五年内从事未成年人看护教育工作。

上诉称证据不足，二审查实维持原判。

经审理，二审法院认为，刘某某身为幼儿园教师，对其负责照管的幼儿负有看护职责，却使用针状物伤害多名幼儿，其行为严重损害了未成年人的身心健康，情节恶劣，已构成虐待被看护人罪，依法应予惩处。一审法院判决事实清楚，证据确实、充分，定罪及适用法律正确，量刑适当，审判程序合法，故裁定驳回上诉，维持原判。

《幼儿园教师专业标准》对幼儿园教师的师德与专业态度提出了特别要求，还要求幼儿园教师高度重视幼儿的生命与健康。本案中法院认定该教师犯有虐待被看护人罪于法有据，幼儿与幼儿园的法律关系是看护关系而非监护关系，这在实践中应予注意。